Sammlung Metzler
Band 281

Hans-Herbert Kögler

Michel Foucault

2., aktualisierte und erweiterte Auflage

Verlag J.B. Metzler Stuttgart · Weimar

Der Autor:

Hans-Herbert Kögler, geb. 1960; Associate Professor für Philosophie an der University of North Florida, Jacksonville, dort auch Leiter des Faculty Seminars ›Social Theory After Postmodernism‹. Bei J.B. Metzler ist erschienen: »Die Macht des Dialogs«. 1992. Forschungsschwerpunkte: Sprach- und Kulturphilosophie, Hermeneutik, Grundlagen der Humanwissenschaften.

Bibliografische Information Der Deutschen Bibliothek
Die Deutsche Bibliothek verzeichnet diese Publikation in der Deutschen Nationalbibliografie; detaillierte bibliografische Daten sind im Internet über <http://dnb.ddb.de> abrufbar.

ISBN 978-3-476-12281-0
ISBN 978-3-476-05078-6 (eBook)
DOI 10.1007/978-3-476-05078-6

© 2004 Springer-Verlag GmbH Deutschland
Ursprünglich erschienen bei J. B. Metzlersche Verlagsbuchhandlung
und Carl Ernst Poeschel Verlag GmbH in Stuttgart 2004
www.metzlerverlag.de
info@metzlerverlag.de

Vorwort zur 2. Auflage

In der Einleitung zur Erstausgabe 1994 hatte ich hoffnungsvoll vorgeschlagen, daß nach der intensiven Auseinandersetzung um Foucault als Freund oder Feind der Aufklärung nun vielleicht eine »weniger auf die weltanschauliche Grundhaltung und mehr auf die produktive Leistungsfähigkeit der Foucaultschen Philosophie ausgerichtete Diskussion an der Zeit« sein könnte. Tatsächlich hat sich mittlerweile, auch angestoßen durch Foucaults späte Selbsteinordnung in die Aufklärungstradition, ein vielschichtigeres Bild seiner Wirkung und Relevanz durchgesetzt. Ob in feministischer Kritik, in postempiristischer Wissenschaftsanalyse, in Politischer Theorie und Gouvernementalitätsforschung oder in den neuentdeckten Cultural Studies – überall sind konzeptuelle und methodische Anregungen Foucaults mit Händen zu greifen. Ideen wie die diskursive Vermittlung der Erfahrung, die soziale Konstruktion von Wirklichkeitsbereichen, die Machtbezogenheit des Wissens, der umkämpfte Status der kulturellen Identität oder das kritisch-reflexive und zugleich anti-universalistische ›Ethos der Moderne‹ sind nunmehr fester Bestandteil einer weniger monolithisch strukturierten Kritischen Theorie. Statt als verfemter Vertreter eines reaktionären Neokonservativismus abklassifizierbar zu sein, wird Foucault heute zu recht als Mitstreiter im Bemühen um eine reflektierte Analyse unserer gegenwärtigen Selbstverständnisformen anerkannt.

Um so angemessener erscheint deshalb die Neuausgabe einer systematischen Einführung in Foucaults Gesamtwerk, die sich von Anbeginn um eine produktive Analyse der entscheidenden Begriffe und Perspektiven in Foucault bemüht hat. Inspiriert vom späten Projekt einer »Ontologie der Gegenwart« werden die drei Hauptachsen einer derartigen Zeitdiagnose – die Archäologie des Wissens, die Genealogie der Macht und die Lebensethik der subjektiven Existenz – als sich allmählich entfaltende und potentiell komplementierende Erkenntnisperspektiven dargestellt und einer kritischen Prüfung unterzogen. Zentral ist dabei die Intuition, daß Foucault das Subjekt weniger destruiert als vielmehr neu definiert. Im Durchgang durch Foucaults Denkweg geht es so um die Frage, wie sich das Subjekt im Kontext diskursiver Erkenntnisformen, sozialer Machtpraktiken und ethischer Existenzentwürfe als Subjekt der Wahrheit, der Macht und der Ethik konstituiert. Stets geht es um das Verhältnis des sozial situierten Subjekts zur diskursiv vermittelten Wahrheit angesichts der Tatsache, daß dieses Verhältnis von Machtverhältnissen durchdrungen und mitbestimmt ist. Foucault hat, wie vielleicht kein Philosoph seit Nietzsche, die Frage der Macht in bezug auf die Wahrheit des Subjekts gestellt – ohne freilich Subjektivität und Widerstand als Kern eines kritischen Ethos der Aufklärung jemals wirklich zu opfern.

Für die Neuausgabe ist der Text komplett durchgesehen, stilistisch geglättet, mit einer stark erweiterten Bibliographie ausgestattet und, mit einer Ausnahme (Kapitel 1.5), inhaltlich fast unverändert übernommen worden. Um allerdings der veränderten Diskussionssituation voll gerecht zu werden, wurde ein neues Schlußkapitel angefügt, das unter Berücksichtigung der wichtigsten Anschlußliteratur an Foucault einige wichtige Klärungen vornimmt. Die Frage einer ›Theorie des Subjekts‹ nach Foucault steht hier im Zentrum. Es wird gezeigt, daß Foucaults Projekt kompatibel ist mit einer pragmatistischen Wahrheitstheorie (und damit die Reduktion von Wahrheit auf Macht vermeiden kann), daß seine Machtanalytik eine Theorie impliziter Sinnschemata nahelegt (die sich als Körperschemata, Rationalitätsschemata und Identitätsschemata analysieren lassen), und daß sein Projekt insgesamt die Idee eines irreduziblen Selbstbezuges voraussetzt (der sich dennoch im Medium sozialer Diskurse und Praktiken artikulieren muß). Durch diese systematische Diskussion werden Anschlüsse an die gegenwärtigen Forschungsstränge in Gesellschafts- und Kulturtheorie sowie den kritischen Sozialwissenschaften hergestellt und können so weiterverfolgt werden.

Viele der speziell in diesem Buch verwendeten Ideen habe ich über Jahre hinweg in Veranstaltungen mit Studenten und Doktoranden an der University of Illinois und der University of North Florida vorgestellt und entwickelt. Besonders ertragreich waren auch die Einladungen zu Kolloquien und Konferenzen an der Boston University, Friedrich-Alexander-Universität Erlangen, University of Kentucky, University of Arizona, Kalamazoo College, University of South Carolina, University of Sussex, University of London, Justus-Liebig-Universität Gießen, St. Louis University und der Karls Universität Prag.

Foucault hat sein Werk bekanntlich gern als ›Werkzeugkiste‹ beschrieben, aus dem sich die jeweilige Analytikerin nach Belieben die für sie nützlichen Instrumente ausborgen solle. Ich wünsche mir, daß das Nachschleifen und Ausfeilen dieses Textes zu einem Gebrauch in diesem Sinn auch weiterhin einlädt.

Inhalt

Einleitung:
Michel Foucault – Ein anti-universalistischer Aufklärer

1. Das Projekt einer ›Ontologie der Gegenwart‹

Foucault ist seit 1984 tot. Doch die schon zu Lebzeiten einsetzende Rezeption hat bereits jetzt Ausmaße angenommen, die für einen zeitgenössischen Denker geradezu unglaublich sind. Trotz der immensen Fülle der Aufsätze, Monographien und Diskussionsveranstaltungen zum Werk Foucaults hat sich die Deutung und Aufnahme seiner Begriffe und Ideen in einem vergleichsweise klar abgesteckten Rahmen bewegt. In der Tat ging es, vor allem in der philosophischen Diskussion in Deutschland, in bezug auf Foucault vornehmlich um die Frage nach dessen **Beziehung zur Aufklärung.** ›Nietzsche oder die Aufklärung‹ – in dieser ausschließenden Entgegensetzung hat sich die Rezeption Foucaults, zu seinen Lebzeiten ebenso wie eine Dekade nach seinem Tod, vor allem bewegt. Im Zentrum stand die Herausforderung, entweder mit dem Nietzscheaner Foucault Abschied zu nehmen von den hehren Motiven der Moderne, oder aber dessen vernunftkritischen Angriff auf die abendländische Ratio erfolgreich abzuwehren.

So wichtig und ertragreich diese Debatten im einzelnen auch gewesen sein mögen, mittlerweile scheint doch eine weniger auf die weltanschauliche Grundhaltung und mehr auf die produktive Leistungsfähigkeit der Foucaultschen Philosophie ausgerichtete Diskussion an der Zeit. Foucault, der auch aufgrund eigener Aussagen bislang immer eindeutig dem nietzscheschen Lager zugeordnet wurde, hat gegen Ende seines Lebens für einen derartigen Ansatz selbst die entscheidenden Hinweise gegeben. In der Tat problematisiert er, übrigens vor allem auf die scharfe Kritik von Habermas reagierend, gegen Ende seines Lebens die (viel zu einfache) begriffliche Gegenüberstellung von guter, der Wahrheit, Freiheit und Vernunft des Subjekts verpflichteter Aufklärungsgesinnung auf der einen und der bedrohlichen, die Geschichte, Macht und Kontingenz beschwörenden Vernunftkritik auf der anderen Seite. In dem programmatischen Aufsatz »Was ist Aufklärung?« (1984), in dem Foucault sich selbst in die Tradition der Moderne stellt, fordert er entschieden,

»daß wir alles zurückweisen müssen, was sich in Form einer vereinfachten und autoritären Alternative darstellt: entweder man akzeptiert die Aufklärung und bleibt in der Tradition ihres Rationalismus (was von einigen als positiv betrachtet und von anderen als Vorwurf benutzt wird); oder man kritisiert die Aufklärung und versucht, diesen Prinzipien der Rationalität zu entkommen (auch dies kann wiederum als gut oder schlecht angesehen werden).« (WA 46)

Tatsächlich teilen Vernunftverfechter wie Vernunftverächter die leidige Gegenüberstellung von *der* Vernunft und allem anderen, Nicht-, Un- oder Anti-Vernünftigen. Während die Vertreter eines ungebrochenen Vernunftglaubens diese Dichotomie, so Foucault, erpresserisch allen etwas skeptischeren Gemütern vorhalten, indem sie diese als Irrationalisten bezeichnen, erwecken die selbsternannten Vernunftkritiker den falschen Eindruck, als könne man sich ohne weiteres von der Aufklärungsepoche und der durch sie eingesetzten Vernunft verabschieden. Foucault plädiert, sich kritisch von beiden Positionen absetzend, vielmehr für einen reflektierten Umgang mit der uns notwendig bestimmenden Aufklärung:

»Die Aufklärung, zugleich als besonderer Augenblick der Ermöglichung der europäischen Moderne und als sich in der Geschichte der Vernunft, der Entwicklung und Institutionalisierung von Rationalitäts- und Technologieformen, der Autonomie und Autorität des Wissens niederschlagender Dauerprozeß, ist für uns nicht einfach eine Episode in der Geschichte der Ideen. Sie stellt vielmehr eine philosophische Frage dar, die unserem Denken seit dem 18. Jahrhundert eingeschrieben ist.« (PPC 94)

Der Anspruch auf vernünftige Lebensführung, die weltumgreifende Etablierung rationaler Verhaltensweisen und die Betonung wissenschaftlicher Analysen bezeichnen Merkmale unserer Gegenwartssituation, die eine kritische, bewußte und reflektierte Einstellung zu der so erzeugten Realität erfordern. Statt engagierte Affirmation oder brüske Ablehnung an den Tag zu legen, kommt es vielmehr darauf an, die schwierige Eingebundenheit unserer selbst in eine durch dieses Denken mitgeschaffenen Wirklichkeit zu thematisieren.

Diese Selbsteinordnung seines Lebenswerks in die Tradition der Aufklärung kann Foucault freilich nur deshalb überzeugend gelingen, weil er sogleich eine wesentliche Differenzierung innerhalb der Moderne vornimmt. Ausgehend von Kant – so Foucault in seiner wegweisenden Vorlesung über Kants Frage: Was ist Aufklärung? – haben sich nämlich zwei Linien modernen Philosophierens ausgebildet. Im Anschluß an Kants Kritiken, die bekanntlich die Bedingungen der Möglichkeit objektiver Urteile in bezug auf Erkenntnis, Moralität und ästhetische Erfahrung zu bestimmen suchen, ist eine ›Analytik der Wahrheit‹ entstanden. In dieser Traditionslinie, die über Husserl und den Neukantianismus bis zu Apel und (mit gewissen Einschränkungen) Habermas reicht, bemüht sich der Philosoph um die Freilegung unerschütterlicher Fundamente unseres Denkens und Sprechens. Die hier entfalteten Kategorien oder Prämissen sollen universal gültige, d. h. allgemein verbindliche Grundlagen für Erkenntnis und Kommunikation darstellen. Demgegenüber hat sich, in Anschluß an Kants aktualistische Essays zur Aufklärung und Revolution, ein Denktypus gebildet, der sich um eine Analyse der konkreten Voraussetzungen von Denken und Erleben bemüht. Statt allgemeinen Vernunftregeln auf der Spur zu sein, geht es hier um die wirklichen, historisch entstandenen und gesellschaftlich wirksamen Voraussetzungen unserer Erfahrung. Diese ›Ontologie der Gegenwart‹, die über Hegel und den Junghegelianismus zu Max Weber und Nietzsche und von dort zur frühen Frankfurter Schule reicht, versteht sich als eine selbst historisch bedingte Analyse der aktuellen Situation. Sie begreift Erkenntnis als einen in der Zeit liegenden Akt, und sie versucht, die konkrete Struktur der uns bestimmenden Denkformen freizulegen.

Foucault präsentiert sich nun zu recht – und nur hierdurch gelingt die Selbstintegration in die Aufklärungstradition – als Vertreter der zweiten, gegenwartsbezogenen Philosopie. Deren zentrales Anliegen ist zwar immer noch eine philosophische Kritik unseres Erkennens und Seins, doch der Begriff der *Kritik* meint hier nun etwas gänzlich anderes. In der wahrheitsanalytischen Traditionslinie bezieht sich Kritik auf die Freilegung universaler Bedingungen der Erfahrung. In der gegenwartsontologischen Orientierung kommt es jedoch nicht auf *unveränderliche* Geltungsgrundlagen an, sondern vielmehr auf eine kritische Analyse *bestimmter* Voraussetzungen in Hinsicht auf ihre mögliche Transformation: »Das hat offensichtlich zur Konsequenz, daß Kritik nicht länger als Suche nach formalen Strukturen mit universaler Geltung geübt wird, sondern eher als historische Untersuchung der Ereignisse, die uns dazu geführt haben, uns als Subjekte dessen, was wir tun, denken und sagen, zu konstituieren und anzuerkennen.« (WA 49) In dem von Foucault vertretenen Ethos der Modernität schwingt somit das freiheitliche Pathos der Überschreitung kontingent gesetzter Schranken und der dadurch ermöglichten Selbstgestaltung des Lebens mit. Die impliziten Schranken und Bedingungen unseres konkreten Seins sollen ans Tageslicht befördert werden, damit wir uns zu diesen in eine befreiend wirkende Distanz setzen können. Statt unumstößliche Fundierung wird nun – in Anschluß an die freilich recht zu verstehenden Bataille und Nietzsche – innovative Überschreitung das wesentliche

Ziel des Denkens. Philosophie wird damit als eine Denkhandlung beschreibbar, deren eigentlicher Sinn in der Veränderung eingeübter Denk-, Sprach- und Erfahrungsweisen besteht, um damit ein freies und souveränes Selbstverhältnis zu ermöglichen.

Es handelt sich demnach auch um alles andere als um eine biographische Schrulle, wenn Foucault in der Einleitung zu seiner Fortsetzung der *Geschichte der Sexualität,* die im Todesjahr 1984 erschien, Philosophie folgendermaßen definiert:

»Was ist die Philosophie heute – ich meine die philosophische Aktivität –, wenn nicht die kritische Arbeit des Denkens an sich selber? Und wenn sie nicht, statt zu rechtfertigen, was man schon weiß, in der Anstrengung liegt, zu wissen, wie und wie weit es möglich wäre, anders zu denken? [...] Der ›Versuch‹ – zu verstehen als eine verändernde Erprobung seiner selbst und nicht als vereinfachende Aneignung des anderen zu Zwecken der Kommunikation – ist der lebende Körper der Philosophie. [...] Es geht darum zu wissen, in welchem Maße die Arbeit, seine eigene Geschichte zu denken, das Denken von dem lösen kann, was es im Stillen denkt, und inwieweit sie es ihm ermöglichen kann, anders zu denken.« (GL 16)

Diese Charakterisierung des philosophischen Grundmotivs betont zugleich die Notwendigkeit einer Explikation von unbewußten, uns in unserem gegenwärtigen Denken bestimmenden Strukturen und das hiervon unlösliche Ziel ihrer möglichen Veränderung. Gerade in dieser bipolaren Spannung von geschichtlicher Bestimmtheit und potentieller Selbstbestimmung sieht Foucault das – nicht in Regeln oder Kodes einschließbare – Wesen der Vernunft. **Vernunft ist ein** ›**Aktivitätsstil**‹, sie ist an das immer zu reaktivierende Engagement des konkreten Subjekts gebunden, sie entfaltet sich allein in der Aufklärung und Entfaltung konkreter Denk- und Objektivierungsformen als Voraussetzung ihrer Überschreitung. Das Ziel dieser vernünftigen – weil selbstbestimmte Lebensgestaltung ermöglichenden – und vernunftkritischen – weil die existierenden Rationalitätsformen in Frage stellenden – Denkpraxis besteht im begreifen, »wie das-was-ist nicht länger das-was-ist zu sein braucht«. (PPC 36) Jede mögliche Beschreibung einer Wissensform, einer Handlungspraxis oder eines Selbstbeziehungstypus muß im Einklang stehen mit dem virtuellen Aufbrechen des damit verbundenen Erkenntnis- und Seinszwangs, um damit »den Raum der Freiheit, verstanden als Raum konkreter Freiheit, d. h. der möglichen Tranformation (ebd.),« zu eröffnen.

Die universalistischen Vertreter der Aufklärung, denen Foucault hiermit die Alleinvertretungsansprüche bezüglich der Moderne streitig macht, arbeiten tatsächlich an der Einschränkung dieser Freiheit mit. Die Ausarbeitung der allgemeinverbindlichen Grundlagen findet nämlich, so Foucault, immer mit Rückgriff auf bestimmte Vorstellungen über den Menschen statt. Was Foucault in diesem Kontext ›Humanismus‹ nennt, besteht somit in der Behauptung vermeintlich allgemeingültiger Erfahrungsformen des Subjekts, wobei sich diese jedoch ganz bestimmten Kontexten und Ereignissen verdanken:

»Es ist eine Tatsache, daß zumindest seit dem 17. Jahrhundert das, was Humanismus genannt worden ist, stets gezwungen war, sich auf bestimmte, von Religion, Wissenschaft oder Politik entlehnte Vorstellungen zu stützen. Der Humanismus dient dazu, die Vorstellungen des Menschen auszumalen und zu rechtfertigen, auf die er schließlich selbst angewiesen ist.« (WA 47)

Foucault kehrt damit auf geschickte Weise den (von ihm so genannten) Erpressungsversuch der universalistischen Aufklärer um. Während in deren Perspektive jede Infragestellung allgemeiner Normen und Vernunftgründe auf eine letztlich irrationalistische Leugnung von Vernunft überhaupt hinausläuft, macht Foucault demgegenüber bewußt, daß die vermeintlich allgemeingültige Vernunfttheorie auf historisch entstandene Menschenbilder angewiesen ist. Dadurch wiederum wird nicht allein die Nichteinlösung des selbstgesetzten Anspruchs, universale Strukturen zu benennen, deutlich; es zeigt sich vielmehr auch, daß eine solche Theorie bestimmte Normen und Erfahrungsformen illegitimerweise verallgemeinert – und damit den Freiheitsraum menschlicher Praxis künstlich einschränkt.

Foucault geht es um das Projekt einer anderen Moderne, um eine andere Vernunft. Der Vernunftbegriff soll – statt vermeintlich allgemeine und überindividuelle Gesetzes- oder Seinsnormen zum Ausdruck zu bringen – vielmehr der Selbstgestaltungskraft des historisch situierten und auf den gegenwärtigen Augenblick bezogenen Subjekts zurückgegeben werden. Das Subjekt soll sich, gemäß einer ›Ontologie seiner selbst‹, in den spezifischen Denk- und Handlungsformen seiner Zeit begreifen lernen, um auf diese kritisch und transformierend zurückwirken zu können. Die vorhandenen Denk- und Handlungsstrukturen stellen dabei selbst Rationalitätsformen dar, die durch eine kritische Analyse verstanden und so wiederum gewissermaßen in Bewegung versetzt werden können. *Vernunft* wird als dieser offene Reflexionsprozess bestimmt, in dem sich die kristallisierten Vernunftstrukturen angesichts der kreativ-kritischen Reflexionstätigkeit des konkreten Subjekts gleichsam wieder verflüssigen. »I think, in fact, that reason is self-created, which is why I tried to analyze forms of rationality: different formations, different creations, different modifications in which rationalities engender one another, oppose and pursue one another [...] Other forms of rationality are created endlessly.« (PPC 28,29,35)

Statt sich als Universalphilosoph an der Zementierung bestimmter Vernunftstrukturen schuldig zu machen, analysiert der ›Ontologe der Gegenwart‹ die uns konkret bestimmenden Vernunftregeln zum Zwecke ihrer kritischen Infragestellung. *Vernunft*, oder besser: die vielfältigen Vernunftformen werden als etwas historisch Entstandenes und somit auch historisch Veränderbares betrachtet. Vernunft wird statt einer das Subjekt normierenden *Universalregel* zu einer sich wandelnden, in die geschichtliche Bewegung selbst eingelassenen *Aktivität*. Die wesentlichen Aspekte von **Foucaults Begriff der Aufklärung** lassen sich in folgenden vier Punkten knapp umreißen:

1. Vernunft wird nicht mit universeller Norm- oder Regelgebung identifiziert. Das Projekt einer aufklärenden Philosophie besteht demnach auch nicht in der Erstellung, Verteidigung oder Begründung eines solchen universalen und für alle gültigen Kanons der Vernunft.

2. Das Subjekt wird nicht in Begriffen einer ihm innewohnenden Natur, eines Wesens des Menschen, gedacht. Die kritische Analyse unserer Erfahrung bewegt sich nicht im Horizont einer wie auch immer versteckten oder modifizierten ›philosophischen Anthropologie‹. Vielmehr wird es zum erklärten Ziel kritischer Philosophie, unbefragte Vorstellungen über die menschliche Natur zu erschüttern, um deren historische Kontingenz ebenso wie deren Funktion im Kontext freiheitsberaubender Machtpraktiken aufzuzeigen.

3. Der Nachweis der verheerenden Wirkungen bestimmter, wissenschaftlich legitimierter Theorien über die menschliche Natur wird vom modernistischen Nachfolgeprojekt der klassischen Aufklärung geführt: Die Ontologie der Gegenwart ersetzt somit die philosophische Aufgabe der Etablierung universaler Vernunftgesetze durch die gegenwartsbezogene Analyse konkreter Vernunftformen und ihrer praktischen Konsequenzen. In dieser Aufklärungspraxis geht es, wie bereits dargelegt, allein um die Freilegung von uns derzeit konkret bestimmenden Denk-, Erfahrungs- und Handlungsmustern.

4. Ziel der ›Ontologie der Gegenwart‹ ist es, den Menschen in eine freie Selbstbestimmung ermöglichende Distanz zu den gesellschaftlich herrschenden Rationalitätsformen zu versetzen. Was ihm ›wiedergegeben‹ werden soll, ist nicht die ›Wahrheit seiner selbst‹, sondern vielmehr eine ›Freiheit zu sich selbst‹ – also die Fähigkeit, sich im Angesicht der ihm zu Bewußtsein gebrachten Strukturen und Voraussetzungen selbst zu bestimmen. Statt der wahrheitsbezogenen Entdeckung der menschlichen Natur geht es um eine freiheitsorientierte Analyse von sozial geschaffenen Zwängen.

Foucault entfaltet in der Tat mit diesen Reflexionen die These, daß Aufklärung und Humanismus keine notwendige Einheit bilden. Im Gegenteil: Erst die Aufklärung über die Grenzen der vermeintlich allgemeingültigen Vernunfttheorien vollendet gewissermaßen das Projekt der Aufklärung, indem es das reale Subjekt noch von den philosophisch, wissenschaftlich und gesellschaftlich erzeugten Beschränkungen der Subjektidee freisetzt. Im Zentrum der gegenwartsontologischen Radikalisierung der Aufklärung muß also selbst die **Theorie des Subjekts** stehen, denn in bezug auf die Idee des Subjekts überhaupt wurden allgemeine Erkenntnis- und Vernunfttheorien in der Moderne gemeinhin begründet. Auf die Frage nach dem Status des Subjekts bleibt Foucault so auch zeitlebens kritisch und bisweilen ambivalent bezogen. Denn zum einen fesselt ihn die einst von Kant in Anschluß an eine Selbstreflexion über seine (universal-)kritische Grundlegung der Vernunft formulierte Frage: Was ist der Mensch? Gleichzeitig aber lehnt er, wie gezeigt, jede universalistische Beantwortung dieser Frage strikt ab – ohne dabei freilich die Frage nach den bestimmten Konstitutionsbedingungen unserer modernen Erfahrung als Subjekte aufzugeben. Insofern nun die moderne Erfahrung wesentlich an der Theorie des Subjekts orientiert war, muß die kritische Befreiung unserer selbst von den Zwängen der Gegenwart auch an dieser Theorie ansetzen. Es geht also:

– Erstens um eine kritische Analyse von Struktur und Voraussetzungen des subjektphilosophischen und humanwissenschaftlichen Denkens in der Moderne. Foucault ist in diesem Zusammenhang davon überzeugt, daß universalistische Subjektphilosophie und eine objektivistische, an der ›Natur‹ des Menschen orientierte Humanwissenschaft nur zwei Seiten einer Medaille sind.

– Zweitens müssen die realen gesellschaftlichen Bedingungen untersucht werden, die zum Siegeszug des Subjektdenkens geführt haben. Insofern die kritische Analyse an der wirklichen Befreiung der Individuen interessiert ist, wird hier die Frage nach den modernen Machtverhältnissen zentral. Foucaults Analysen haben sich dabei auf die besondere Funktionsweise moderner Macht und deren Zusammenspiel mit den Humanwissenschaften konzentriert.

– Drittens kommt es in dieser kritischen Analytik der Moderne zudem darauf an, über konkrete Formen des Widerstandes und über alternative Formen der Erfahrung nachzudenken. Foucaults Suche nach Widerstandsformen gegen verdinglichende Existenzformen, die ihn über subversive Sexualpraktiken und Drogenerfahrung schließlich zu einer Neudefinition der Idee subjektiver Selbsterfahrung (allerdings im Anschluß an die griechische ›Ästhetik der Existenz‹) führen, bemüht sich hierbei um eine nicht-universalistische Verteidigung vernünftigen und freien Lebens.

Gegen Ende seines Lebens hat sich Foucault klar gemacht, daß diese sukzessiv seit den frühen sechziger Jahren von ihm angegangenen Fragestellungen im Grunde auf drei fundamentale Erfahrungsdimensionen unseres menschlichen Daseins verweisen. In der Thematisierung der subjektphilosophischen Denkform geht es um die Erfahrung unserer selbst als Wissenssubjekte bzw. als Erkenntnisobjekte von Philosophie und Wissenschaft. In der Thematisierung von sozialen Machtverhältnissen steht zur Debatte, wie wir uns als reale Handlungssubjekte in der Gesellschaft konstituieren (bzw. wie wir von der Gesellschaft erzeugt werden). In der Frage nach möglichen Widerstandspunkten im Sinne alternativer Lebensformen wird die Frage des individuellen Selbstverhältnisses Thema. Wissensordnungen bzw. die Frage der Wahrheit, Machtverhältnisse bzw. die Frage nach der Struktur der sozialen Normen, Selbstverhältnisse bzw. die Frage nach den Beziehungsformen des Subjekts zu sich selbst bilden drei ontologische Dimensionen, in denen der Mensch sich selbst als ein Moment von Wissen, Macht und Selbstpraktiken erfährt. Die Ausfüllung dieser Dimensionen – das bringt Foucault plastisch im Begriff der ›Ontologie der Gegenwart‹ zum Ausdruck – geschieht aber ausschließlich im historischen Raum. Es handelt sich nicht um eine grundlegende Ontologie des Menschen, sondern um eine historische Ontologie unserer selbst in der Moderne. Foucaults Lebenswerk läßt sich, trotz aller Zweifel des Meisters selbst am ›Autor-Prinzip‹ und gerade angesichts der zahlreichen und wichtigen Brüche seines ›Werks‹, dennoch als die sukzessive Ausarbeitung geeigneter Analysemittel einer solchen **Gegenwartsdiagnose** verstehen:

– In den sechziger Jahren entfaltet Foucault das Projekt einer ›**Archäologie des Wissens**‹, der es vor allem um die Kritik an der seinerzeit noch dominanten Subjektphilosophie im Rückgang auf vorsubjektive Erfahrungs- und Wissensstrukturen geht. Diese anspruchsvolle Konzeption wissenschaftlicher und philosophischer Erfahrungsbildung bemüht sich um eine Ersetzung der am Subjekt und an dessen vermeintlich universalem Erkenntnisapparat orientierten Erkenntnistheorie. Foucault entfaltet nicht nur wesentliche Grundbegriffe, die die Wissenschaftsgeschichte in neuem Licht erscheinen lassen. Er kann zudem auch den begrenzten Charakter der sich als letztes Wort begreifenden Subjektphilosophie (und den damit einhergehenden Humanwissenschaften) aufzeigen.

– In den siebziger Jahren schafft Foucault, in engem Anschluß an Nietzsche, eine ›**Genealogie der Macht**‹, die in verblüffender Weise bislang völlig vernachlässigte Phänomene moderner Herrschaft ins Bewußtsein hebt. Foucault gelingt nicht nur eine originelle und nicht mehr zu vernachlässigende Theorie der modernen ›Bio-Macht‹, d. h. der auf die produktive Erzeugung von Verhaltensweisen bezogenen praktischen Abrichtung der Subjekte abzweckenden Herrschaftsform. Zudem gelingt auch der Nachweis von strukturellen Beziehungen zwischen dieser Machtform und den vermeintlich an reiner Wahrheit und objektiver Erkenntnis orientierten Humanwissenschaften.

– In den späten siebziger und Anfang der achtziger Jahre entfaltet Foucault schließlich, nach langem Suchen, eine ›**Ethik der ästhetischen Existenz**‹, in der dem konkreten Subjekt der unbedingte und uneingeschränkte Primat in bezug auf die eigene Lebensführung eingeräumt wird. Diese ›Lebensethik‹, deren Ziel die Konstitution neuer Lebensformen durch Praktiken der Selbstbeziehung und der individuellen Lebensführung ist, versteht sich als Antwort auf die Herausforderung einer das moderne Leben bestimmenden Bio-Macht.

In den Analysedimensionen der Archäologie, der Genealogie und der Ethik findet sich so das konkrete Profil der ›Ontologie der Gegenwart‹, die Foucault als seinen Alternativ-Vorschlag zur allzu dominanten universalistischen Aufklärungstradition einführt. Statt eine ein für alle mal fertige Subjekt- oder Vernunfttheorie anzubieten, verstehen sich diese Erkenntnisperspektiven vielmehr als praktische Werkzeuge zur Analyse einer sich wandelnden Wirklichkeit. Sie versuchen nicht, die Theorie des Subjekts – etwa durch *den* Diskurs, *die* Macht oder *das* Selbstverhältnis – zu ersetzen, sondern ermöglichen vielmehr eine detaillierte und informierte Analyse der konkreten Rationalitätsformen in der Gegenwart. Foucault geht es demnach – als Vertreter sozialkritischer Philosophie und Gesellschaftstheorie – dennoch nicht um eine allgemeine ›Dialektik der Aufklärung‹, sondern eher um eine sensible Analyse des konkreten Zusammenpralls von systemischen und institutionellen Machtpraktiken mit den sich ebenfalls wandelnden Bedürfnissen, Wünschen und Idealen der konkreten Individuen. Die folgende Einführung in das Denken Foucaults versucht, diese *anti-universalistische* – da die allgemeine Subjektphilosophie radikal negierende – und zugleich *aufklärerische* – da befreiender Erkenntnis unbedingt verpflichtete – Philosophie in ihren wesentlichen Motiven, tragenden Grundbegriffen und analytischen Erträgen verständlich zu machen. Indem wir nun das philosophische Profil von Foucaults früher Aufklärungskritik nachzeichnen, gewinnen wir einen ebenso wegweisenden wie grundlegenden Zugang zu seinem Gesamtwerk.

2. Foucaults frühe Aufklärungskritik.
Vom Anthropologen der Einbildungskraft
zum Archäologen des Wahnsinns

Foucaults generelle **Kritik am Vernunftsubjekt**, verstanden als Subjekt
universaler Denkgesetze und Vernunftregeln, zielt auf die Einschränkung menschlicher Möglichkeiten durch bestimmte Erkenntnis-
und Verhaltensmodelle, die jeweils zur Norm – als ›Normalität‹ der
Natur des Menschen – erhoben werden. Entscheidend ist, daß im
Namen *der* Vernunft etwas Bestimmtes zum Absoluten, zur Ur-Norm
sozusagen, hypostasiert wird – und gemessen daran andere Denk-
und Verhaltensweisen als abnormal oder unvernünftig erscheinen
müssen.

Diesen ausgrenzenden Charakter eines als universal regelgebenden
Vernunftsubjekts hat Foucault bereits in seinem frühen Hauptwerk
Wahnsinn und Gesellschaft (1961) in historisch-analytischer Weise
entfaltet. Bemerkenswert ist dabei freilich, daß die Kritik an der
Ausschließungsstruktur der Vernunft hier selbst noch im Namen einer
wahren Menschennatur – als einer von der Vernunft ausgegrenzten und
unterdrückten Grunderfahrung – formuliert ist. Foucault untersucht
hier im besonderen das Verhältnis des Menschen zum Wahnsinn. Er
zeigt, wie sich der Aufklärungsmensch als Vernunftsubjekt nur um
den Preis der völligen Verneinung des Wahnsinns als elementarer
menschlicher Erfahrungsdimension herausbilden und darstellen
kann. Kern der Kritik ist also, daß die Vernunft sich nur mittels der
Ausgrenzung des Wahnsinns als ihrem Anderen absolut setzen kann,
wobei Foucault zufolge gerade diese Erfahrung mit dem Wahnsinn
die eigentliche, tiefere Wahrheit über unsere Existenz in der Welt
enthält. Im reflexiven Rückblick auf diese Konstruktion einer Verdinglichung des Wahnsinns kommen Foucault freilich sehr bald die
allergrößten Zweifel: Kann sich eine Kritik der allgemeinen Vernunft
und Menschennatur denn selbst auf eine fundamentale Wahrheit
des Menschen stützen? Foucaults unmittelbar anschließende Wende
zu einem radikalen Historismus epochal begrenzter menschlicher
Erfahrungsstrukturen ist somit als Resultat einer kritischen Abwendung von eigenen früheren Denkversuchen zu verstehen, die selber
von einer grundlegenden Erfahrung des Menschseins ausgingen. Die
Rekonstruktion dieser Entwicklung des ganz frühen Foucault, die wir
hier knapp nachzeichnen, erhellt somit den intellektuell-biographischen
Hintergrund, vor dem Foucault seine konstruktiven Denkphasen der
Archäologie, Genealogie und Ethik später entfaltet.

Foucault studierte zunächst Philosophie und daraufhin Psychologie. Seine **Grundfrage ›Was ist der Mensch?‹** stellte sich ihm, als Student und auch später in den fünfziger Jahren, in einer philosophisch von der Phänomenologie einerseits und dem Marxismus andererseits eröffneten Perspektive. Wie er wiederholt in Interviews betonte, sei die Vermittlung beider Stränge im zeitgenössischen Frankreich das zentrale philosophische Problem gewesen. Als Psychologe fand sich Foucault zudem mit der Frage der Geisteskrankheit konfrontiert. Während seiner Ausbildung war er zwei Jahre lang Praktikant einer führenden Pariser Irrenanstalt, um dort Einblicke in die Struktur der Geisteskrankheit und ihrer Theorie, die Art und Weise der Behandlung und die Effektivität der Heilmethoden zu sammeln. In seinem ersten Buch *Psychologie und Geisteskrankheit* (1954) verschmelzen diese Problemebenen – Phänomenologie, Marxismus und das Thema der Geisteskrankheit – zu einer eigentümlichen Mischung aus wissenschaftlicher Programmatik und historischer Sozialkritik.

Im ersten, *phänomenologischen* Teil des Buches zeigt Foucault, daß allein eine existential ausgerichtete, an Heidegger und Husserl orientierte Analyse dem Phänomen der Geisteskrankheit gerecht werden kann. Weder der Bezug auf allgemeine Entwicklungsmodelle des menschlichen Wesens noch die bloße Rekonstruktion der individuellen Lebensgeschichte vermögen die besondere ›Existenzform‹ zu fassen, die die Krankheit als solche ausmacht. Die Geisteskrankheit muß vielmehr aus sich selbst heraus verstanden, als eine in sich kohärente Lebens- und Erfahrungsform begriffen werden. Statt also im Krankheits-Phänomen Abweichung, Abnormalität oder Deformation zu sehen – und damit das Eigentliche des Krankseins doch nur aus einem Anderen her zu deuten –, kommt es demgegenüber auf eine nachvollziehende, den Standpunkt des Kranken gleichsam von innen nacherlebende Verstehensarbeit an: »Die Intuition, die sich mit einem Sprung ins Innere des krankhaften Bewußtseins versetzt, sucht die pathologische Welt mit denselben Augen zu sehen wie der Kranke.« (PG 72) Die Aufgabe einer »Phänomenologie der Geisteskrankheit« besteht demnach in der Nachkonstruktion der eigenständigen Struktur des Wahnsinns, in einem das ›Weltbild‹ des Kranken als Erfahrungsform erfassenden Verstehen. Während so zwar, durch Anknüpfung an das Phänomen der Angst, ein nicht-objektivierendes und wahrhaftes **Verständnis der Krankheit** erlangt werden kann, bleibt dieses Sichhineinversetzen in die Welt des Wahnsinnigen dennoch die Erklärung für die Genese der pathologischen Erfahrungsstruktur schuldig. Dieses Manko, das Foucault zufolge der in beschreibender Hinsicht so überlegene phänomenologische Ansatz noch mit den empirischen Psycho-Pathologien teilt, läßt sich allein durch eine gesellschaftshistorische Perspektive überwinden.

Im zweiten, *marxistischen* Teil des Buches unternimmt Foucault deshalb eine Analyse jener gesellschaftlichen Bedingungen, die überhaupt erst zur Konstitution des Krankheitsphänomens als solchem geführt haben. Wenn sich, wie die phänomenologische Beschreibung ergab, Geisteskrankheit wesentlich als ein durch Angst erzeugter Rückzug aus der Welt, als Kommunikationsunfähigkeit, Autismus und Realitätsverlust denken läßt, dann liegt es ohnehin nahe, diese Erfahrung selbst als Reaktion auf eben die Welt, in der sich diese Erfahrung bildete, zu verstehen. Nur eine Analyse, die die Zwänge der sozialen Welt selbst als Ursachen für mentale Störungen zu begreifen vermag, erfaßt somit den grundlegenden Entstehungszusammenhang des Phänomens der Geisteskrankheit.

Foucault hat diese Untersuchung der gesellschaftlichen Ursachen zunächst in konventionell marxistischer Weise entworfen: Ursache der Entfremdung des Geisteskranken von der Welt sind im wesentlichen ökonomische Zwänge und ihre weitgreifenden sozialen und kulturellen Folgen. Für eine zweite Auflage hat er später – bereits nach Erscheinen von *Wahnsinn und Gesellschaft* (1961) – diesen zweiten, erklärenden Teil völlig umgearbeitet, um sich schließlich vom Aufbau und Inhalt des Buches völlig zu distanzieren. Der Grund hierfür liegt in einer von *Psychologie und Geisteskrankheit* (1954) bis hin zu *Wahnsinn und Gesellschaft* (1961) vollzogenen Wandlung zu einer Perspektive, die Phänomenologie und Marxismus nicht schlicht verbindet, sondern eine völlige neuartige Sicht auf die Phänomene selbst beinhaltet. Auf dieser Wegstrecke bildet sich die für Foucault zentrale, seine eigentliche Originalität ausmachende Radikalisierung einer sozialkritischen Erkenntnisperspektive heraus, derzufolge nicht einfach existierende Pathologien, Abweichungen und Abnormalitäten auf gesellschaftliche Ursachen zurückgeführt werden, sondern dergemäß die Erfahrung und Bewertung bestimmter Phänomene *als* pathologisch, abweichend oder abnormal selbst noch als eine sozial erzeugte Erfahrung erklärt wird. Statt also – wie z. B. im Marxismus in bezug auf Homosexualität – die Wertungen und Sichtweisen der Zeit zu übernehmen und die Phänomene bloß soziologisch auf gesellschaftliche Prozesse zurückzuführen, werden diese Wertungsmuster und Perspektiven selbst als Produkt sozialer Wandlungsprozesse analysiert und dadurch kritisch relativiert.

Dieser für Foucaults Gesamtwerk ausschlaggebende Schritt ist freilich bereits in der 1954 zeitgleich mit dem ersten Buch veröffentlichten (und fast ebenso umfangreichen) Einleitung zu Ludwig

Binswangers *Traum und Existenz* (1934) angelegt. Der Schweizer Psychoanalytiker Binswanger versucht in dieser für dessen eigene Arbeit grundlegenden Schrift, Freuds Einsichten durch eine Verbindung mit Heideggers Existenzphilosophie zu einer existentialistischen Psychoanalyse weiterzuentwickeln. Heideggers in *Sein und Zeit* (1927) eingeführte Unterscheidung von *eigentlicher* – d. h. selbstbestimmter und selbstgestaltender – und *uneigentlicher* – also an traditionell eingeübte Denkmuster und sozial herrschende Normen blind verfallener – Existenzweise wird hier zur Erhellung der Geisteskrankheit herangezogen. Der psychisch Kranke erscheint in diesem existenzphilosophischen Licht als völlig gebunden an seine eigene imaginäre Welt, als gleichsam eingeschlossen in eine durch unbewältigte Ängste und Grenzerfahrungen bestimmte Vorstellungswelt. Diese für Binswanger äußerste Form uneigentlicher Existenz hat die Psychoanalyse nun im Rückgang auf den Traum aufzulösen. Im Traum weichen diese Zwangsstrukturen, die im ›wachen‹ Zustand des Kranken eine ungebrochene Herrschaft über sein Denkleben ausüben, für eine Zeit zurück, um der im Menschen ursprünglich angelegten sinnschöpferischen Freiheit Raum zu schaffen. Der Traum erscheint so als privilegierter Ort nicht nur für Diagnose und Beschreibung, er bildet ebenso das entscheidende Ausgangsfeld für eine Therapie, welche die freie, authentische Beziehung des Menschen zur Welt und zu sich selbst wiederherzustellen vermag.

Den Philosophen Foucault fasziniert an Binswanger freilich weniger dessen originelle Anwendung Heideggerscher Denkfiguren auf Probleme der Psychopathologie. Bedeutsam ist vielmehr die von Binswanger im Zuge dieses Unterfangens in der Traumarbeit wiederentdeckte **Quelle menschlicher Sinnbildung**, die weder von Freud, dem Begründer der Psychoanalyse, noch von Husserl, dem Begründer der Phänomenologie, bislang hinreichend erfaßt wurde. Freud verfehlt für Foucault die philosophisch doch entscheidende Frage, wie eigentlich die von der Psychoanalyse zur Tiefeninterpretation des Traumgeschehens herangezogenen Symbole ihren Sinn erhalten, schon im Ansatz, indem er das Unbewußte von einer »Metaphysik der Lust« bestimmt sein läßt. Dieser begriffliche Gewaltakt, der die Idee eines sinnstiftenden Quasi-Subjekts in das Unbewußte selbst verlegt und dieses dabei zugleich zu einer festgelegten Struktur verdinglicht, überspringt schlichtweg die Frage der Sinnkonstitution: »Freud caused the world of the imaginary to be inhabited by *Desire* as classical metaphysics caused the world of physics to be inhabited by Divine Will and Understanding: a theology of meanings, in which truth anticipates its own formulations and completely constitutes them.« (DIE 35)

Husserl hingegen verfehlt die Lösung des Problems der konkreten Verknüpfung von Bildern und Sinn zu »Symbolen«, da er als sinnstiftende Instanz von vornherein eine allgemeine und über der empirischen Realität angesiedelte (»transzendentale«) Subjektivität ansetzt. Zwar rückt Husserl zurecht den Aktcharakter, also das Moment aktiver Sinnstiftung, energisch in den Vordergrund, wenn er das autonome Moment subjektiv intendierter Bedeutung von bloß objektiven Anzeichen in der Welt abgrenzt. Doch zur wirklichen Erfassung der Verschmelzung von Bildern und Sinn zu objektiven Sinngebilden, zu Symbolen also, muß man über Husserl hinausgehen, will man den Bedeutungsakt nicht schlicht auf ein psychisches Phänomen reduzieren (vgl. DIE 40). Weder Freuds Psychoanalyse noch Husserls Phänomenologie lösen somit das für beide Ansätze doch so entscheidende Grundproblem menschlicher Sinnbildung: »To find the foundation common to objective structures of indication, signifiant ensembles, and acts of expression, such is the problem posed by the twofold tradition of phenomenology and psychoanalysis.« (DIE 42)

Binswangers auf die produktive Schöpfungskraft der Traumarbeit ausgerichtete Analyse bietet sich nun hier, so der deutlich durch Merleau-Ponty beeinflußte Foucault, als »Königsweg« einer Lösung des Problems der Sinnbildung an. Tatsächlich erfaßt Binswanger nämlich als erster, nach Freuds Wiederentdeckung des Traums und Husserls Theorie der subjektiven Sinnstiftung, das eigentliche Zentrum der Sinnkonstitution: die im Subjekt selbst angelegte, freilich weder auf dessen Innerlichkeit reduzierbare noch von objektiven Sachverhalten ableitbare **menschliche Einbildungskraft**. Ganz im Sinne einer philosophischen Anthropologie stilisiert Foucault den Schweizer Existenzanalytiker zum Fundamentaldenker des Ursprungs menschlicher Bedeutsamkeit. Foucault (dessen Einleitungsessay zu Binswanger so auch in der von ihm gute 25 Jahre später autorisierten englischen Übersetzung den programmatischen Titel »Dream, Imagination and Existence« erhielt) stellt die Binswangersche *Einbildungskraft*, die sich im Traum gegenüber den Zwangsstrukturen der Wachwelt frei zu entfalten vermag, im modernen philosophischen Diskurs an eben jene Stelle, die bei Freud das deterministisch gedachte Unbewußte und bei Husserl das transzendentale Subjekt einnehmen.

In ausführlichen Exkursen zu den philosophisch-spekulativen, christlich-mystischen und romantisch-poetologischen Traditionen der Traumtheorie bemüht sich Foucault weiterhin um den Nachweis eben dieser von ihm erkannten philosophischen **Zentralbedeutung des Traumgeschehens**. Die eigentlich schöpferische Potenz des *Menschseins* (bei Foucault deutsch) gibt sich im Traum als dessen grundlegendste

Wahrheit zu erkennen. Obwohl nun diese kreative Kraft im Subjekt ihren Ursprung hat, darf sie dabei doch nicht mit einem subjektphilosophischen bzw. romantischen Begriff abgegrenzter, in sich abgeschotteter Subjektivität oder Innerlichkeit verwechselt werden: »The moment of the dream does not remain the equivocal instant of an ironic reduction of subjectivity [...] the dream is thus at the very center of becoming and objectivity.« (DIE 52) Auf der anderen Seite freilich darf die sich im Traum auslebende Einbildungskraft auch nicht als in ihrer Struktur von der objektiven Welt bestimmt gedacht werden: »To imagine [...] is rather to intend oneself as a moment of freedom which makes itself world and finally anchors itself in this world as its destiny.« (DIE 68) Sartre (wie übrigens auch Husserl) begeht hier den Fehler, Einbildung am Modellfall der direkten Wahrnehmung (als Abwesenheit eines einstmals unmittelbar wahrgenommenen Gegenstands) zu denken. Dem Foucaultschen Binswanger hingegen gelingt durch den kongenialen Anschluß an Heidegger die Wiederentdeckung jener **ursprünglichen Bildungskraft**, die als eigenständiges Sinnentwerfen des Menschen in der Welt im Angesicht seiner Endlichkeit, dem Ausgesetztsein von Angst und Tod, begriffen werden muß.

In diesem Kontext interessiert nun weniger, wie Foucault mit Binswanger im einzelnen die in seinem Erstlingsbuch *Psychologie und Geisteskrankheit* projektierte »Phänomenologie der Geisteskrankheit« näher auszufüllen gedenkt. Wichtiger ist vielmehr, daß Foucault in Binswanger die freilich noch der begrifflichen Ausführung harrende Grundlegung einer »Anthropologie der Einbildungskraft« (DIE 33) erkennt. Von einer solchen erhofft sich der spätere Kritiker jedweder am Subjekt orientierten philosophischen Grundlegung hier noch die Sprengung der Fesseln der bisherigen Reflexion über menschliche Sinn- und Symbolbildung, ohne selber über den Rahmen einer philosophischen Anthropologie hinauszugehen. In der Tat, indem Foucault Binswangers Heideggersche Psychoanalyse gleichsam in den philosophischen Diskurs wiedereingemeindet, kann er dessen Thesen über die via Traum erfahrbare Wahrheit der Geisteskrankheit nunmehr auf das Menschsein im ganzen übertragen. Statt hier bloß ein theoretisches Mittel für Diagnose und Therapie zu sehen, erkennt der philosophische Blick im Traum eingehüllt eine die Existenz überhaupt betreffende Grunderfahrung. Der existenzphilosophisch bestimmte Ansatz des frühen Foucault sieht in der unstillbaren Produktivität der Erzeugung von Traumbildern – deren eigentliche »Wahrheit« nicht in der Struktur der Bilder, sondern in der Aktivität des Bildens selber liegt – die Wahrheit des Menschen schlechthin: »By placing at the heart of imagination the meaning of the dream, one can restore the fundamental forms of existence, and one can reveal its freedom.« (DIE 75) Der von Binswanger existenzanalytisch anvisierte Rückgang auf das im Traumgeschehen ungebrochene Bildungspotential des Menschen erweist sich somit in Foucaults Lesart zugleich als die existentiell ausgewiesene Ursprünglichkeit konkreter Freiheit.

Man mag in Foucaults früher Emphase kreativer Einbildungskraft eher die Taufe denn die Lösung des Problems der Sinnbildung sehen. Dennoch hat sich Foucault mit seiner – ohnehin nur programmatisch formulierten – Anthropologie der Einbildungskraft die entscheidende Grundlage für seine später in *Wahnsinn und Gesellschaft* entfaltete Aufklärungskritik geschaffen. Hierzu war es freilich nötig, den Gedanken produktiver Imagination, der in der Einleitung zu Binswanger zunächst allein im Traumgeschehen des Geisteskranken faßbar wird, im Phänomen der Geisteskrankheit selber zu verankern. Statt den Traum des Kranken bloß als den privilegierten Ort der Analyse des Wahnsinns und als Zugang zu einer dahinterliegenden kreativen Kraft zu betrachten, wird nunmehr der »Wahnsinn« selbst als Paradigma der ursprünglichen Einbildungskraft anerkannt. Für Foucault zeigt sich im Wahnsinn seither ebenso exemplarisch wie im Traumgeschehen oder in surrealer Dichtung und Kunst die Erfahrung menschlicher Sinnschöpfung **angesichts eines nichtkontrollierbaren Seins.** Traum, Wahnsinn und moderne Dichtung verweisen allesamt auf eine im Binswanger-Aufsatz Foucaults zuerst freigelegte Wurzel: auf die in produktiver Einbildungskraft gegründete »tragische«, durch Endlichkeit und Nichtbeherrschbarkeit der Welt bestimmte Seinsweise des Menschen: »Was der Wahnsinn über sich selbst sagt« – so heißt es am Schluß von *Wahnsinn und Gesellschaft* – »ist für das Denken und die Poesie am Anfang des 19. Jahrhunderts das, was der Traum in der Unordnung seiner Bilder ebenfalls ausspricht: eine Wahrheit über den Menschen, die sehr archaisch und sehr nahe, sehr schweigend und sehr bedrohlich ist.« (WG 544)

Statt also noch wie in *Psychologie und Geisteskrankheit* die gängige Beurteilung des Wahnsinns als Geisteskrankheit zu akzeptieren, hat die Entdeckung der Einbildungskraft bei Binswanger Foucault ein neuartiges Verständnis desselben erschlossen. Der Wahnsinn selbst wird nun ein Hort jener ursprünglichen, ungeordneten, instabilen und dem Sein ungeschützt ausgesetzten Wahrheit des Menschen, dessen eigentliche Struktur, von der Alltagswelt gemeinhin zugedeckt und unsichtbar gemacht, im Wahnsinn ebenso wie im Traum und in surrealer Kunst aufleuchtet. Geht man nun aber, wie Foucault, von dieser These aus, dann stellt sich unmittelbar ein ganzes Arsenal von bislang undenkbaren Fragen: Wie ist es möglich geworden, daß der

Wahnsinn aus dem Spektrum der für wichtig und relevant erachteten Erfahrungsmöglichkeiten ausgegrenzt wird und wurde? Was hat zu einer Objektivierung des Wahnsinns, der doch eine tiefe Wahrheit des Menschen enthält, als Geisteskrankheit geführt? Welche Erfahrungsstrukturen und Verständnisordnungen trennen uns von einer ursprünglichen Erfahrung des Wahnsinns? Wann – wenn überhaupt – hat es eine solche in der Geschichte gegeben? Wie schließlich hat sich der moderne Mensch als jenes Vernunftsubjekt konstituiert, für den der Wahnsinn nur als das absolut Andere, als totale Unwahrheit erscheinen kann?

Auf alle diese Fragen versucht Foucault in *Wahnsinn und Gesellschaft* eine komplexe Antwort zu geben. Statt hier noch eine phänomenologische Beschreibung der ›Geisteskrankheit‹ als eigenständiger Existenzform anzuvisieren, geht es nun vielmehr um die historische Untersuchung jener Zäsur, die zu einem »Abbruch des Dialogs« mit dem Wahnsinn führte. Der noch von der Krankheitshypothese bestimmte phänomenologische Ansatz einer nicht-objektivierenden Beschreibung der Welt des Kranken wird ersetzt durch eine historische Perspektive, die die Ausgrenzung des Wahnsinns aus dem Feld der Wahrheit untersuchen soll. Statt also ein alternatives Modell des besseren Verständnisses der Geisteskrankheit anzustreben, geht Foucault nun stillschweigend von der Unmöglichkeit einer solchen reinen Beschreibung aus. Allein die Tatsache, daß der Wahnsinn heute von uns notwendig als Krankheit verstanden wird (und aufgrund der historischen Entwicklung gewissermaßen verstanden werden muß), ist hinreichend Beleg für die Zuschüttung und Verdeckung jener Erfahrungsdimension im modernen Denken und Erfahren. Foucault spricht deshalb von diesem Projekt, dem es um eine Wiederentdeckung jener für uns sprachlosen Erfahrung geht, als von einer »Archäologie des Schweigens«. Deren Grundfrage lautet: Wie ist es möglich geworden, daß in unserem modernen Erfahrungshorizont die im Wahnsinn zur Sprache kommende Wahrheit unseres tragischen In-der-Welt-seins nicht mehr verstanden werden kann?

Foucault macht dafür nun einen weitreichenden und vom klassischen Aufklärungszeitalter initiierten Strukturwandel unseres gesamten Seinsverständnisses verantwortlich. Da die hierdurch zur Herrschaft gelangte Erfahrungsstruktur der rationalistischen Aufklärung unser Denken bestimmt, läßt sich der Wahnsinn also – deshalb die Absage an eine positiv durchgeführte Phänomenologie des Wahnsinns – nicht mehr direkt in seiner Wahrheit beschreiben. Vielmehr müssen jene Strukturen ans Licht gebracht werden, die eben zur Objektivierung des Wahnsinns als Geisteskrankheit führten. Diesem Unternehmen haftet freilich, dessen ist sich Foucault durchaus bewußt, insofern etwas Paradoxes an, als die Analyse jener Trennungs- und Verdinglichungsformen immer schon eine eigentliche Wahrheit des Wahnsinns in Anspruch nimmt, die laut der historischen Verdeckungsthese eben nicht mehr greifbar sein soll. Gerade in dieser Spannung aber sieht Foucault die eigentlich kritische Aufgabe seiner ›Archäologie‹; er hofft, durch den Rückgriff auf den Punkt Null der Objektivierung des Wahnsinns als Krankheit gewissermaßen hinter den verdinglichenden Schleier moderner Erfahrungsmuster treten zu können.

Die Renaissance dient Foucault dabei als Lokalisierung dieses kritischen Bezugspunktes an der Schwelle seiner Geschichte der modernen Wahnsinnsvergessenheit. Traktate dieser Zeit über den Wahnsinn, die relativ freizügige Praxis der Narrenschiffe und die Malerei eines Bosch oder Breughel scheinen alle gleichermaßen auf eine Erfahrung des »tragischen Wahnsinns der Welt« zu verweisen. Zwar wird der Wahnsinn durchaus als Bedrohung und Gefahr empfunden, doch gerade als solche zeigt er eine tiefere, das menschliche Sein erfassende Wahrheit an. Bereits im 16. Jahrhundert ziehen jedoch, so Foucault, jene düsteren Wolken auf, die den freien Blick auf die tragische Seinsweise des Menschen schließlich vollends verstellen werden: Im Diskurs von Erasmus von Rotterdam und anderen Humanisten bildet sich bereits ein »kritisches Bewußtsein des Menschen«, (WG 48) dem es um eine souveräne Bemächtigung der Welt und ihrer Tragik, also um die rationale Herrschaft des Subjekts geht.

In der Aufklärung gelangt diese **Konzeption des rationalen Subjekts** nun zur uneingeschränkten Herrschaft. Für Foucault ist dies die Folge eines tiefgreifenden, alle wesentlichen Dimensionen der menschlichen Erfahrung umgreifenden Strukturwandels. Dieser läßt sich, so die pointiert aufklärungskritische These, nicht nur ausgesprochen gut am Verhältnis des Vernunftsubjekts zu seinem erklärten Anderen – dem als Unvernunft gedeuteten Wahnsinn – studieren; vielmehr kann sich das rationale Subjekt der Aufklärung selbst nur durch einen Akt von zugleich symbolischer und praktischer Gewalt gegenüber dem Wahnsinn als solches überhaupt etablieren. Nur durch ganz bestimmte Ausgrenzungsformen, die auf verschiedenen Erfahrungsebenen vollzogen werden, aber alle in dem Moment der Negation des Wahnsinns als ernstzunehmender Erfahrungsmöglichkeit zusammenlaufen, errichtet das Vernunftsubjekt der Aufklärung seine unumschränkte Herrschaft über Denken und Welt.

Auf der philosophischen Ebene läßt sich dieser Ausgrenzungsakt, so Foucault, an Descartes' epochemachenden *Meditationen zur Ersten Philosophie* (1641) ablesen. Descartes setzt das Denken hier bekannt-

lich einem methodisch unbegrenzten Zweifel aus, um so die einzig
unbezweifelbare Grundlage des Denkens, nämlich das Zweifeln bzw.
Denken des Subjekts selbst zurückzubehalten, um daraus wiederum
die Existenz des denkenden Subjekts zu gewinnen: Cogito ergo
sum. Während aber, so Foucaults Deutung, auf dem Weg zu diesem
»Grund aller Erkenntnis« Traum und Irrtum durchaus als mögliche
Täuschungsquellen der Vernunft ernstgenommen werden, wird der
Wahnsinn *von vornherein* aus dem Horizont der Möglichkeiten des
Subjekts ausgeschlossen: »Es ist eine [...] dem denkenden Subjekt
essentielle Unmöglichkeit, verrückt zu sein.« (WG 69)

Auf der politischen Ebene wird die Ausgrenzung des Wahnsinns
durch ein Dekret des Königs von 1656 markiert: Zusammen mit
Verbrechern, Prostituierten, Landstreichern, Bettlern und ›Libertins‹
aller Art sind die Wahnsinnigen in dem neugegründeten Hôpital
générale von Paris zu internieren. Statt sie wie in der Renaissance
vor die Tore der Stadt oder auf Narrenschiffe zu verbannen, sind sie
nun innerhalb der Stadtmauern in den seit Ende des Mittelalters
freigewordenen Leprosarien einzuschließen.

Während dieser philosophisch-diskursive und politisch-institutio-
nelle Ausschluß den Wahnsinn selbst unbestimmt läßt und rein
negativ als Unvernunft von der Welt des Denkens und Lebens aus-
grenzt, erweist sich auch die positive Erfahrung der Aufklärung mit
dem Wahnsinn als völlig von der Norm der Vernunft bestimmt. Im
Kontext der öffentlichen **Wahrnehmung**, die mit der Internierung
zusammenhängt, wird der Wahnsinnige auf den Status eines wilden,
der Vernunft verlustig gegangenen Tieres reduziert: »Der Wahnsinnige ist etwas geworden, was man anschauen kann, nicht mehr ein
Monstrum im Innern des Menschen, sondern ein Lebewesen mit
eigenartigen Mechanismen, eine Bestialität, in der der Mensch seit
langem beseitigt ist.« (WG 140) Und im Kontext des **medizinischen
Diskurses**, der von der politischen Internierung und ihrer Erfahrungen
relativ unabhängig existiert, wird der Wahnsinn ebenfalls, wenn auch
auf wiederum andere Weise, völlig in eine von der Vernunft bestimmte
Weltsicht integriert. Das Verrücktsein erscheint im wissenschaftlichen
Diskurs der Zeit allein als Ordnungsproblem innerhalb der Logik des
Seins; es ist, so Foucault, Gegenstand einer »Sorge der Klassifikation«,
dergemäß man Krankheitsphänomene in eine allgemeine Vernunftordnung einzugliedern versucht: »Die Krankheiten teilen sich gemäß
einer Ordnung und in einem Raum auf, die die der Vernunft selbst
sind.« (WG 185)

Entscheidend in dem plastisch anhand von Descartes' phi-
losophischem und des Königs politischem Ausschluß des Wahnsinns

dargestellten Etablierungsprozesses des Vernunftsubjekts ist also, daß selbst noch die konkrete Erfahrung mit dem Wahnsinn völlig auf der Folie eines durch die Vernunft vorgegebenen Rasters geschieht. Die tragische Wahrheit des Wahnsinns ist damit restlos um ihre Sprache gebracht. Das sich selbstherrlich etablierende Vernunftsubjekt nimmt im Wahnsinn nur noch das Fehlen seiner selbst, die **Leere und Negation der Vernunft** wahr: In der Aufklärung wird die Beziehung zwischen Vernunftmensch und dem Wahnsinnigen »eine Beziehung zwischen der *Unvernunft* als dem letzten Sinn des Wahnsinns und der *Rationalität* als Form seiner Wahrheit.« (WG 255)

Hat aber nicht diese ›Schreckensherrschaft‹ der Vernunft, die den Wahnsinn philosophisch disqualifiziert, institutionell einkerkert, symbolisch zur Animalität degradiert und medizinisch oberflächlich klassifiziert, mit der symbolträchtigen Befreiung der Verrückten von ihren Ketten in Bicêtre durch Pinel Ende des 18. Jahrhunderts (und durch Tuke zur selben Zeit in England) ihr Ende gefunden? Im Gegenteil, so die Foucaultsche Diagnose. Die sogenannte ›Humanisierung‹ und ›Verwissenschaftlichung‹ der Psychiatrie am Ende des 18. Jahrhunderts stellt vielmehr in Wahrheit eine Zuspitzung und Radikalisierung des **Zwangscharakters der Vernunftausübung** dar. Ohne Zweifel ändern sich freilich die Prämissen des Zugriffs auf den Wahnsinn: Im Zuge einer »neuen Trennung« wird der Wahnsinn nun aus dem diffusen Raum der Unvernunft »befreit« und – zum ersten Mal seit der Renaissance – als eigenständige Erfahrungsdimension wiedererkannt. Dieses moderne Erkennen vollzieht sich freilich dennoch in den von der Aufklärung ausgetretenen Bahnen. Die durch die Internierung etablierte Anstaltswahrnehmung wird dabei nicht etwa abgeschafft. Die allein für Verrückte bestimmte Internierung im hierfür eigens geschaffenen Asyl wird vielmehr symbolisch und begrifflich bloß neu interpretiert, indem nun dem Arzt eine entscheidende Rolle in der Überwachung der Kranken zugewiesen wird, indem die von der Internierung bislang unabhängig existierenden Heilpraktiken ins Asyl hineingenommen werden, und indem nun die Internierung selbst als die eigentliche Medikation für den nunmehr zur Krankheit objektivierten Wahnsinn erscheint. Auf diese Weise wird die ethisch-politische Verurteilung des Wahnsinnigen – die sich in der Aufklärung in der Internierung ausdrückte – mit der medizinischen Wahrnehmung des Verrückten als Kranken zu einem eigenartigen Komplex der symbolisch-praktischen Zurichtung des Irren zusammengeschlossen. Diese gibt sich somit bei näherem Hinsehen nicht als der Hahnenschrei einer wissenschaftlichen Psychiatrie zu erkennen, sondern vielmehr als die subtile Fortsetzung der in der Aufklärungszeit praktizierten Züchtigung und Einschließung.

Foucault behauptet in diesem Kontext zum ersten Mal den für sein weiteres Werk grundlegenden Zusammenhang von sozialen Praktiken mit der Konstitution einer individuellen Innerlichkeit: »Die psychologische Innerlichkeit ist von der Äußerlichkeit des skandalisierten Bewußtseins gebildet worden.« (WG 468) Die Erzeugung eines schlechten Gewissens im Wahnsinnigen mittels vielfältiger Straf- und Überwachungstechniken wird zudem bereits in seiner für die individuelle Normalisierung und soziale Konformisierung relevanten Funktion thematisiert: »Es ist, als erreiche der von der Animalität, zu der die Ketten ihn zwangen, befreite Irre die Zugehörigkeit zur Menschheit nur in einem sozialen Typus.« (WG 495) Die sich universal gebärdende Vernunft kümmert sich in der Morgenröte der Moderne tatsächlich weitaus intensiver um den Wahnsinnigen als die Aufklärung selbst – freilich nur, um die Rückkehr des Irren in die sozial normierte Welt des Alltags umso effektiver zu erzwingen.

Für Foucault ist in seiner frühen Aufklärungskritik dabei entscheidend, daß der Wahnsinn als tragische Wahrheit des Menschen hier abermals verschüttet und ausgegrenzt bleibt. In der Moderne erscheint zwar, durch den Abbruch der totalen Verbannung des Wahnsinns ins symbolisch-praktische Reich der Unvernunft, nicht allein die objektivierende Psychiatrie; vielmehr ereignet sich auch in der von vornehmlich ›verrückten‹ Dichtern, Philosophen und Künstlern produzierten Literatur und Kunst eine Art Wiederkehr jener ursprünglichen Erfahrungsdimension. Foucault hatte diese Erfahrung zum ersten Mal in Binswangers Traumdeutung entdeckt und bereits damals, wie jetzt in *Wahnsinn und Gesellschaft*, mit dem Verweis auf Nerval, Artaud und Nietzsche illustriert. Wie diese ästhetische Erfahrung, die sich als ›Literatur‹ selbst nur eines marginalisierten Daseins im Denken erfreut, jedoch wieder zu einer direkten Erfahrung des Wahnsinns führen, wie überhaupt der Wahnsinn für uns wieder verständlich werden kann – das mußte auch nach der Vollendung der umfänglichen Studie offen bleiben. Die bereits erwähnte Paradoxie, dergemäß eine ursprüngliche Wahnsinnserfahrung implizites Gegenmodell und Kritikfolie der Aufklärung ist und zugleich aufgrund dieser Bewegung für uns unerfahrbar bleiben muß, hat Foucault deshalb schon bald nach Erscheinen von *Wahnsinn und Gesellschaft* von der Intuition einer ursprünglichen Erfahrung des Wahnsinns Abstand nehmen lassen.

Derrida hat dabei in einer eindringlichen Untersuchung zu Foucaults frühem Hauptwerk den Finger zielsicher auf die Wunde gelegt: »Ist [diese Archäologie des Wahnsinns, HHK]«, so fragt der frühere Schüler Foucaults bezüglich der archäologischen Befreiung des Wahnsinns von den symbolischen Ketten der modernen Psychiatrie, »nicht [selbst, HHK] eine Logik, das heißt eine organisierte Sprache, ein Plan, eine Ordnung, ein Satz, eine Syntax, ein ›Werk‹? Wird die Archäologie des Schweigens nicht der wirksamste, subtilste Wiederbeginn, die *Wiederholung* [...] des gegen den Wahnsinn vorgenommenen Aktes sein, und dies genau in dem Augenblick, in dem er denunziert wird?« (Derrida 1972, 59) Dieser Kritik kann sich Foucault aufgrund der erwähnten Paradoxie schwerlich entziehen. Er selbst hatte, dabei den Erfolg der durch die Aufklärung bewirkten Ausgrenzung des Wahnsinns aus dem Feld wirklicher Erfahrungsmöglichkeiten bestätigend, Wahnsinn als das »Fehlen eines Werkes« bezeichnet. Jeder Versuch, dem Wahnsinn innerhalb unseres Denkens somit wieder zu einer – notwendig am modernen Vernunftsubjekt und seiner Erfahrung orientierten – Sprache zu verhelfen, würde diesen also um seine eigentliche Andersheit bringen. Obgleich Foucault Derridas Analyse im ganzen schroff zurückgewiesen hat – Foucault verwahrt sich vor allem gegen Derridas Kritik an dessen überpointierter Deutung des Descartschen Ausschlusses des Wahnsinns aus dem Raum der Vernunft, indem er Derrida selbst eine schulmäßig hermeneutische Beschränkung auf den Text vorwirft, die ihm die Erfassung der wahren Bedeutung von Aussagen im gesamtgesellschaftlichen Kontext unmöglich macht – nimmt er dennoch unmittelbar nach *Wahnsinn und Gesellschaft* von der Idee einer reinen, ursprünglichen Erfahrung des Irrsinns Abstand. Bereits zwei Jahre später in der *Geburt der Klinik* erklärt er ohne weitere Einschränkung, daß »unser Reflexionsstand uns unwiderruflich von einer ursprünglichen Sprache fernhält«. (GK 13) Das Projekt einer »Ersten Philosophie« gehöre der Vergangenheit an, Sinn drücke sich heute unwiderrufbar in der Vielfältigkeit von Ausdrucksweisen und Sprachen aus. In der *Archäologie des Wissens* 1969 bemerkt Foucault im kritischen Rückblick, daß *Wahnsinn und Gesellschaft* fälschlicherweise von einem grundlegenden Begriff der »Erfahrung« ausging, »wodurch das Buch zeigte, in welchem Maße man noch bereit war, ein anonymes und allgemeines Subjekt der Geschichte zuzugestehen«. (AW 29)

Die Analyse der verschiedenen Konfigurationen der historisch-kulturellen Erfahrung des Wahnsinns in der europäischen Neuzeit, obgleich selbst zunächst durch die Idee der Verdrängung und Entfremdung des Wahnsinns an sich inspiriert, hat Foucault in der Folge zur Konzeption einer ausschließlich kulturell erzeugten Erfahrung des Menschen geführt. Dabei treibt die Idee einer ursprünglich schaffenden Einbildungskraft gewissermaßen selbst über die Grenzen einer philosophischen Anthropologie hinaus (deren Aufgabe in der Bestimmung der wesentlichen Formen der Sinnstiftung besteht), insofern deren Zentrum die Idee neuartiger Wirklichkeitsbildung ist. Sinn wird, das ist hier schon angelegt, kreativ erzeugt und historisch-kulturell geschaffen – er entzieht sich also einer philosophisch vorgreifenden Regulierung oder auch nur Bestimmung. Foucault folgt also nach *Wahnsinn und Gesellschaft* der schon vom klassischen Historismus, exemplarisch in Dilthey, formulierten Einsicht, daß der Mensch sein ›Wesen‹ nur aus der Geschichte erfahren könne. Während Dilthey und andere hier freilich noch einen produktiven Zirkel von philosophischer Reflexion auf den Menschen und historischer Analyse seiner Ausdrucksformen annahmen, radikalisiert Foucault diesen Ansatz im Sinne einer Sprengung jedweder allgemein anthropologischen Grundlegung.

Die ›Anthropologie der Einbildungskraft‹ als philosophisches Grundlegungsprojekt wird nun völlig preisgegeben zugunsten einer in der Folgezeit entfalteten historischen Analytik, einer ›**Ontologie der Gegenwart**‹, deren Objektbereich jeweils andere Erfahrungsdimensionen des Menschen darstellen. Geschichte wird nicht im Rückgriff auf Wesensmerkmale des Menschen zu verstehen gesucht, sondern die Erfahrung des Subjekts – seine ›Erfahrungsstruktur‹ – wird selbst aus den dominanten Wissensformationen, den gesellschaftlich etablierten Machtpraktiken oder den subjektiv verfügbaren Selbstverhältnistechniken erklärt. Der vom frühen Foucault der menschlichen Einbildungskraft zugeschriebene produktive und kreative Aspekt bleibt dabei in allen diesen Analysedimension vermittelt erhalten: Die diskursiven Regelformationen *schaffen* kulturell definierten Sinn, die Machtpraktiken *erzeugen* soziale Wirklichkeit, die Selbstpraktiken schließlich vermögen zur selbstbestimmten Existenz einen unentbehrlich *konstruktiven* Beitrag zu leisten. Alle diese Formen der Erzeugung von neuartiger Wirklichkeit werden nun freilich – und darin drückt sich die Umkehr oder Abkehr vom anthropologischen Modell des Ausdrucks- bzw. Erlebnissubjekts aus – nicht mehr als Entäußerungen oder Objektivierungen einer subjektiven Innenwelt verstanden, sondern als gewissermaßen äußerliche, soziale Praxisformen, die selbst symbolische, soziale und subjektive Erfahrungsstrukturen zu bilden vermögen.

Wahnsinn und Gesellschaft steht somit an der Wegscheide von Foucaults Projekt einer ›Ontologie der Gegenwart‹. Zum einen lebt diese Untersuchung noch von der früh entfalteten Idee einer ›Anthropologie der Einbildungskraft‹, indem der Wahnsinn als ursprüngliche Erfahrungsdimension in Anspruch genommen und als Gegenentwurf zum rationalistischen Subjektverständnis eingeführt wird. Zum andern aber entwirft Foucault hier bereits im Keim jene Analysedimensionen der

Archäologie, der Genealogie und der Ethik, die nach dem Abschied
von einer ursprünglichen Wahrheit des Menschseins seine nunmehr
ganz in die Gegenwart eingelassenen Untersuchungen bestimmen.

I. Archäologie:
Die Destruktion des Subjekts

1. Eine Alternative zu drei anthropologischen Mythen

In den sechziger Jahren entfaltet Foucault, zunächst eher sporadisch in verschiedenen historischen Arbeiten und schließlich explizit in einer methodologischen Studie, die Konzeption einer alternativen Wissenschaftsgeschichtsschreibung. Der *Archäologie des Wissens* geht es um die **Rekonstruktion von ›Logiken des Ursprungs‹** derzeit in Geltung stehender Begriffe und Theorien. Ans Licht gebracht werden sollen Konstitutionsbedingungen von Erfahrungsgegenständen in den Wissenschaften, die wesentlich zur Gestaltung unserer heutigen Erfahrung beigetragen haben, die uns aber gleichwohl in dieser Funktion nicht bewußt sind. Im Prinzip kann jede wissenschaftliche Theorie und Erfahrung auf derartige ›implizite‹, d. h. versteckte und gleichwohl strukturbildende Momente untersucht werden. Foucault selbst hat freilich, auch weil er an der gesamtgesellschaftlichen Relevanz der Humanwissenschaften besonders interessiert war, vor allem die Herausbildung des Objekts ›Mensch‹ und seiner spezifischen Erfahrungsweisen in den Geistes- und Sozialwissenschaften zum Thema gemacht.

Die **Entfaltung einer ›archäologischen Perspektive‹** auf die Geschichte der Geisteswissenschaften ist nun freilich alles andere als ein zweckfreies oder wertneutrales Unternehmen. Foucault unternimmt diese Anstrengung vielmehr im kritischen Geist einer Destruktion der Subjektphilosophie. Auch daraus erklärt sich, daß sein Hauptaugenmerk immer auf die Humanwissenschaften gerichtet bleibt: Er möchte die Etablierung einer den Menschen als Subjekt und Objekt der Erkenntnis erfassenden Wissensstruktur in ihrer historischen Kontingenz und Regionalität nachweisen, um so eine Überwindung dieses Denkmodells, in dem wir völlig gefangen zu sein scheinen, vorzubereiten. Die Motivation dieser Kritik wiederum speist sich aus der Einsicht der Unangemessenheit der ›anthropologischen Erfahrungsstruktur‹ für wesentliche Erfahrungsbereiche unseres menschlichen Daseins. In bezug auf so grundlegende Dimensionen wie Wissenschaft (1.), Geschichte (2.) und schließlich Denken und Sprechen (3.) hat uns die seit dem 19. Jahrhundert herrschende Orientierung am Subjekt in die Irre geführt. Die Destruktion dieser drei anthropologischen

Mythen und ihre Ersetzung durch angemessenere Auffassungen der jeweiligen Bereiche, die ich nun kurz darstellen möchte, ist das erklärte Ziel der Archäologie.

1. Auf der **wissenschaftstheoretischen Ebene** bemüht sich Foucault mit seinem archäologischen Rekonstruktionsmodell um eine wahre Darstellung der Struktur wissenschaftlicher Erkenntnisbildung. In der traditionellen Erkenntnis- bzw. Wissenschaftstheorie ist Wissenschaft als kumulativer Wissenszuwachs, d. h. als eine ständig wachsende Menge von wahren Aussagen über die Welt begriffen worden. In dieser Sicht besteht Wissenschaft in einer zunehmenden Annäherung an einen an sich bestehenden Sachverhalt, der durch die wissenschaftliche Kritik an Aberglauben, Traditionen, unbegründeten Praktiken und Vorstellungen immer besser repräsentiert werden kann. Wissenschaftliche Erkenntnis besteht demzufolge in einer zunehmenden Befreiung des Erkenntnissubjekts von Wissens-Mythen zwecks eines dadurch ermöglichten Anwachsens wahrer, d. h. bloß die Sache selbst darstellender Überzeugungen.

Für Foucault hingegen zeigt eine genauere Analyse der Wissenschaftsgeschichte, daß es sich bei einer derartigen Auffassung selbst eher um einen Mythos handelt. Der Fortschritt der Wissenschaft wird nicht durch eine ›Reduktion‹ auf seiten des Subjekts und eine neutrale Darstellung des Objekts erreicht. Vielmehr bedarf es einer sehr komplexen Umstrukturierung des Erfahrungsraumes, um eine bessere (oder auch nur anderen Zwecken dienliche) Darstellung der Sachverhalte zu bewerkstelligen. Das bloße ›Sehen‹ gewisser Dinge, die beispielsweise der früheren Medizin verborgen waren, verlangt dabei weit mehr als den Willen zur Beobachtung und die Treue zu den Fakten. Worauf es ankommt, ist vielmehr die Entstehung eines Erfahrungskontextes, der die Thematisierung bestimmter Objekte und eine bestimmte Theoriebildung durch die Wissenschaftler möglich macht:

»Was [...] die anatomisch-klinische Medizin möglich macht, ist nicht einfach die Kontaktfläche zwischen dem erkennenden Subjekt und dem erkannten Gegenstand; die gegenseitigen Positionen und das wechselseitige Spiel zwischen dem Erkennenden und dem zu Erkennenden werden vielmehr von einer allgemeineren Disposition des Wissens bestimmt. Das Eindringen des ärztlichen Blicks in das Innere des kranken Körpers ist nicht die Fortsetzung einer Annäherungsbewegung, die etwa an dem Tage gekommen ist, an dem der – kaum noch gelehrte – Blick des ersten Arztes von ferne auf den Körper des ersten Leidenden fiel; es ist vielmehr das Resultat einer gänzlichen Umgestaltung auf der Ebene des Wissens selbst – und nicht auf der Ebene angehäufter, verfeinerter, vertiefter, angepaßter Erkenntnisse.« (GK 151)

Statt eine evolutive Wissenschaftsgeschichte zu schreiben, die die Komplexität der sich ablösenden Theorien zu einer linearen Abfolge einebnet, arbeitet die Archäologie entschieden die Kohärenzprinzipien der jeweiligen Erfahrungsstruktur und das in den Diskursen und Praktiken enthaltene **epistemologische Grundmodell** heraus. Sie ist dabei von einer gleichermaßen gegen Positivismus und gegen transzendentale Subjektphilosophie geleiteten Intuition bestimmt. Während der Positivismus Erkenntnis von einer vermittlungslosen Beschreibung abhängig macht, verlegt die Kant folgende Erkenntnistheorie den Grund von gültiger Erfahrung in ein jedem geschichtlichen Kontext enthobenes Subjekt. Foucault hingegen betont, daß (mit Kant) die Erkenntnis eines Gegenstandes nur für ein Subjekt – also durch kategoriale Strukturen vermittelt – möglich ist; dieses Subjekt selbst aber muß (nunmehr gegen Kant) als selbst in den Erfahrungskontext seiner Zeit eingebettet begriffen werden. Wissenschaftliche Erkenntnis verdankt sich also einem historischen Prozeß, der die Subjekt und Objekt gleichermaßen umgreifenden Erfahrungsstrukturen hervorbringt.

Foucault hat freilich seine wesentliche Prägung ohnehin von einer epistemologischen Tradition erhalten, welche die leidige Aufteilung in eine wissenschaftliche Wahrheit auf der einen Seite und der bloßen Geschichte ihrer Entdeckung auf der anderen Seite gerade überwinden wollte. In der französischen Epistemologie von Bachelard und Canguilhem, in deren Fußstapfen Foucault sich mit seiner Archäologie sieht, wird vielmehr die Entdeckung von wissenschaftlichen Wahrheiten mit der geschichtlichen Hervorbringung neuer Perspektiven und Theoriemöglichkeiten von vornherein zusammengedacht. Was die Wissenschaft auszeichnet, ist Bachelard und seinen Schülern zufolge nicht die reine Darstellung eines vordem existierenden Sachverhaltes, sondern die Schöpfung systematischer Raster und Modelle. Wissenschaft bricht mit der Alltagserfahrung nicht durch ein gewissermaßen noch naiveres Hinsehen auf das, was ist; sie löst sich von diesem unsystematischen Wissensmodus vielmehr durch eine explizite und durch Begriffsschöpfungen möglich gemachte Reorganisation der Erfahrung. Diese Reorganisation muß nun aber einen wirklichen ›Bruch‹ in der Erfahrungsstruktur darstellen, denn aufgrund ihres komplexeren und systematischeren Gehalts läßt sie sich ja unmöglich aus der diffusen Alltagserfahrung ableiten. Wissenschaftliche Wahrheit ist so an wirkliche, d. h. schöpferische Geschichte gebunden.

2. Die Bedeutung der **geschichtlichen Dimension** in den Wissenschaften bildet nun bereits den Kern für Foucaults Kritik an einem weiteren anthropologischen Mythos. Die Archäologie hat nämlich nicht allein ein adäquateres Wissenschaftsverständnis auf den Weg zu bringen, sondern sie soll unseren Geschichtsbegriff im ganzen von seiner subjektphilosophischen Trübung reinigen. Geschichtliche Erfahrungen – oder besser, die durch die Geschichte für den Menschen möglich gewordenen Erfahrungen – dürfen nach Foucault nicht aus der Perspektive eines sich selbst gewissen und autonomen Subjekts betrachtet werden. Auf diese Weise reduziert man nämlich die Widersprüchlichkeit und Komplexität des Geschehens, und man ignoriert die Abhängigkeit des Subjekts von einem historischen Prozeß, den es keineswegs souverän beherrscht. Foucault integriert damit die von der französischen Epistemologie nahegelegte Aufwertung der Geschichte in ein vom späten Heidegger in dessen Humanismus-Brief entfaltetes Modell der Subjektkritik (vgl. Heidegger 1947/1981). In der westlichen Zivilisation insgesamt, vor allem aber in der Moderne, hat sich der Mensch zum Zentrum des Seins gemacht. Statt die übersubjektiven Dimensionen der Seinserfahrung ernstzunehmen, erhebt sich das Subjekt hier zum alleinigen Grund der Welt – und damit auch zum Anfangs- und Endpunkt der Geschichte. Foucault stellt sich diesem subjektphilosophischen Geschichtsmythos, exemplarisch von Sartre (aber auch von Hegel, Husserl und dem frühen Heidegger) repräsentiert, entschieden entgegen:

»Wenn es aber einen Weg gibt, den ich ablehne, dann ist es der (man könnte ihn, ganz allgemein gesagt, den phänomenologischen Weg nennen), der dem beobachtenden Subjekt absolute Priorität einräumt, der einem Handeln eine grundlegende Rolle zuschreibt, der seinen eigenen Standpunkt an den Ursprung aller Historizität stellt – kurz, der zu einem transzendentalen Bewußtsein führt.« (OD 15)

Die Idee eines erkennenden Subjekts, das die Welt unabhängig von geschichtlicher Einbettung erkennt, und die Idee eines souveränen Handlungssubjekts, das sich in völliger Freiheit in der Welt selbst entwirft, sind gleichermaßen Aspekte jenes Menschen- und Erfahrungsbildes, das die Archäologie destruieren will. Läßt man vom Mythos des begründenden Subjekts ab und wendet sich der wirklichen Geschichte unserer Erfahrungskonstitution zu, dann und nur dann zeigen sich jene in unseren wissenschaftlichen Perspektiven und praktischen Handlungen wirklich wirksamen Strukturen. Orientiert man sich hingegen bei der Analyse geschichtlicher Prozesse am Subjektbegriff, verfehlt man notwendig die sich dem archäologischen

Blick erschließenden Erfahrungsraster. Erst eine vom Subjektbegriff befreite Geschichtsschreibung vermag überhaupt einen der Geschichte angemessenen Begriff zu bilden.

Foucault kehrt damit übrigens auf geschickte Weise gegen ihn gerichtete Vorwürfe um. Sartre und andere hatten nämlich geltend gemacht, daß durch Foucaults Entmachtung des Erfahrungssubjekts ›Geschichte‹ unmöglich gemacht würde. Welche Geschichte, fragt sich freilich. Denn Foucaults Anliegen einer archäologischen Wissenschaftstheorie versucht ja selbst gerade, die ahistorische Erkenntnistheorie Kants auf geschichtliche Füße zu stellen. Da Foucault jedoch mit diesem Zug das Subjekt von nicht-kontrollierbaren Strukturen abhängig zu machen scheint, wird in den Augen der Kritiker jedes selbstbestimmte Handeln (und somit die eigentliche Geschichte) unmöglich. Das Subjekt wird nunmehr einem historisch unkontrollierbaren Gestaltwandel unterworfen, statt die universalen Strukturen der Erkenntnis in sich selbst zu besitzen und so ursprünglich frei zu sein. Während Sartre und die Phänomenologen also Geschichte auf die im Subjekt gegründete Erfahrungsstruktur glauben beziehen zu müssen, um damit Freiheit (und ›Geschichte‹) zu retten, möchte Foucault durch die Abschaffung des abstrakten Erkenntnissubjekts überhaupt erst jene geschichtliche Dimension der konkreten Erfahrungsmuster und Wissensformen zum Vorschein kommen lassen, die unser historisch situiertes Denken und Handeln wirklich bestimmt.

Gegen den phänomenologischen Geschichtsbegriff führt Foucault Entwicklungen in der Geschichtsschreibung selbst ins Feld: Historiker der einflußreichen Annales-Schule ebenso wie die bereits erwähnten Wissenschaftshistoriker der französischen Epistemologie, aber auch die von Foucaults Lehrer Althusser vorgenommene Marx-Interpretation bemühen sich bereits seit langem um eine vom Subjektmythos befreite Analyse der konkreten Strukturen und Ereignisse. Statt komplexe historische Zusammenhänge auf die Kausalität handelnder Subjekte oder auf übergeschichtliche Geistmodelle zu reduzieren, sollen vielmehr die eigentlichen Zusammenhänge und Strukturen erst einmal genau beschrieben werden. Und statt Geschichte von vornherein als kontinuierlichen Entwicklungs- oder Verlaufsprozeß anzusehen, wird den Brüchen, Schwellen und Strukturwandlungen erhöhte Aufmerksamkeit geschenkt. Statt also, wie Foucault sich plastisch ausdrückt, die historischen Phänomene als *Dokumente*, als Ausdrucksformen der Subjekte, anzusehen, sind sie zu *Monumenten*, zu stummen Analyseblöcken der historischen Strukturen, geworden.

Die archäologische Perspektive macht sich diesen im Feld der Geschichte selbst vollzogenen Theoriewandel zueigen und gibt ihm

gewissermaßen das epistemologische Gerüst. Archäologie überwindet
so den vom Subjekt bestimmten Geschichtsbegriff auf philosophischer Augenhöhe, während sie zugleich die Kontinuitäts-Geschichte
als ideologisches Pendant der Subjektphilosophie entlarvt:

»Die kontinuierliche Geschichte ist das unerläßliche Korrelat für die Stifter-
funktion des Subjekts: die Garantie, daß alles, was ihm entgangen ist, ihm
wiedergegeben werden kann, die Gewißheit, daß die Zeit nichts auflösen
wird, ohne es in einer erneut rekomponierten Einheit wiederherzustellen; das
Versprechen, daß diese in der Ferne durch den Unterschied aufrechterhaltenen
Dinge eines Tages in der Form des historischen Bewußtseins vom Subjekt
erneut angeeignet werden können und dieses dort seine Herrschaft errichten
[…] könnte.« (AW 23)

Der Herrschaftswillen des Subjekts, die Angst, »*das Andere* in der Zeit
unseres eigenen Denkens zu denken« (ebd.), hält also von einer philosophisch angemessenen Erfassung jener geschichtlichen Strukturen ab,
die unsere Erfahrung – wenn auch in kontingenter, unbeherrschbarer
Weise – in Wirklichkeit bestimmen.

3. Besonders die zuletzt zitierte Formulierung Foucaults macht aber
bereits deutlich, worauf die archäologische Arbeit in ihrer funda-
mentalsten Dimension wirklich hinauslaufen soll: Nämlich auf die
Destruktion des Subjekts als Urheber wahrer Erkenntnisse und
autonomer Handlungen überhaupt. Es geht um den Nachweis, daß
unser Denken, Sprechen und Handeln nicht zureichend begriffen
werden kann, wenn wir es auf ein ›Subjektzentrum‹ beziehen. Vielmehr muß man der vorsubjektiven Strukturierung von Erfahrung
und Geschichte dadurch philosophisch Geltung verschaffen, daß
man den Akt der Sinn- oder Erfahrungsbildung als nicht im Subjekt
gegründet nachweist. In dieser Hinsicht gewinnt der Diskursbegriff
bei Foucault eine entscheidende Funktion: Statt die Bedeutung und
Objektkonstitution von Äußerungen in ein sinnstiftendes Subjekt zu
verlegen, wird das Subjekt der Aussage hingegen von den von Aussagen und ihren diskursiven Kontexten vorgegebenen Möglichkeiten
bestimmt. »Man bezieht also insgesamt die verschiedenen Modalitäten
der Äußerung nicht auf die Einheit eines Subjekts – ob es sich nun
um ein Subjekt handelt, das als reine Gründungsinstanz der Rationalität aufgefaßt wird, oder um ein Subjekt, das man als empirische
Funktion der Synthese betrachtet.« (AW 81)
    In der Kantischen und phänomenologischen Erkenntnis- bzw. Be-
deutungstheorie ist die Möglichkeit der Erfahrung von Gegenständen in
der Tat von der Fähigkeit (dem ›Vermögen‹) des Subjekts abhängig, die

– wie Kant sagt – Mannigfaltigkeit unserer Sinnesempfindungen Regeln zu unterwerfen und so als Erfahrung zu organisieren. Diesen Regeln verdanken wir somit eine strukturierte, eben ›objektive‹ Erfahrung, die sozusagen Ordnung in die ansonsten chaotische Phänomenwelt bringt. Kants berühmter Satz aus der *Kritik der reinen Vernunft:* »›Ich denke‹ muß alle meine Erfahrungen begleiten können«, bringt zum Ausdruck, daß diese Regeln selbst nur aufgrund der synthetisierenden Kraft des Subjekts möglich sind.

Cassirer, der wohl bedeutendste Historiker der Aufklärungs-philosophie in diesem Jahrhundert, sieht in der auf Leibniz zurück-gehenden Entdeckung dieser erfahrungskonstitutiven Synthesis im Subjekt den wesentlichen Beitrag der deutschen Aufklärung zur Phi-losophie. Auch in den nachkantischen Theorien der Erfahrung – bei Fichte und Hegel, bei Dilthey und den Neukantianern, und auch bei Husserl und dem frühen Heidegger – lebt die tiefe Überzeugung der weltstiftenden Subjektivität noch fort. Wenn auch weniger dogmatisch als Kant in bezug auf die genaue Anzahl und Struktur der Regeln und um die Dimension des geschichtlichen Sinnentwurfs erweitert, ist es doch immer noch allein die dem Subjekt innewohnende Kraft der Zusammenschau, die aus unzähligen Eindrücken und Sinnesdaten erst ›Erfahrung‹ werden läßt.

Foucault widerstrebt eine derartige philosophische Apotheose des Subjekts, die dieses gewissermaßen zum Welturheber macht. Zugleich aber beerbt er Kant in dem ganzen Wortschatz seiner erkenntnistheo-retischen Begriffe, die er nun aber ins Historische wendet. Foucault betont ohne Unterlaß, daß Erfahrung eine ›Struktur‹ besitzt, daß sie ›konstituiert‹ ist, daß eine Episteme ein ›historisches Apriori‹ bildet usw. Damit will Foucault, wie wir gesehen haben, den positivistischen Fehlschluß widerlegen, daß Erfahrung eines Objekts ohne jede Vor-strukturierung möglich ist. Doch wenn er die erkenntnistheoretische Naivität des Positivismus vermeiden will, ohne zugleich auf das Sub-jekt als das Bildungszentrum der Erfahrung zurückzugreifen, dann stellt sich die Frage, auf welcher Ebene denn nun die ›mannigfaltigen Eindrücke‹ (von denen seit Locke bis hin zu Kant und Husserl die Erkenntnistheorie ausgeht) miteinander zu Gegenstandserfahrungen verknüpft werden.

Dies ist nun der systematische Ort, an dem Foucault in den sech-ziger Jahren für die **Theorie des Strukturalismus** empfänglich wurde. Denn in der Ethnologie von Lévi-Strauss oder der Psychoanalyse eines Lacan scheinen Beispiele von Wissenschaftstypen greifbar, die Objekt- und Sinnkonstitution auch ohne den Begriff eines synthe-tisierenden Subjekts erklären können. In der Tat, indem das kulturelle

Unbewußte ebenso wie das individuelle Unbewußte nach dem Muster
grammatischer Regeln gedeutet werden kann, wird das subjektive
Bewußtsein als etwas Sekundäres, als ein von diesen Strukturen her-
vorgebrachter Effekt (und eben nicht als deren Grund) begreifbar.
Der Witz dieser Analysen, die Foucault (ebenso wie die französische
Epistemologie und die neuere Geschichtsschreibung) als Indizien für
ein Verschwinden der subjektzentrierten Erfahrungstheorie ansieht,
besteht gerade darin, daß an sich sinnlose Grundelemente – so wie die
bedeutungslosen Laute in der von Jakobson an Saussures strukturale
Linguistik anschließenden Phonetik – in ihrer Verknüpfung zu Regeln
und Strukturen führen, deren Effekt dann eine Sinn-Ordnung oder
ein Erfahrungsraster ist. Innerhalb dieser Struktur erscheint dann
›Bedeutung‹, aber zur Erklärung ihrer Genese genügt eine interne
Analyse der Regelvernetzungen. Das Subjekt als synthetisches Grundprinzip wird überflüssig.

Nun scheint zwar mit dem Strukturalismus eine wirkungsvolle
Waffe für den Kampf auf dem ursprünglichsten Grund der Subjektphilosophie, der Theorie der Sinnbildung, gefunden. Am Ende von
Die Ordnung der Dinge (1966) hofft Foucault so auch ganz explizit auf
eine Ersetzung der am Menschen orientierten Erfahrungsstruktur der
Moderne durch die strukturalistische Ethnologie, Psychoanalyse und
Linguistik. Doch die Ehe zwischen Archäologie und Strukturalimus
kann nur zum Schein überzeugen, denn der klassische Strukturalismus
geht ja – ebenso universalistisch und ›transzendental‹ wie die Subjektphilosophie – von *allgemeinen* Regeln aus; diese werden lediglich
aus sich selbst ohne Zuhilfenahme des vereinigenden Subjekts erklärt.
Die Archäologie jedoch begreift Erfahrung aus den jeweils konkreten
historischen Momenten, die in einer Situation zu einer bestimmten
Wissenskonfiguration führen. Sie muß demnach den ›kopflosen‹ Re-
gelmechanismus des universalistischen Strukturalismus ebenso wie die
auf das Subjekt gegründete Philosophie ablehnen, wie dies Foucault
in der *Archäologie des Wissens* (1969) nur drei Jahre später auch tut.

Worauf es Foucault mit seiner Archäologie also insgesamt im
wesentlichen ankommt, ist die **Analyse der konkreten historischen
Konstellationen**, die sich zu einer jeweils bestimmten **Struktur der
Erfahrung** verdichten. Hierzu taugt die damals noch durch Sartre seit
dem 19. Jahrhundert ungebrochen herrschende Subjektphilosophie
wenig. Gerade weil, wie Foucaults eigene historische Arbeiten der
sechziger Jahre zeigen, die konkreten Umbrüche in den Wissenschaften
nur aufgrund einer komplexen Anzahl von Veränderungen möglich
sind, entfaltet Foucault sein Projekt einer archäologischen Erkenntnistheorie als Alternative zur subjektphilosophischen Erfahrungstheorie.

Es geht also weniger (wir werden darauf aber zurückkommen) um eine nihilistische Vernichtung des Menschen überhaupt als vielmehr um den Versuch eines besseren Verständnisses, wie die vom Menschen gemachten Erfahrungen wirklich zustande kommen.

2. Das Projekt einer Archäologie des Wissens

Foucault faßt sein als Alternativ-Projekt zur klassischen Wissenschaftstheorie entworfenes Konzept einer historisch ausgerichteten Wissenschaftsanalyse unter dem Label »Archäologie des Wissens« zusammen. Der Begriff einer ›Archäologie‹ des Wissens führt freilich, sofern man an die etablierte Altertumswissenschaft denkt, leicht in die Irre. Es geht in Foucaults Archäologie nämlich nicht um kulturelle Gegenstände, die ihrem ursprünglichen Erfahrungskontext entfremdet sind und nun durch ein Nachkonstruieren ihres kulturellen Umfeldes für uns wieder verständlich gemacht werden sollen. Vielmehr handelt es sich beim Gegenstandsbereich der Archäologie um Gegenstände und Wissensformen der Gegenwart, deren Verständnis wir somit voraussetzen und die, so scheint es, einer Rekonstruktion ihres Kontextes aus diesem Grund gar nicht bedürfen. Dabei kann es der hier verhandelten Archäologie somit auch nicht um eine hermeneutische Wiederaneignung von opaken Sinngebilden und Kulturobjekten gehen. Dabei hätten wir ja, um uns diese Gegenstände verständlich zu machen, genau jene Begriffe und Überzeugungen vorauszusetzen, deren eigenste Strukturanalyse das erklärte Ziel von Foucaults ›Archäologie‹ darstellt.

Worum es bei dieser Ursprungswissenschaft wirklich geht, macht vielmehr ein zweiter, von Foucault einmal in einem Interview erwähnter, Bezeichnungsvorschlag deutlich. Indem sein Projekt hier als »Ethnologie der eigenen Kultur« bezeichnet wird, kommt die bewußt verfremdende und auf Distanz gehende Leistung dieser Analysemethode besser zum Ausdruck. Wieder wird freilich die Analogie zu einer Wissenschaft bemüht, die es mit zunächst unverständlichen Sinneinheiten zu tun hat. Doch der Bezug zur eigenen Kultur läßt deutlich werden, daß wir uns gegenüber unseren eigenen Sinnverhältnissen und Erfahrungsinhalten so verhalten sollen, als wären sie die einer uns völlig fremden und unzugänglichen Kultur. Deren Annäherung – oder besser: deren Rekonstruktion – soll sich freilich nun nicht im Sinne einer nacherlebenden und wahrheitserfassenden Verstehensarbeit vollziehen; vielmehr soll, ebenso wie in der an radikal anderen Praktiken und Bedeutungen ausgerichteten Ethnologie, das zugrundeliegende Sinn- oder Erfahrungsraster der jeweiligen Kulturphänomene erarbeitet werden. ›Archäologisch‹ kann man diese Analyseform nun, soweit sie auf uns selbst angewendet wird, insofern mit recht nennen, als es hier um die Rekonstruktion jener Strukturen geht, die sich in unserer Kultur zu einem früheren Zeitpunkt herausgebildet haben und die uns als solche, obwohl wir durch sie in unseren Erfahrungen bestimmt werden, nicht bewußt sind. Wir haben uns also, Ethnologen gleich, unserer eigenen Kultur wie einer ganz anderen anzunähern, um die eigentlich erfahrungskonstitutiven Momente unseres Denkens und Erlebens in ihren wirklichen Ursprüngen – also archäo-logisch – zu erkennen.

Statt nun freilich, wie allzu häufig in der Literatur, die Methode der Archäologie in Anlehnung an strukturalistische Verfahrensweisen zu erläutern, soll diese Einstellung hier anhand der in ihr zur Anwendung kommenden Grundbegriffe verständlich gemacht werden. Zwar legt Foucaults Ablehnung der Hermeneutik wie auch seine in den sechziger Jahren schwer zu verleugnende Verwendung strukturalistischer Begriffe eine derartigen Zugang nahe. Doch zeigt sich beim näheren Betrachten seiner Schriften, daß es sich hier keineswegs um eine stringente Anwendung strukturaler Methoden oder Analyseverfahren handelt, wie Foucault später zu recht immer wieder betont (vgl. auch Dreyfus/Rabinow 1987). Eher haben wir es mit einer auf Distanz und Hintergrund-Explikation ausgerichteten Kulturanalyse zu tun, die zwar an der Erhellung von erfahrungsbildenden Grundstrukturen interessiert ist, dennoch aber nicht streng strukturalistisch vorgeht. Foucault ›zerlegt‹ Texte, Diskurse oder Praktiken nicht in eine bestimmte Anzahl von Elementen, aus denen sich dann die Kombinationen streng deduktiv gewinnen ließen. Vielmehr erschließt er die kulturellen und wissenschaftlichen Erfahrungsformen im Lichte bestimmter Grundbegriffe, die dann eine rekonstruktiv vorgehende Analyse der erfahrungskonstitutiven Strukturen erlauben. Die vier tragenden Grundkonzepte – Erfahrungsstruktur, historisches Apriori, Episteme und Diskurs – bilden dabei ein begrifflich miteinander vernetztes Erschließungsgitter, welches eine von den anthropologischen Illusionen befreites Erfassen unserer Wissenschaftsgeschichte möglich machen soll.

– ›**Erfahrungsstruktur**‹, zuerst in *Wahnsinn und Gesellschaft* (1961) eingeführt, ist möglicherweise der umfassendste und gleichwohl kaum systematisch explizierte Begriff. Mit einer Erfahrungsstruktur ist die den Erkennenden und das zu erkennende Objekt gleichermaßen

umgreifende kulturelle Situation bezeichnet, die ein bestimmtes
Phänomen als so oder so erfahrenen Gegenstand des Wissens bildet
oder ›konstituiert‹. Die Erfahrung des Gegenstands wird also weder
durch diesen selbst bestimmt noch durch ›transzendentale‹, d. h. im
Erkenntnisvermögen des Subjekts verankerte Kategorien hervorgebracht,
sondern Subjekt und Objekt sind selbst in die historisch-kulturelle
Situation eingelassen. In dieser bilden sich die Verständnis- oder
Erkenntniskategorien, die dann die jeweils konkrete Erfahrung von
etwas als einem ›Objekt‹ erst möglich machen.

Die Erfahrungsstruktur einer wissenschaftlichen oder kulturellen
Epoche umfaßt dabei nicht allein theoretische, d. h. auf diskursiver
Ebene angesiedelte Aussagen. Vielmehr gehört hierzu die gesamte
historische Situation, also politische, pädagogische, ökonomische und
kulturelle Momente und Strukturen verschiedenster Art. Diese werden
nun insofern zu einem Teil der Erfahrungsstruktur eines bestimmten
Gegenstands, als sie die Wahrnehmung und die Begriffsbildung in
bezug auf das entsprechende Phänomen entscheidend mitbestimmen.
In diesem Sinne hat Foucault z. B. in *Wahnsinn und Gesellschaft* gezeigt,
wie die Internierung von Wahnsinnigen im 17. und 18. Jahrhundert
eine ›Anstaltswahrnehmung‹ erzeugt hat, die dann wiederum ein wesentliches Hintergrundmoment für die Ausbildung des modernen
psychiatrischen Behandlungsverfahrens und Krankheitsverständnisses
wurde. In der *Geburt der Klinik* (1963) gelang der Nachweis, daß erst
politische Diskurse im Zuge der Revolution jene Privilegierung der
klinischen Beobachtung zuwege brachten, die dann als ›Revolution
des ärztlichen Blicks‹ später fälschlicherweise allein einer intern wissenschaftlichen Entwicklung zugeschrieben wurde. Das Interesse der
archäologischen Geschichtsschreibung richtet sich, vor allem in diesen
beiden Arbeiten der frühen sechziger Jahre, nie allein auf die diskursive
Ebene der Theorien, Aussagen und Begriffe; vielmehr geht es auch
immer um die politischen, perzeptiven und kulturellen Momente der
jeweils die Objekterkenntnis bestimmenden Erfahrungsstruktur.

– Der Begriff des ›historischen Apriori‹ bringt nun die eigentlich
erkenntniskonstitutive Funktion zu Bewußtsein, die den bestimmten
Erfahrungsstrukturen zukommt. Wenn Foucault, wie in der Einleitung
zu *Die Ordnung der Dinge* (1966) etwa fragt: »Von welchem historischen Apriori aus ist es möglich gewesen, das große Schachbrett der
deutlichen Identitäten zu definieren, das sich auf dem verwirrten,
undefinierten, gesichtslosen und gewissermaßen indifferenten Hintergrund der Unterschiede erstellt?« (OD 27), dann geht es hier um den
historisch bestimmten Erkenntnisgrund der Erfahrung in der Aufklä-

rung. Die Frage richtet sich auf das historisch konkrete und empirisch
festzustellende Organisationsprinzip dieser Erkenntnisepoche, für die
Wissen mit der klassifizierenden Einordnung eines Phänomens in ein
allgemeines Tableau identisch war. Das Grund-, oder wie Foucault
auch sagt, Kohärenzprinzip dieses Wissenstypus zu erfassen, heißt
zugleich, die historisch vorbestimmte und somit zeitlich begrenzte
Notwendigkeit einer bestimmten Erfahrung zu begreifen.

Mit diesem Begriff beerbt Foucault die Kantische Erkenntnistheorie
somit in historistisch gebrochener Weise. Kants Epistemologie ist an
der Aufdeckung universaler Erkenntniskategorien interessiert, die jede
mögliche Erkenntnis in gleicher Weise vorstrukturieren. Kategorien wie
›Kausalität‹ oder ›Substanz‹ sind nach Kant notwendige Bedingungen
der Möglichkeit objektiver Erkenntnis. Damit bilden sie ein universales
und ›transzendentales‹ Apriori, da sie vorgängige Konstitutionsbedingungen jeder empirischen Erkenntnis von Gegenständen darstellen.
Foucault behält nun die Idee der Erkenntniskonstitution bei, aber er
versteht die Bedingungen der Erkenntnis nicht mehr transzendental,
sondern sieht diese als etwas selbst in der empirisch-historischen Welt
Entstandenes. Die jede Gegenstandserfahrung vorstrukturierenden
Bedingungen der Erkenntnis sind nach Foucault demnach selbst ein
Teil jener historisch-kulturellen Welt, in der diese Gegenstände in
ihrer spezifischen Form begegnen.

– Zur Bezeichnung der konkreten Erkenntnisraster hat Foucault
nun den **Begriff der ›Episteme‹** eingeführt. Während das Konzept
des historischen Apriori die den Erfahrungsstrukturen innewohnende Notwendigkeit erfaßt, bezeichnet der Episteme-Begriff die
Erkenntnisordnung einer wissenschaftlichen Epoche. »Was wir an
den Tag bringen wollen, ist das epistemologische Feld, die *episteme*,
in der die Erkenntnisse, außerhalb jedes auf ihren rationalen Wert
oder ihre objektiven Formen bezogenen Kriteriums betrachtet, ihre
Positivität eingraben und so eine Geschichte manifestieren, die nicht
die ihrer wachsenden Perfektion, sondern eher die der Bedingungen
ist, durch die sie möglich werden.« (OD 24, 25) Diese dichte
Formulierung, mit der Foucault den Begriff in *Die Ordnung der
Dinge* (1966) einführt, resümiert plastisch die Verschmelzung des
historistischen Anliegens mit dem Kantischen Projekt der Analyse
erkenntnisbegründender Kategorien. Die erfahrungskonstitutiven
Strukturen der Wissenschaftsgeschichte sollen zum einen aus sich
selbst verstanden werden, statt sie von dem für universal erachteten
Gesichtspunkt des Erkenntnissubjekts aus zu rekonstruieren; zum
andern hält Foucault aber entschieden an dem Projekt einer Analyse

von Bedingungen, durch die Erfahrungen möglich werden, fest. Die Episteme ist nun genau jene historisch und kulturell wandelbare Erkenntnisstruktur, die bestimmte Erfahrungen möglich werden läßt. Sie nimmt den in Kants Epistemologie von Anschauungsformen und Verstandeskategorien besetzten Platz ein. Aufgabe der Archäologie ist die Feststellung des konkreten Profils der entsprechenden Episteme, d. h. die Herausarbeitung des die Erfahrung zu einer bestimmten Zeit ermöglichenden Rasters, das sich übrigens immer auf der Ebene des sprachlich formulierten Theorie-Diskurses niederschlägt.

Das spezifische Profil des wissenschaftstheoretisch für Foucault entscheidenden Begriffs der Episteme läßt sich in sechs Aspekten knapp umreißen. Erstens handelt es sich bei ›epistemischen‹ Strukturen immer um historisch und kulturell konkret entstandene und angewandte Begriffe. Diese sind immer auf historische Situationen der Wissenschaftsgeschichte bezogen und werden nie als allgemeine Erkenntnisbedingungen verstanden. Sie sind zweitens den Individuen, die in der Wissenschaft arbeiten, gleichwohl vorgeordnet: sie bilden eine implizite Hintergrundstruktur, ohne den Subjekten als solche notwendig bewußt zu sein. Drittens ist Foucault davon überzeugt, daß die Episteme in die sprachlich-semiotische Dimension der Theoriewirklichkeit eingelassen sind. Sie bilden sich also auf der Ebene der wissenschaftlichen Symbol- und Sprachbildung. Viertens ist diese symbolische Ordnung intern und hierarchisch geordnet: Bestimmte Grundbegriffe bzw. Erkenntnisprinzipien organisieren die Vielzahl der möglichen Aussagen, Beobachtungen, Argumente etc. gemäß weniger tiefliegender Grundannahmen. In diesem Sinne spielt, wie wir im nächsten Abschnitt näher ausführen werden, im Renaissance-Verständnis des Lebens die Ähnlichkeit zwischen Wissensgegenständen und Bedeutungen eine fundamentale Rolle, während später die Funktion der Repräsentation die Wirklichkeitserfahrung grundlegend bestimmt. Fünftens sind die verschiedenen Episteme historisch scharf voneinander skandiert; die grundlegenden Ordnungsprinzipien des wissenschaftlichen Denkens lösen sich bruchartig voneinander ab. Und schließlich bilden diese erfahrungsstiftenden Grundprinzipien so etwas wie Verknüpfungsregeln der vielfältigen Eindrücke und möglichen Erfahrungen; ihnen kommt somit, und das ist sicher entscheidend für den Epistemebegriff im ganzen, eine konstitutive Weltbildfunktion zu.

Der Begriff der ›Episteme‹ weist dabei eine erstaunliche Parallelität zum **Begriff des ›Paradigmas‹** in der sogenannten postempiristischen Wissenschaftstheorie auf. Hier hatte, ebenfalls in den sechziger Jahren, Thomas Kuhn mit seiner Arbeit *Die Struktur wissenschaftlicher*

Revolutionen (1962) einen dem Foucault-Effekt vergleichbaren Schock
ausgelöst. Kuhns Paradigmabegriff, den dieser freilich im Kontext
der klassischen Naturwissenschaften entfaltet, versucht ebenfalls
der internen Erfahrungsorganisation, so wie sie sich wirklich in den
Wissenschaften zuträgt, gerecht zu werden. Ein ›Paradigma‹ ist ein
durch praktische Sozialisation in eine Wissenschaftsgemeinschaft er-
worbenes Grundmodell, das den Wissenschaftler implizit, d. h. ohne
dauerndes Bewußtsein desselben, bei der Wahl seiner Methoden und
der Beurteilung von Theorien und Evidenzen leitet. Ebenso wie die
Foucaultsche Episteme bildet das Paradigma so den organisierenden
Hintergrund der spezifisch wissenschaftlichen Welterfahrung. Und
ebenso wie Foucault hat Kuhn mit diesem Begriff das Konzept einer
einschienigen Wissenschaftsgeschichte verabschiedet: Paradigmen lösen
sich, wie die Episteme, durch Brüche und Umstrukturierungen der
Gesamtperspektive ab – nicht durch die ›Annäherung‹ an eine vorab
festgelegte Weltordnung. Es verwundert deshalb nicht, daß Foucault
und Kuhn – wir werden das im fünften Abschnitt dieses Kapitels diskutieren – sich idealistischen Relativismus vorwerfen lassen mußten.
Das Problem besteht darin, daß die Abhängigkeit der Erfahrung von
welterschließenden Deutungsrahmen (Episteme oder Paradigmata)
die Objektivität der wissenschaftlichen Erkenntnis gefährdet, wenn
diese sich völlig kontingent und bruchartig voneinander ablösen.
Wissenschaft läßt sich dann nicht als Lernprozeß über die Wirklichkeit begreifen, sondern erscheint als kaleidoskopischer Gestaltwandel
wechselnder Sichtweisen auf die Welt: Relativieren also Foucault und
Kuhn nicht, so der Vorwurf, Wahrheit auf die von Wissenschaften
gewissermaßen selbsterzeugten Erkenntnisgestalten, die verschiedenen
historischen Epochen angehören statt durch einen übergeordneten
Fortschritt miteinander verbunden zu sein?

– Der ›**Diskurs**‹ ist nun jene Dimension der Kultur, in der sich die
Episteme in der ihr eigenen Struktur formiert und so auch zu erkennen
gibt. Im engeren Sinne bezeichnet Foucault alle über eine bestimmte
Kohärenz verfügenden Aussagenmengen als Diskurs oder auch Diskursformation, insofern diese Aussagen die Regeln für die Konstitution
ganz bestimmter Erfahrungsgegenstände und Theorieperspektiven in
sich tragen. Insofern sich die erfahrungskonstitutiven Strukturen als
Erkenntnisstrukturen notwendig auf diskursiver Ebene zu erkennen
geben, ist die Archäologie methodisch gesehen immer Diskursanalyse.
Es geht um die genaue Analyse jener Grundregeln, denen gemäß sich
wissenschaftliche Aussagen als seriöse Wahrheiten über etwas in der
Welt etablieren können. In der Tat ist es die wesentliche Aufgabe

einer archäologisch reformulierten Wissenschaftsgeschichtsschreibung
festzustellen, aufgrund welcher internen Diskursregeln bestimmte
Aussagen innerhalb einer Epoche sich ›im Wahren‹ befinden konnten,
d. h. gemäß der Seriösität verbürgenden Grundregeln akzeptabel sind,
und wieso andere Aussagen notwendig aus dem Raum des als relevant
und wahr befundenen Wissens ausgegrenzt wurden.

Der **Begriff der ›Aussage‹** bildet dabei den Komplementärbegriff
zum Diskurskonzept, da dieser aus Aussagen besteht und methodisch
auf der Ebene sprachlicher Texte die Feststellung der relevanten,
d. h. einem Diskurs zugehörenden Aussagenmengen erfordert. Da es
Foucault um die schon mehrfach betonte Herausarbeitung konkreter
Erkenntniskonstellationen geht, die in die sprachlichen Deutungs- und
Kommunikationsraster gleichsam eingebaut sind, muß die Aussage
im diskursanalytischen Sinn von allen generellen Regelkonzeptionen
der Sinnerzeugung – wie grammatischer Satz, logische Proposition
oder kommunikativer Sprechakt – abgegrenzt werden. Zum andern
handelt es sich aber auch nicht einfach um eine ›Äußerung‹, für deren
Existenz das bloße Gesagtwerden hinreichen würde. Von einer ›Aussage‹
kann vielmehr nur als einem Moment innerhalb eines Diskurses die
Rede sein, insofern sie eine Möglichkeit von epistemisch angelegten
Erkenntnisweisen realisiert, also ›Wahrheit‹ produziert. Aussagen
existieren nicht als Elemente außerhalb von Diskursen, sondern allein
als Momente innerhalb diskursiver Formationen; die Aussage ist kein
Atom, sondern eine Funktion im Diskurs:

»Sie ist eine Existenzfunktion, die den Zeichen eigen ist und von der ausgehend
man dann durch die Analyse oder die Anschauung entscheiden kann, ob sie
einen ›Sinn ergeben‹ oder nicht, gemäß welcher Regeln sie aufeinanderfolgen
und nebeneinanderstehen, wovon sie Zeichen sind und welche Art von Akt
sich durch ihre (mündliche oder schriftliche) Formulierung bewirkt findet.«
(AW 126)

Vor allem in *Die Ordnung der Dinge* (1966) und in der methodologischen Studie *Archäologie des Wissens* (1969) hat Foucault
nun die wirklichkeitserschließende Kraft der in Aussagenmengen
feststellbaren Regeln in den Diskurs selbst verlegt. Während in den
früheren Arbeiten, in Ausarbeitung eines komplex verstandenen
Begriffs der Erfahrungsstruktur, auch nicht-diskursive Momente
der Erfahrungskonstitution zugelassen, ja energisch herausgearbeitet
wurden, behauptet Foucault nun gewissermaßen eine »diskursive Autonomie« (Dreyfus/Rabinow 1987) bezüglich der Erkenntnisbildung.
Anstelle des Subjekts, welches bei Kant über die synthetische Kraft
der Regelbildung in bezug auf die vielfältigen Erfahrungseindrücke

verfügt, nimmt nun der Diskurs die Stelle des regelerzeugenden Mechanismus ein: Die ›Systeme‹, durch die sich innerhalb eines Diskurses die Objektdefinitionen, die Erkenntnispositionen, ebenso die Begriffe wie die theoretischen Möglichkeiten organisieren, »ruhen im Diskurs selbst«. (AW 108) Indem Foucault hier freilich bereits den Begriff der Diskurspraktiken einführt, öffnet er dieses hermetische Diskursverständnis ansatzweise wieder für eine Analyse, die sich auch für den Zusammenhang rein diskursiver Regeln und gesellschaftlicher Praktiken interessieren kann.

Zusammengefaßt läßt sich sagen, daß die archäologische Aufgabe der Diskursanalyse in der Freilegung und Herausarbeitung der erkenntniskonstitutiven Struktur der jeweils kultur- und epochenspezifischen Episteme besteht. Die Episteme bilden regionale Erfahrungsraster, die für die in wissenschaftlichen Diskursen aktiven Subjekte eine interne Notwendigkeit, ein historisches Apriori also, darstellen. Die Aufhellung der gesamten Dimension der in den Diskurs einfließenden, sich in ihm zur Sprache bringenden bzw. durch ihn selbst miterzeugten Erfahrungsstruktur einer Epoche ist das Ziel dieser wissenschaftsgeschichtlichen Maulwurfsarbeit. In einem Interview hat Foucault einmal dieses komplexe Feld der Analyse auf die plastische Formel des Problems zusammengezogen, wie etwas überhaupt innerhalb einer Epoche ausgesagt bzw. versprachlicht werden kann: »It's a problem of verbalization« (PPC 8), also das Problem, wie bestimmte Phänomene zu diskurs- oder erkenntnisbildenden Phänomenen werden, das im Zentrum einer Archäologie des Wissens steht. Immer geht es um den Nachweis, wie zu einem bestimmten Zeitpunkt von bestimmten Subjekten aufgrund welcher Prämissen ›die Wahrheit‹ (freilich immer in einer bestimmten Form) gesagt werden kann.

Wie wir im ersten Abschnitt jedoch bereits sahen, ist das wesentliche Ziel der Archäologie die Destruktion subjektphilosophischer und humanwissenschaftlicher Begriffe und Theorien – nicht zuletzt deshalb, weil diese einen angemessenen Blick auf Wissenschaft, Geschichte und Erfahrung verstellen. Foucault ist davon überzeugt, daß dieser humanistischen Mythologie am besten eine archäologische Analyse ihrer eigenen unthematisierten Voraussetzungen entgegengesetzt wird. Die Analyse der Entstehung der Humanwissenschaften (bzw. ihres Erkenntnisobjekts) erweist sich dabei nicht nur als wesentliche Motivation der Archäologie, sondern auch als wichtige Bewährungsprobe ihrer analytischen Kraft.

3. Wie entstand das Erkenntnisobjekt ›Mensch‹?

Foucault erklärt die Entstehung der wissenschaftlichen Thematisierung des Menschen durch einen sich über zwei Brüche vollziehenden Strukturwandel in der neuzeitlichen Episteme. Der Mensch, so Foucault, ist nämlich keinesfalls ein sich selbstverständlich der Objektivierung anbietender Gegenstand. Es bedarf vielmehr erst einer gewissen Zurüstung in der allgemeinen kulturellen Erfahrung, um etwas derartig Prekäres wie die Humanwissenschaften möglich werden zu lassen. Die Aussage, daß deren Möglichkeit in der Umstrukturierung unserer *gesamten* kulturellen Erfahrung begründet liegt, hat Foucault freilich später oft abgeschwächt: Bei seinen in den sechziger Jahren unternommenen Studien handele es sich um sehr begrenzte, sich auf den jeweiligen konkreten Erfahrungsraum bestimmter Wissenschaften beziehende Analysen. Der Möglichkeitsgrund dieser Wissenschaften freilich – darin liegt ja gerade das archäologische Moment dieser Arbeiten – wird dennoch durch ein tiefenstrukturelles historisches Apriori erklärt, dessen Wandel die ›Wissenschaften‹ vom Menschen (deren tatsächlichen Wissenschaftscharakter Foucault übrigens in Zweifel zieht) hervorbringt.

In *Wahnsinn und Gesellschaft* (1961) und in *Die Ordnung der Dinge* (1966) kommt die gesamte Breite des angesprochenen zweischichtigen Strukturwandels zur Sprache. Dabei handelt es sich um einen ersten Schritt von der Renaissance-Erfahrung zum 17. und 18. Jahrhundert und um einen zweiten Schritt von dort zur Moderne. *Die Geburt der Klinik* (1963) konzentriert sich hingegen auf den relativ eng begrenzten Abschnitt des Übergangs vom Aufklärungs- – oder wie Foucault oft sagt: klassischen – Zeitalter zur Gegenwart. Das Ziel ist freilich in allen Analysen dasselbe: Anhand einer genauen Rekonstruktion des internen Wandlungsprozesses der wissenschaftlichen Erfahrung in ihrer gesellschaftlichen und diskursiven Struktur sollen jene Momente zum Vorschein gebracht werden, deren Existenz sich die uns heute so sehr beschäftigenden Humanwissenschaften verdanken. In ihrem archäologischen Grund beleuchtet werden dabei Psychiatrie und Psychologie (*Wahnsinn und Gesellschaft*), Medizin (*Die Geburt der Klinik*) und Ökonomie, Biologie und Linguistik (*Die Ordnung der Dinge*).

Die Studie über Wahnsinn und die Arbeit über die medizinische Erfahrung der Krankheit beziehen sich dabei vor allem auf jene Verwissenschaftlichungsprozesse der menschlichen Erfahrung, die sich mit dem als Anderen, dem als unvernünftig Erfahrenen beschäftigen. Es geht hier um die wissenschaftlich vollzogene Abgrenzung und

Ausgrenzung von radikalen Seinserfahrungen aus dem Bereich des als normal erachteten menschlichen Lebens. In *Die Ordnung der Dinge* geht es hingegen um die Entstehung jener uns Moderne bestimmenden wissenschaftlich vermittelten Erfahrung unserer selbst in Arbeit, Leben und Sprache. Hier wird also thematisiert, aufgrund welcher Prämissen wir unsere als ›wahr‹ und ›normal‹ akzeptierten Vorstellungen über uns selbst organisieren. Indem so *das Andere und das Eigene* der menschlichen Vernunft und Erfahrung in den Blick kommen, bilden diese Arbeiten einen kohärenten Untersuchungszusammenhang unserer modernen Erfahrung. Und obwohl Foucault in dieser Denkphase eine gewisse Entwicklung seiner – nie ganz festgestellten – Position durchmacht, läßt sich die Gesamtgestalt des von ihm behaupteten Prozesses dennoch ohne weiteres darstellen.

Hintergrund und Vorbedingung jener Aufklärungs-Episteme, durch deren Umstellung dann erst die eigentlich humanwissenschaftliche Erfahrung des Menschen möglich wurde, ist das Verschwinden der **Renaissance-Erfahrung.** Deren Struktur dient Foucault als Kontrastfolie, um gegenüber der an absoluter Ordnung und Klarheit interessierten Aufklärungszeit eine Erfahrungsform aufleuchten zu lassen, die noch Platz für den ›tragischen Wahnsinn der Welt‹ hatte. In bezug auf den Wahnsinn ist die Renaissance nämlich von einer, man könnte sagen: ängstlichen Offenheit gegenüber dem durchaus als bedrohlich empfundenen Irren bestimmt. Traktate der Zeit über Wahnsinn, die Praxis der Verschiffung der Verrückten auf den sogenannten Narrenschiffen und die Kunst eines Bosch oder Breughel verweisen auf eine Erfahrung des Anderen, die diesem einen gewissen Wahrheitswert zugesteht. In den positiven Wissensstrukturen dieser Epoche beherrscht das Prinzip der Analogie, demgemäß seriöses Wissen durch das Feststellen von Ähnlichkeiten zwischen den Dingen und ihren Bezeichnungen gebildet wird, die Organisation der Erkenntnis. Indem Wissen aufgrund von Ähnlichkeitsbeziehungen zustande kommt, wird der Mensch in ein unendliches Netz von Verweisungen, Sympathien und Analogien eingespannt. Die Erkenntnis ist gleichsam in eine nie endende Hermeneutik der aufeinander verweisenden Zeichen eingeschlossen, wobei die Zeichen etwas bedeuten, indem sie dem Gegenstand der Erkenntnis ähneln. Zeichen und Dinge werden in dieser Ontologie nicht kategorial getrennt; sie bilden vielmehr ein sich andauernd kreuzendes Verweisungsfeld, wie es die für uns Heutige unvorstellbare Zusammenfügung exakter Beobachtung und traditioneller Abbildungen in den medizinischen Studien von Leonardo da Vinci plastisch bezeugt. Was Analogie in bezug auf Erkenntnis heißt, bringt das (Crollius entnommene) Beispiel der Theorie der

Heilkraft der Walnuß zum Ausdruck, deren pflanzliche Rinde für die Kopfhaut, deren harte Schale für äußere Schädelverletzungen und deren Inneres für Gehirnkrankheiten aufgrund der sichtbaren Ähnlichkeiten Balsam bietet.

Die Ähnlichkeit als Organisationsprinzip des Wissens und die Erfahrung des Wahnsinns als einer ernstgenommenen Seinsweise finden mit dem Beginn der **Aufklärung** jäh ihr Ende. Descartes verbannt Analogieschlüsse in seinen *Regulae* aus dem Raum wissenschaftlichen Wissens: »Sooft die Menschen irgendeine Ähnlichkeit zwischen zwei Dingen bemerken, pflegen sie von beiden, mögen diese selbst in gewisser Hinsicht verschieden voneinander sein, das auszusagen, was sie nur bei einem als wahr erfunden haben.« (Descartes, vgl. OD 83); und in seinen *Meditationes* schließt er den Wahnsinn als Möglichkeit des Subjekts von vornherein aus, während Traum und Sinnestäuschung reale Irrtumsquellen darstellen: »Ich würde selbst als nicht weniger verrückt erscheinen, wenn ich deren [der Wahnsinnigen, HHK] Beispiel auf mich übertragen würde.« (Descartes 31, WG 69) Der epochemachende Philosoph gilt in *Wahnsinn und Gesellschaft* ebenso wie in *Die Ordnung der Dinge* als Indikator jenes epistemologischen Strukturwandels, der sich in der gesamten kulturellen Erfahrung ausdrückt. Das praktische Äquivalent zur symbolischen Ausgrenzung stellt dabei die politische Internierung dar, die der König von Frankreich 1656 durch die Neugründung des »Hôpitale générale« in Paris verfügt. Wahnsinnige werden, zusammen mit Verbrechern, Prostituierten, Landstreichern und ›Libertins‹ aller Art unterschiedslos in geschlossenen Anstalten untergebracht. Nach Foucault errichtet nun die ›Vernunft‹ ihre eiserne Herrschaft, die keine die absolute Selbstsetzung des Subjekts beeinträchtigende Erfahrung mehr dulden kann: Alles ›Andere‹ wird in den symbolisch und praktisch definierten ›Raum der Unvernunft‹ eingeschlossen. Die konkrete Erfahrung des Wahnsinns vollzieht sich in dieser Epoche denn auch entsprechend oberflächlich. In der Wahrnehmung innerhalb der geschlossenen Anstalten und im öffentlichen Bewußtsein wird der Verrückte zum Tier degradiert. Der wahnsinnige Mensch, der seine Vernunft verlor, ist durch Animalität bestimmt: »Der Wahnsinnige ist etwas geworden, das man anschauen kann, nicht mehr ein Monstrum im Innern des Menschen, sondern ein Lebewesen mit eigenartigen Mechanismen, eine Bestialität, in der der Mensch seit langem beseitigt ist.« (WG 140) Die medizinische Wahrnehmung des Wahnsinns hingegen bestimmt diesen, sofern er als Krankheit erscheint, gemäß der das ganze klassische Zeitalter durchherrschenden ›Sorge um Klassifikation‹. Damit wird der Wahnsinn nicht in der Dimension seiner eigenen Erfahrung thematisiert, sondern in die Vernunftordnung der Welt restlos integriert: »Die Krankheiten teilen sich gemäß einer Ordnung und in einem Raum auf, die die der Vernunft selbst sind.« (WG 185 und Einleitung, 17–24)

Erst in *Die Ordnung der Dinge* arbeitet Foucault diese auch für seine Analyse der medizinischen Erfahrung grundlegende Erfahrungsstruktur der Aufklärung vollständig heraus. Dieses Zeitalter wird in seiner allgemeinsten Form durch den Ordnungsgedanken bestimmt: »Das Fundamentale für die klassische *episteme* ist weder der Erfolg oder der Fehlschlag des Mechanismus, noch das Recht oder die Unmöglichkeit, die Natur zu mathematisieren, sondern eine Beziehung zur *mathesis*, die bis zum Ende des achtzehnten Jahrhunderts konstant und unverändert bleibt.« (OD 90) Statt in Mechanik oder Mathematisierung liegt die Wurzel des Aufklärungsdenkens in jenem Verlangen nach einer – besonders in Leibniz greifbaren – ›Wissenschaft der Ordnung‹. Das Sein der Dinge soll in einem völlig geordneten, durch klar bestimmte und definierte Elemente gegliederten Ganzen in Tableaus und Schemata sichtbar gemacht werden können. Die Ordnung der Dinge wird durch die Ordnungswissenschaft des Seins restlos *repräsentiert*.

In der Tat sieht Foucault nun den eigentlichen Kern dieser Denkepoche im Repräsentationsmodell. An die Stelle der Ähnlichkeit als Verknüpfungsprinzip von Wissen tritt nun die Idee der ungetrübten Repräsentierbarkeit der Welt im System. Foucault führt diesen Strukturwandel auf einen anhand der Semiotik der Zeit (Logique de Port-Royal) entfalteten Begriffwandel im Verständnis des Zeichens zurück. Dem Zeichen, knapp formuliert, wird nun selbst die Kraft zu repräsentieren zugetraut, während in der Renaissance hierzu die Ähnlichkeit notwendig war. Zeichen werden konventionelle Darstellungsmedien, statt in den Dingen selbst niedergelegt zu sein. Für die Renaissance gab es so einen Gegenstand der Sprache und eine ›Bedeutungstheorie‹. Die Aufklärung hingegen kennt nur das transparente, neutrale Medium der Darstellungsordnung, durch das sich die Logik der Natur wie in einem Spiegel zu erkennen gibt: »Tatsächlich hat das Bezeichnende als alleinigen Inhalt, als alleinige Funktion und als alleinige Bestimmung nur das, was es repräsentiert: es ist völlig danach geordnet und transparent [...] Vom klassischen Zeitalter an ist das Zeichen die *Repräsentativität* der Repräsentation, soweit sie *repräsentierbar* ist.« (OD 99)

Die Herausarbeitung der Episteme der Aufklärung dient freilich hauptsächlich dem Nachweis, daß bzw. warum in dieser Epoche der Denkgeschichte Wissenschaften vom Menschen unmöglich waren. Da die Welt gewissermaßen unmittelbar in der Ordnung der Sprache dargestellt werden kann, bedarf es keiner durch das Subjekt vermittelten Erkenntnisinstanz. Wie Foucault in einer eindrucksvollen Bildbeschreibung von Velasquez' *Las Meninas* illustriert, ist hier der Betrachter des Bildes weder im Bild dargestellt noch als Organisator der Bildordnung notwendig. Dasselbe gilt nun auch für die Darstellung der Welt in den Wissenschaften überhaupt: »Für wen im klassischen Denken die Repräsentation existiert und wer sich selbst in ihr repräsentiert findet, sich als Bild oder Reflex erkennt, alle überkreuzten Fäden der »Repräsentation als Bild« verknüpft – der wird sich darin nie selbst präsent finden. Vor dem Ende des achtzehnten Jahrhunderts existierte der *Mensch* nicht.« (OD 373) Zwar gibt es ein Bewußtsein der menschlichen Natur und ihres Verhältnisses zur Natur überhaupt, doch diese stehen sich »wie zwei Glieder« gegenüber, statt in einem Objekt- oder Begründungsverhältnis zueinander zu stehen:

»Es gab kein erkenntnistheoretisches Bewußtsein vom Menschen als solchem [...] In der großen Disposition der klassischen *episteme* sind die Natur, die menschliche Natur und ihre Beziehungen funktionale, definierte und vorgesehene Momente. Der Mensch als dichte ursprüngliche Realität, als schwieriges Objekt und souveränes Subjekt jeder möglichen Erkenntnis findet darin keinen Platz.« (OD 373, 375)

Dies mag zunächst verwundern, denkt man an Descartes' Versuch einer unbezweifelbaren Begründung des Wissens im ›Cogito ergo sum‹: Die Selbstgewißheit des Denkens scheint hier doch der Grund der Welterkenntnis zu sein. Descartes jedoch ebenso wie seine Zeitgenossen – deren Denkstruktur in Leibniz weit besser faßbar ist – kann diese Gewißheit selbst nur durch Rekurs auf den göttlichen Verstand und dessen Allmacht und Güte begründen. Der auf sich selbst gestellte Mensch als Subjekt des Wissens wie auch als Objekt der Erkenntnis hat in dieser ›Ordnung der Dinge‹ noch keinen Platz.

Daraus erklärt sich, warum erst ein Umbruch in der Erfahrungsstruktur ein Wissen des Subjekts als Erkenntnisgrund und Erkenntnisobjekt zugleich möglich macht. Nur das Verschwinden der Repräsentationsfunktion des Zeichens macht die subjektzentrierte Erkenntnistheorie Kants möglich, die die Schwelle zwischen der modernen Subjektphilosophie und dem klassischen Diskurs bildet. Eine ›Erklärung‹ im Sinne kausaler Herleitung ist dies freilich nicht. Die Episteme der Aufklärung kann ja nicht die Ursache für die Entstehung der wirklich neuen **Erkenntnisordnung der Moderne** sein. Deren Verschwinden macht zwar erst das Auftauchen des Menschen möglich – und erklärt somit die epistemologische Möglichkeit des Humanismus –, ohne jedoch linear von ihr abgeleitet werden zu können.

Foucault, hier den Einsichten der französischen Epistemologie folgend, will nicht kausal erklären, weil eine solche ›Erklärung‹ das Phänomen des Neuen verfehlen müßte. Durch eine Analyse der historischen Apriori jedoch, die entweder Subjektdenken ausschließen oder eben möglich machen, wird dennoch die erkenntnistheoretische Möglichkeit eines bestimmten Wissenschaftstypus verständlich gemacht.

Welche Erfahrungsstruktur hat sich aber nun im Anschluß an die Aufklärung gebildet, um ›den Menschen‹ möglich zu machen? Welche Prozesse haben zur Umbildung des Wissens geführt, so daß der Mensch als Objekt ›entdeckt‹ werden konnte? Ich möchte diese wissenschaftsgeschichtliche Schwelle anhand der drei in den sechziger Jahren entstandenen Werke kurz skizzieren.

– In *Wahnsinn und Gesellschaft* vollzieht sich der Strukturwandel durch Vereinigung des medizinischen und des moralischen Ausschlusses des Wahnsinns. Durch eine komplexe, durch politische Vorgänge in Gang gesetzte Kritik an der undifferenzierten Zusammenlegung von Wahnsinnigen mit ›Sträflingen‹ anderer Art werden eigens für Verrückte vorgesehene Internierungshäuser errichtet. Dort wird die moralische Kontrolle und Überwachung verstärkt, wobei dem Arzt nun eine besondere Funktion in der Behandlung der Verrückten zugeteilt wird. Medizinischer und moralischer Ausschluß verbünden sich zu einer das Individuum als ›Geisteskranken‹ klassifizierenden Praktik. Er wird zur Internalisierung der normativen Verhaltenskontrolle und zur Anpassung an soziale ›Vernunft‹-Standards gezwungen. Gesamtgesellschaftliche Prozesse wie Bevölkerungszuwachs, ein neu erwachtes Fürsorgewesen, die Kritik an der undifferenzierten, gesunde Kriminelle mit Geisteskranken vermischenden Internierung haben so das ›Asyl‹, die Irrenanstalt modernen Typs, als den Ort der Einschließung und der Erkenntnis des wahnsinnigen Individuums geschaffen.

– In *Die Geburt der Klinik* führt Foucault die Aufhebung der (seit Aristoteles in der Philosophie etablierten) epistemologischen Schranke, dergemäß Wissenschaft nur vom Allgemeinen handelt und somit eine Wissenschaft vom Individuellen ein Unding ist, auf einen durch die Klinik ermöglichten Erfahrungswandel zurück. In der ›klassischen‹ Medizin Ende des 18. Jahrhunderts regierte zunächst ungebrochen das Klassifikationsparadigma. Krankheiten wurden in einem von der Botanik übernommenen Modell des Tableaus aufgezeichnet. Die Revolutionszeit aber verursachte durch die Abschaffung des Ärztestandes zunächst ein medizinisches Behandlungschaos, welches die (vor der Revolutionszeit) wissenschaftlich ausgebildeten Ärzte nutzten, um sich als autonome Disziplin zu restaurieren. In dieser Strategie wird der klinischen Ausbildung, d. h. der Untersuchung am Krankenbett unter Leitung eines Facharztes, absolute Priorität zugesprochen. Diese Aufwertung der Kliniken macht dann, in einem zweiten Schritt, eine Vermittlung der Klassifikation mit der Wahrnehmung – stärker als zuvor – notwendig. Während dies bei Pinel Ende des 18. Jahrhunderts durchaus noch im Geiste der wahren Begründung der Klassifikation geschieht, kehrt sich die Ordnung schließlich durch die in der Klinik ins Zentrum gerückte Erfahrung des Todes um. Die Wahrnehmung der Krankheit vollzieht sich über die Analyse des Leibes, der sein Geheimnis in der Leichensezession freigibt: »Der Tod (ist) der absolute Gesichtspunkt auf das Leben und die Öffnung (auch im technischen Sinne des Wortes) seiner Wahrheit.« (GK 168) Der neue epistemologische Status des Todes macht eine Ersetzung der Klassifikations-Medizin durch eine ›Medizin der Organe‹ möglich, die schließlich durch die physiologische Medizin eines Broussais ihre erkenntnistheoretische Grundlage findet.

– In *Die Ordnung der Dinge* macht Foucault, wie bereits angedeutet, die Möglichkeit einer ›humanistischen‹ Episteme durch das Verschwinden der hier am umfänglichsten analysierten Wissensstruktur der Klassik plausibel. Die auf Arbeit, Leben und Sprache gerichteten klassischen Wissenschaften der ›Analyse der Reichtümer‹, der ›Naturgeschichte‹ und der ›allgemeinen Grammatik‹ können alle in ihrer epistemologischen Grundlage auf das Repräsentationsmodell zurückgeführt werden. Zwischen 1775 und 1825 ereignet sich jedoch eine Veränderung dieser Wissensformen, die sich in einer am Menschen orientierten, die Geschichte statt die Repräsentation ins Zentrum rückenden Neuorganisation der Erkenntnis niederschlägt. Der Mensch wird nun als arbeitendes, lebendes und sprechendes Subjekt ›entdeckt‹, und mit ihm

»[d]ie modernen Themen eines gemäß den Gesetzen der Ökonomie, Philologie und Biologie lebenden, sprechenden und arbeitenden Individuums, das aber in einer Art innerer Verdrehung und Überlappung durch das Spiel jener Gesetze selbst das Recht erhalten hätte, sie zu erkennen und völlig an den Tag zu bringen, alle jene Themen, die uns vertraut und mit der Existenz der ›Humanwissenschaften‹ verbunden sind.« (OD 375)

Wie gesagt, dieser Wandel darf nicht im Sinne einer linearen Entwicklung oder kausalen Verursachung erklärt werden, sondern muß zunächst einmal durch eine Beschreibung der neuen Wissensstruktur hinreichend analysiert werden. Dieser Beschreibung zufolge ist die neue anthropologische Episteme ermöglicht worden durch einen geschichtlichen Strukturwandel, der eine von der Endlichkeit des Subjekts ausgehende Erfahrungsstruktur hervorbringt. In dieser neuen

Wissensordnung wird der Mensch gleichzeitig zum sinngebenden und erkenntnisermöglichenden Subjekt sowie zum nunmehr ins Blickfeld gerückten Objekt der Erkenntnis.

Foucault steht, wie wir im vorigen Teil bereits sahen, dieser Wissensform ausgesprochen skeptisch gegenüber. Seine Kritik an der Fragwürdigkeit der Humanwissenschaften kulminiert in einer Analyse der Brüchigkeit der erkenntnistheoretischen Grundlage, die sich in der Moderne durch den Bezug auf das Subjekt herstellt. Durch den Nachweis des historischen Gewordenseins der Humanwissenschaften, die sich demselben Strukturwandel wie die sie vermeintlich begründende Subjektphilosophie verdanken, hofft er zugleich den Weg für deren Überwindung anzubahnen. Die gelungene Analyse von Begründungsproblemen, der wir uns nun zuwenden, wird freilich nicht den Blick auf die im letzten Teil dieses Kapitels thematisierten eigenen Probleme der Archäologie verstellen können.

4. Epistemologische Engpässe der Subjektphilosophie

Wir haben bereits festgestellt, daß die Archäologie kein zweckfreies, bloß an der objektiven Wiedergabe wissenschaftlicher Erkenntnisformen interessiertes Unternehmen ist. Die wahrhafte Erfassung der Brüche und Strukturen unseres Wissens soll vielmehr die Vorherrschaft des Subjektdenkens brechen. Indem Foucault zeigen kann, daß sich die Humanwissenschaften selbst nur einem solchen archäologisch erkennbaren und somit rein historischen Strukturwandel verdanken, nimmt er ihnen die Legitimität der universalen Wahrheitserfassung. Der Mensch, den sie zum ersten Mal in der Geschichte wirklich angemessen zu erkennen glauben, ist tatsächlich bloß durch einen sie selbst erzeugenden Erfahrungswandel zustande gekommen. Wirklich zum Ziel gelangt diese historistische Kritik der Relativierung des Subjekts aber erst, wenn jene die Humanwissenschaften legitimierende Philosophie ebenfalls auf die – nur regional gültige – anthropologische Erfahrungsstruktur zurückgeführt werden kann. Nur wenn die Subjektphilosophie sich als ebenso kontingent erweist wie die Humanwissenschaften selbst, entbehren diese wirklich einer epistemologisch hinreichenden Begründung.

Genau dies unternimmt Foucault nun in dem einflußreichen neunten Kapitel von *Die Ordnung der Dinge*. Dabei zeigt er, daß die moderne Subjektphilosophie sich demselben Bruch in der Erfahrung verdankt, der die Humanwissenschaften hervorgebracht hat. Genauer: erst das Erscheinen des Menschen als lebendes, arbeitendes und sprechendes Wesen – also erst der Begriffswandel in den Humanwissenschaften selbst – hat die Subjektphilosophie möglich gemacht. Das Erscheinen der Biologie, Ökonomie und historischen Philologie rückt den Menschen als durch den individuellen Körper, die eigene Arbeit und die konkrete Sprache bestimmte Endlichkeit ins Zentrum der Erkenntnis; die spiegelklare Ordnung einer in der Repräsentation begründeten Wissenschaft verwischt sich damit:

»Der Mensch mit seinem eigenen Sein, mit seiner Kraft, sich Repräsentationen zu geben, taucht mit einer durch die Lebewesen, die Tauschgegenstände und die Wörter bestimmten Tiefe auf, als sie unter Aufgabe der Repräsentation, die bis dahin ihr natürlicher Sitz gewesen war, sich in die Tiefe der Dinge zurückziehen, sich in sich selbst gemäß den Gesetzen des Lebens, der Produktion und der Sprache drehen.« (OD 378)

Durch das Verschwinden der klassifizierenden Darstellung wird der konkrete Organismus, die gesellschaftliche Arbeit und die kulturelle Vielfalt der Sprachen thematisierbar. Damit aber erscheint in der Ordnung des Wissens die Endlichkeit des lebenden, arbeitenden und sprechenden Menschen. Diese Endlichkeit ist freilich – und das ist für Foucault entscheidend – zugleich das Objekt der Erkenntnis sowie die Ermöglichung der Erkenntnis ihrer Formen. Da der Mensch nun ins Zentrum des Wissens rückt, stellt sich für die Philosophie die Aufgabe zu zeigen, wie dieser endliche Mensch sich in Leben, Arbeit und Sprache selbst erkennen kann: Die Subjektphilosophie und der ihr eigene Zwang, die Möglichkeit der Erkenntnis des Menschen als Objekt in seinem Vermögen als Erkenntnissubjekt zu begründen, ist geboren.

Foucault hält freilich diese epistemologische Struktur für ausgesprochen instabil und zweideutig. Denn statt der glasklaren Darstellung der Ordnung der Dinge im Tableau ist die philosophische Begründung nunmehr gezwungen, sich an der konkreten Geschichtlichkeit des Menschen zu orientieren, um dem Wissen eine Grundlage zu schaffen. Foucault nennt dies den Zwang zur »Wiederholung des Positiven im Fundamentalen« (OD 381). Die Grundlegung des Wissens im endlichen Menschen muß auf dessen konkretes Sein zurückgehen, um die Erkenntnis begründen zu können. Was sich dort finden läßt – das Positive, Konkrete – wird dann auf die allgemeine Begründungsebene des philosophischen Diskurses – das Fundamentale, Universale – gleichsam projiziert. Man sieht, warum Foucault wenig Respekt für diese Wissensform übrig hat: Statt sich in einer transparenten Zeichentheorie ein autonomes Erkenntnisfundament zu geben, kann diese Begründung des Wissens im Subjekt (eben durch die notwendige Verankerung des Wissens in dessen Endlichkeit) nie ihr selbstgestecktes Ziel erreichen, sich vom schwankenden Boden der Geschichte zu befreien.

Was Foucault der Subjektphilosophie, allen voran der seinerzeit in Frankreich durch Sartre und Merleau-Ponty noch bestimmenden Phänomenologie, also vorwirft, ist ein epistemologisch uneindeutiger Status. Bis Kant war es klar, daß Erkenntnisbedingungen universal bzw. ›transzendental‹, also der empirischen Erfahrung vorausliegend, gedacht werden müssen: Das Empirische, also die Erfahrung von Objekten, kann nur dann als ›begründet‹ gelten, wenn die Bedingungen der Erkenntnis dem Objekterkennen notwendig vorausgehen. Dadurch allein entsteht Notwendigkeit und Universalität der Formen und Kategorien, die dann für alle immer gleiche, also ›objektive‹ Erkenntnisse ermöglichen. Wenn aber, wie in der Philosophie des 19. und 20. Jahrunderts, das Erkenntnissubjekt selbst als geschichtlich situiert betrachtet wird, verlieren auch die Ermöglichungsbedingungen der Erkenntnis ihren überempirischen – und somit erkenntnisbegründenden – Status. Foucault sieht darin ein unentrinnbares Dilemma der Modernität, sofern diese am Menschen als Bezugspunkt festhält. Denn die moderne Philosophie muß auf den Menschen als Erkenntnisgrund Bezug nehmen, während der Mensch selbst nur empirisch sein kann. Erkenntnistheorie geht so in eine ›Analytik der Endlichkeit‹ über, die im Endlichen und Konkreten jene Formen aufzufinden hat, die doch nur als Unendliche und Allgemeine ihre Funktion der Erkenntnisbegründung wirklich erfüllen könnten. Die ambivalente Widersprüchlichkeit dieser Denkform, die dazu gezwungen ist, aus empirischen Momenten einen allgemeinen Erkenntnisgrund zu konstruieren, hat Foucault anhand von drei Motiven der modernen Philosophie entfaltet.

1. **Das Empirische und das Transzendentale.** In diesem historisch ersten Spannungsfeld des modernen Wissens zeigt sich wegweisend, wie die konkreten Untersuchungen des Menschen die Erkenntnistheorie der Zeit vorstrukturiert haben, ohne daß diese wiederum ein kohärentes Erkenntnisfundament bereitstellen konnte. Zwei Analysetypen entwickelten sich im 19. Jahrhundert: Die Untersuchung des Menschen als physiologischem Naturwesen und die Erfahrung des Menschen als geschichtlichem Individuum. Damit werden Natur und Geschichte zu Dimensionen, die eine epistemologische Rolle spielen. Doch deren Erkenntnis ist selbst nur durch ein Subjekt möglich: Wie können also Natur und Geschichte vom Subjekt wahrheitsgemäß

erkannt werden? Hier bilden sich zwei Erkenntnismodelle aus, deren Status und Verhältnis zueinander nach Foucault freilich unklar und ambivalent bleibt:

»Entweder dieser wahre Diskurs findet seine Begründung und sein Modell in jener empirischen Wahrheit, deren Genese in der Natur und der Geschichte er wiedergibt, und dann hat man eine Analyse vom positivistischen Typ (die Wahrheit des Objekts schreibt die Wahrheit des Diskurses vor [...]); oder der wahre Diskurs antizipiert jene Wahrheit, deren Natur und Geschichte er definiert [...] dann haben wir einen Diskurs vom eschatologischen Typ (die Wahrheit des philosophischen Diskurses konstituiert die Wahrheit während ihrer Formierung).« (OD 386)

Entweder wird also Wahrheit *positivistisch* in bezug auf das Objekt zu begründen versucht, oder sie wird *geschichtsphilosophisch* als Entfaltung von geschichtlich wirksamen Geistesstrukturen verstanden. Während der Positivismus jedoch die Vermittlung des Gegenstands durch das Subjekt naiv unterschlägt – und damit an die Geschichtsphilosophie verwiesen ist – löst diese alle Erkenntnis in subjektive Bewußtseinslogik auf, ohne sich doch zureichend gegenüber den empirischen Wissenschaften ausweisen zu können.

Die Lebensphilosophie mit ihrer Verlagerung des Erkenntnisgrundes ins Erleben des Menschen bietet sich hier als hoffnungsverheißender Ausweg an: Das Erlebnis ist *zugleich* subjektive Erfahrung und in der Welt – im ›Leben‹ – objektiv verankert. Doch für Foucault wird damit das Problem, wie das Empirische und das Transzendentale vermittelt werden können, eher verschärft als gelöst:

»Immer noch verbleibt, daß die Analyse des Erlebten ein Diskurs gemischter Natur ist: sie wendet sich an eine spezifische, aber doppeldeutige, ausreichend konkrete Schicht, damit man eine sorgfältige und deskriptive Sprache auf sie anwenden kann, jedoch auch ausreichend gegenüber der Positivität der Dinge zurückgezogene Schicht, so daß man ausgehend davon jener Naivität entgehen, sie in Frage stellen und nach ihren Grundlagen fragen kann.« (OD 388)

Die Lebensphilosophie entgeht der Ambivalenz des Erkenntnisfundaments ›Mensch‹ als, wie Foucault sagt, »empirisch-transzendentaler Dublette« nicht, denn das Erlebnis gehört der empirischen Welt zu und kann so nicht die notwendig transzendentale Begründungsfunktion übernehmen.

2. **Das Cogito und das Ungedachte.** Als zweites Oszillieren zwischen dem Positiven und dem Fundamentalen erweist sich die durch die Endlichkeit nunmehr ins Zentrum gerückte Uneinholbarkeit aller

Reflexions- und Erkenntnisvoraussetzungen in die Erkenntnistheorie. Während für Descartes in dessen ungebrochenem Rationalismus die Aussage »Ich denke« ohne Hindernis zur Gewißheit des »Ich bin« führte, kann das Denken, seit es rückhaltlos in der konkreten Geschichte steht, sein Sein nicht mehr allein aus dem Denken ableiten. Die individuelle Körperlichkeit, die Formen konkreter gesellschaftlicher Arbeit und die nicht vom Subjekt erzeugten historischen Sprachen, die allesamt den Hintergrund des Denkens bilden, stellen diesem die ebenso unabweisbare wie vergebliche Aufgabe einer totalen Einholung dieser Erkenntnisprämissen in das Bewußtsein des Subjekts. Foucault, hier wie selten offen wertend, bezeichnet diese Sisyphos-Arbeit des modernen Bewußtseins als gewissermaßen tragikomisches (weil durch die moderne Episteme selbsterzeugtes) Schicksal der Subjektphilosophie.

»Es ist das *An sich* gegenüber dem *Für sich* in der Hegelschen Phänomenologie gewesen, es ist das *Unbewußte* für Schopenhauer gewesen. Für Marx war es der entfremdete Mensch, in den Analysen von Husserl das Implizite, das Unaktuelle, das Sedimentierte, das Nichtausgeführte: auf jeden Fall die unausschöpfliche Unterlage, die sich dem reflexiven Denken als die wirre Projektion dessen, was der Mensch in seiner Arbeit ist, bietet, die aber ebensowohl die Rolle des im Vorhinein bestehenden Hintergrundes spielt, von wo aus der Mensch sich selbst sammeln und sich zu seiner Wahrheit bringen muß.« (OD 394)

Foucault vermerkt die Entdeckung des Unbewußten zwar als eine positive Konsequenz dieses Denkproblems – wohl auch, weil es schließlich von Lacan als Struktur und so den Menschen überwindend gedacht werden kann. Doch die für die Subjektphilosophie notwendige Anstrengung, die Herrschaft des ›Ich denke‹ in dem es ermöglichenden und doch nie gänzlich einholbaren Ungedachten, dem Hintergrund, zu etablieren, verweist doch wiederum auf ein elementares Ungenügen dieser Epistemologie.

Foucault kann seine Kritik, das sei an dieser Stelle kommentierend angemerkt, in diesem Kontext freilich nur auf dem Hintergrund eines die Kantische Unterscheidung von purer Transzendentalität und empirischer Wissenschaft in Anspruch nehmenden Verständnisses von Erkenntnisbegründung entfalten. Denn die Annahme von Erkenntnisprämissen, die diese als historisch situiert begreift, macht ja noch nicht deren partielle Erhellung und Analyse unmöglich. Nur wenn man den eisenharten Maßstab absolut kontextfreier Universalbedingungen anlegt – welchen die Phänomenologie in ihren helleren Augenblicken selbst gerade zu verabschieden sucht – macht der Vorwurf einer Verwischung der Grenzen zwischen Erkenntnisgrund und Erkenntnisfeld hier Sinn. Sofern freilich, wie in Husserls

transzendentaler Phänomenologie, die Analyse des Hintergrundes
selbst noch mit einem ungebrochen Kantischen Anspruch auftritt,
trifft Foucaults Kritik in der Tat ins Schwarze.

3. **Das Zurückweichen und die Wiederkehr des Ursprungs.** Die
Uneinholbarkeit eines kontingenten Hintergrundgeschehens in die
sich notwendig universal begreifende Erkenntnis des Subjekts wird
auch in der dritten Denkform der modernen Philosophie greifbar. Nach Foucault hat sich dieser auf den schwankenden Planken
des Erkenntnisfloßes ›Mensch‹ dahintreibenden Erkenntnistheorie
schließlich die Aufgabe gestellt, in den strudelnden Gewässern der
Geschichte festen Halt zu gewinnen. Dies geschah durch den Versuch,
Geschichtlichkeit ernstzunehmen, doch zugleich durch den Rückgang
auf den Ursprung der Geschichte epistemologisch vor Anker zu gehen. Das Scheitern dieses Unternehmens bedarf nicht allzu langer
Ausführung: Der Mensch muß sich dieses Ursprungs ja aus seiner
Gegenwärtigkeit heraus vergewissern, er kann also den »Ursprung
selbst« nur durch die Vermittlung des die Klarheit dieser Grundlage
notwendig trübenden Wellengangs der Geschichte wahrnehmen:
»Stets auf einem Hintergrund eines bereits Begonnenen kann der
Mensch das denken, was für ihn als Ursprung gilt.« (OD 398) Aus
dem Versuch, dennoch des Ursprungs erkenntnistheoretisch habhaft zu
werden, entfaltet sich somit eine notwendig zum Scheitern verurteilte
Dialektik des dauernden Zurückweichens desselben. Die Identität des
Subjekts soll sich durch eine völlige Aneignung der Geschichte – in
Hegel, Marx und Spengler – ihrer selbst vergewissern; doch in der
Erfahrung eines Hölderlin, Nietzsche und späten Heidegger leuchtet
unweigerlich die Wahrheit der Unbeherrschbarkeit dieses sich völliger
Transparenz entziehenden ›Erkenntnisgrundes‹ auf.

Foucaults Kritik an der anthropologischen Erkenntnisstruktur ist
von Interpreten – ich denke hier vor allem an Habermas und Manfred Frank – oft als ausschließlich vom Strukturalismus bestimmt
begriffen worden. Kein Zweifel: Die Darstellung des ›oszillierenden‹,
›ambivalenten‹ Charakters der modernen Subjektphilosophie verdankt
sich in ihrer Färbung vor allem dem Vergleich mit der Episteme der
Aufklärungszeit. Diese wurde, wie diese Autoren zu recht anmerken,
dabei selbst bereits sehr strukturalistisch interpretiert. In der Tat betont
Foucault den transparenten und ›seriellen‹ Charakter der Klassifikation
an mehr als einer Stelle, und die Ordnung der Dinge in ihrer glasklaren
Repräsentativität scheint der diffusen und schwankenden Basis im
Subjekt allemal überlegen. Foucault sieht so auch die Überwindung
der Zweideutigkeiten dieser modernen Erfahrung nicht in einer auf

die zugleich geschichtliche und erkennende Existenz des Menschen zurückgehenden Analyse, sondern in der offenen Aussprache der Frage, »ob der Mensch wirklich existiert«. (OD 388)

Die Abschaffung des Menschen – und hierin haben sich diese Kritiker des Strukturalismus vielleicht doch zu sehr von ihrer eigenen wertenden Perspektive einnehmen lassen – wird jedoch nicht allein in bezug auf die strukturalistischen Humanwissenschaften eines Lévi-Strauss, Lacan oder Benveniste bestimmt. Vielmehr beschreibt Foucault den Strukturwandel, der die humanistische Denkform möglich machte, zugleich als ein ›Wiedererscheinen der Sprache‹. Während die Klassik in der Sprache nur den neutralen Spiegel des Seins erkennen konnte, kehrt nun in der neueren Literatur eines Hölderlin, Artaud und Roussel, im Werk von Mallarmé und Nietzsche eine Erfahrung der Sprache wieder, die seit der Renaissance vergessen war. »Auf jene Frage Nietzsches, Wer spricht? antwortet Mallarmé [...] indem er sagt, daß das, was spricht, in seiner Einsamkeit, seiner zerbrechlichen Vibration, in seinem Nichts das Wort selbst ist – nicht die Bedeutung des Wortes, sondern sein rätselhaftes und prekäres Sein.« (OD 370)

Foucault bezieht dieses Sein der Sprache auf die in *Wahnsinn und Gesellschaft* beschriebene tragische Erfahrung des Wahnsinns der Welt. In der modernen Literatur und Kunst leuchtet so eine Erfahrung des Anderen auf, die nicht auf die völlige Beherrschbarkeit des Seins durch das Denken zielt. Sie nimmt vielmehr die Erfahrung der Endlichkeit – darin auch dem strukturalistischen Denken entgegengesetzt – in der Richtung einer Radikalisierung der Endlichkeit vor, die selbst noch die letzten Identitäts-Hülsen des sich im Andern wiedererkennen wollenden Subjekts sprengt:

»Von innerhalb der als Sprache erlebten und durchlaufenen Sprache, im Spiel ihrer bis auf ihren Extrempunkt angespannten Möglichkeiten kündigt sich an, daß der Mensch ›endlich‹ ist und daß beim Erreichen des Gipfels jeden möglichen Sprechens er nicht zum Zentrum seiner selbst gelangt, sondern zur Grenze dessen, was ihn einschließt: zu jenem Gebiet, wo der Tod weilt, wo das Denken erlischt, wo die Verheißung des Ursprungs unendlich sich zurückzieht [...] Bei Artaud wird die als Diskurs zurückgewiesene und in der plastischen Heftigkeit des Zusammenpralls wiederaufgenommene Sprache auf den Schrei, auf den gefolterten Körper, auf die Materialität des Denkens, auf das Fleisch rückverwiesen. Bei Roussel erzählt die durch einen systematisch gesteuerten Zufall zu Staub reduzierte Sprache unendlich die Wiederholung des Todes und das Rätsel der gespaltenen Ursprünge.« (OD 458)

Gespalten ist somit offenbar auch Foucaults kritische Position gegen-über der humanistischen Denkform: Strukturalistische Transparenz auf der einen, existentielle Zerrissenheit auf der anderen Seite verweisen zugleich auf eine Erfahrung jenseits des Subjekts – und so auf ein Denken jenseits der Widersprüche der Subjektphilosophie. Ich werde den ästhetischen Aspekt der Überwindung des Menschen im ersten Exkurs am Ende dieses Kapitels ausführlicher zum Thema machen. Zunächst geht es jedoch in einer abschließenden Diskussion um die von der Archäologie selbst erzeugten Folgeprobleme.

5. Folgeprobleme einer archäologischen Wissenschaftstheorie

Foucault hat, wie bereits erwähnt, die in den empirischen Arbeiten Schritt für Schritt entfaltete, aber auch immer wieder veränderte Archäologie schließlich in der rein methodologisch aufgebauten Arbeit *Archäologie des Wissens* (1969) kohärent darzustellen und zugleich weiterzuführen versucht. Wir haben bereits zu Beginn des Kapitels jene Grundbegriffe eingeführt, die tatsächlich seine empirischen Analysen im wesentlichen tragen. Diese decken sich zum großen Teil mit den in der *Archäologie des Wissens* ausgeführten Analysen, doch fehlt dort z. B. der für die früheren Arbeiten dieser Phase zentrale **Begriff der Erfahrungsstruktur**, weil Foucault in dieser Zeit fast ausschließlich auf den Diskurs konzentriert gewesen ist. Zugleich habe ich den in diesem Buch entwickelten Begriff des ›Archivs‹ – der alle möglichen Äußerungen einer Epoche bezeichnet – nicht aufgenommen, da er in keiner empirischen Arbeit Verwendung fand. In der folgenden Diskussion werde ich in die Grundprobleme der Foucaultschen Archäologie vor dem Hintergrund dieses Werks einführen.

1. **Der ›Tod des Subjekts‹.** Die damit verbundene Schwierigkeit könnte man auch das Problem der Überwindung – oder besser: Überwindbarkeit – der anthropologischen Erkenntnisstruktur nennen. Foucaults Destruktion des Subjektdenkens schickt sich an, der schillernden, auf der empirisch-transzendentalen Dublette ›Mensch‹ beruhenden Erkenntnisbasis der Moderne gewissermaßen den archäologischen Todesstoß zu versetzen. Hoffnungsvoll erklärt er, daß die anthropologische Wissensform im Begriff sei, »sich unter unseren Augen aufzulösen, weil wir beginnen, darin gleichzeitig das Vergessen des Anfangs, der sie möglich gemacht hat, und das hartnäckige Hindernis, das sich widerspenstig einem künftigen Denken entgegenstellt, zu erkennen und kritisch zu denunzieren.« (OD 412) Im Schlußsatz

von *Die Ordnung der Dinge* wettet Foucault sogar mit dem Leser, »daß der Mensch verschwindet wie am Meeresufer ein Gesicht im Sand«. (OD 462) Wir haben gesehen, daß diese Überwindung der subjektphilosophischen Überwinder des Historismus – also Husserl, Heidegger, Sartre und Merleau-Ponty – selbst durch zwei Ereignisse markiert wird: Durch das Aufkommen des Strukturalismus und durch die ästhetische Sprengung des bewußten Subjekts. Das Problem ist nun, ob die Archäologie selbst eine Wissensform bzw. eine epistemologische Basis bereitstellen kann, die aus den Engpässen der Subjektphilosophie überzeugend herausführt.

Einiges spricht zunächst dagegen. Foucault hatte ja der anthropologischen Denkstruktur aufgrund ihres zugleich auf empirischer Positivität und ›transzendentaler‹ Begründung aufgebauten Programms Inkohärenz bescheinigt. Der Mensch ist zugleich Objekt und Subjekt, d. h. Gegenstand der Erkenntnis – und damit ein Element in der Empirie – und das Subjekt der Erkenntnis – und damit deren Ermöglichungsgrund. Als solcher dürfte er aber im Feld des Wissens, um es rein begründen zu können, nicht vorkommen. Foucaults Kritik richtet sich also gegen eine Vermischung von empirischer und transzendentaler Ebene. Genau das aber, so haben Dreyfus und Rabinow energisch herausgestellt, ist auch in der Archäologie der Fall. Diese zwingt ja im Begriff des ›historischen Apriori‹ die geschichtliche Dimension des Gewordenseins mit dem Konzept von Erkenntnisermöglichung zusammen. Foucault entkommt also der ersten ›Wiederholung des Positiven im Fundamentalen‹, der Doppeldeutigkeit des Empirischen und des Transzendentalen, nicht. Zugleich aber wiederholt sich in Foucault selbst die zweite, das Unbewußte betreffende Schwierigkeit des anthropologischen Denktypus. Auch in der Archäologie geht es ja um die Hervorkehrung eines impliziten Grundes, der bewußt gemacht werden soll, wobei dieser Grund nie vollständig in das archäologische Bewußtsein eingeholt werden kann. Gerade deshalb sieht sich Foucault zur Einführung des Begriffs des Archivs (der die gewissermaßen abstrakte Totalität des kulturellen Hintergrundes bezeichnet) in der *Archäologie des Wissens* gezwungen: »Das niemals vollendete, niemals restlos vollzogene Hervorbringen des Archivs bildet den allgemeinen Hintergrund, zu dem die Beschreibung der diskursiven Formationen [...] gehören.« (AW 190) Sofern deren Struktur uns zudem hinterrücks beherrscht, ist ihre völlige Objektivierung ohnehin ausgeschlossen: es ist uns »nicht möglich, unser eigenes Archiv zu beschreiben, da wir innerhalb seiner Regeln sprechen«. (AW 189) Einzig in bezug auf die Ursprungsproblematik, dem dritten Problem der modernen Episteme, überwindet die Archäologie die moderne Wissensform, da sie sich nunmehr rückhaltlos in die Geschichtlichkeit des Seins stellt – und der Nostalgie eines vorgeschichtlichen Rettungsankers im Strudel der Ereignisse damit eine klare Absage erteilt.

Die These des Scheiterns der Foucaultschen Archäologie wird also dadurch begründet, daß Foucaults alternative Wissenschaftsgeschichte selbst die Denkfigur der empirisch-transzendentalen Dublette im Begriff des historischen Apriori wiederholt. Zudem macht sich die Diskursanalyse die Rekonstruktion impliziter Regeln zur Aufgabe, was sie somit zu einer Erforschung des Unbewußten in der Sprache verdammt. Die strukturalistische Transparenz glasklarer Repräsentationssysteme, die die Welt ohne dunklen Hintergrund einfach spiegeln oder konstruieren, wird dabei genau wie im humanistischen Denken verfehlt.

Es fragt sich aber, ob Foucaults Kritik an einer anthropologisch fundierten Erkenntnistheorie wirklich vom Strukturalismus aus erfolgt bzw. erfolgen muß. Tatsächlich haben wir ja mit der Wiederentdeckung der ›Materialität der Sprache‹ in Renaissance und moderner Literatur eine andere Kontrastfolie zur Subjektphilosophie aufzeigen können. Aus dieser Perspektive stellt sich das Scheitern des epistemologischen Humanismus anders dar. Das Problem einer im Menschen begründeten Erkenntnis ist nun nicht schlicht, daß diese eine der Geschichte enthobene Erkenntnisbasis verfehlt. Vielmehr ist das Problem, daß zum einen Erkenntnis an dem cartesianisch-kantischen Programm einer absoluten Begründung orientiert bleibt, zum andern aber dieses Fundament nur durch den geschichtlichen Menschen gegeben werden kann. Die anthropologische Episteme steckt sich also selbst ein uneinlösbares Ziel. Statt nun freilich dem Verlust eines Fundaments nachzutrauern, kann man ebenso und radikaler die Idee eines absoluten Erkenntnis-Grundes selber aufgeben. Man löst die epistemische Ambiguität also durch vollständige Selbst-Situierung in der Geschichte. Die These vom historischen oder kulturellen Apriori widerspricht dann nicht mehr dieser anti-fundamentalistischen Einstellung, sondern artikuliert sie vielmehr in konkreter Weise. Und die Analyse bestimmter Regelformationen im Hintergrund der Sprecher gehört dann wie selbstverständlich zum Projekt einer reflexiven Selbsterkenntnis des Subjekts in Geschichte und Kultur. Foucaults Position, die in Wahrheit einen anderen Ausweg aus der am Subjekt orientierten Erkenntnistheorie bereithält, verwickelt sich selbst nur dann in die von dem amerikanischen Heidegger-Experten Dreyfus und anderen behaupteten Widersprüche, wenn man seine Kritik selbst an einem überhistorischen und im Grunde anti-historistischen Maßstab festmacht. In diesem Licht erscheint dann sein eigenes Unternehmen als ebenso geschichtsgebunden und widersprüchlich. In Wahrheit aber geht es in der archäologischen Erfahrungstheorie um eine **Radikalisierung der Endlichkeit des erkennenden Subjekts.** Erkenntnis bzw. Erfahrung wird nun als etwas sich selbst in der Geschichte Bildendes angesehen, und die Archäologie hat die Analyse dieser konkreten Erfahrungsstrukturen zur Aufgabe. Foucaults Archäologie geht es um eine Analyse der spezifischen Denk- und Diskursvoraussetzungen unserer Praxis, nicht um deren transzendentale Begründung.

Foucault hat dieses angemessenere Verständnis der archäologischen Einstellung – weit besser als in der *Archäologie des Wissens* – erst in seiner späten Konzeption einer ›Ontologie der Gegenwart‹ pointiert zum Ausdruck gebracht: Nicht um die Entfaltung universaler Denkstrukturen geht es, sondern um die Analyse der konkreten Erfahrungsstrukturen in unserer Zeit. Dafür hat die Archäologie ein Set von Grundbegriffen bereitgestellt, das eine reflexive Rekonstruktion des historisch situierten Subjekts erlaubt.

2. **Das Problem des Wahrheits-Relativismus.** Eine weitere Schwierigkeit der Archäologie, insofern sie eine Darstellung der Wissenschaftsgeschichte sein will, stellt sich mit der Betonung der jeweils internen Kohärenz und Struktur der jeweiligen Episteme. Foucault hat sich damit – ebenso wie begreiflicherweise Thomas Kuhn in bezug auf seinen Paradigmabegriff – den Vorwurf eingehandelt, Wahrheit auf die jeweils nur diskursregional erschlossene Wirklichkeitserfahrung zu relativieren. Wissenschaft jedoch versteht sich gerade als Unternehmen einer zunehmenden Annäherung an ›die Wahrheit‹. Betreibt Foucault also nicht, statt eine Wissenschaftsgeschichte zu schreiben, die Auflösung und Zersetzung unseres Begriffs von Wissenschaft und Wahrheit?

Zwei Auswege aus diesem Dilemma sind möglich, zwischen denen Foucault sich nie ganz eindeutig entschieden hat. Zum einen findet sich bei ihm die Überzeugung, daß es sich ohnehin bei den von ihm ausschließlich untersuchten Humanwissenschaften um Pseudo-Wissenschaften handelt. Rudi Visker hat eine ganze Studie über Foucault der Frage gewidmet, wie die von Foucault im Zusammenhang der Nennung humanwissenschaftlicher Disziplinen und Begriffe oft verwendeten Anführungszeichen begriffen (und begründet) werden können (vgl. Visker 1991). ›Psychologie‹, ›Humanwissenschaft‹, ›Geisteskrankheit‹ etc. – all das verweist auf die von Foucault schon am Ende von *Wahnsinn und Gesellschaft* zum Ausdruck gebrachte Skepsis gegenüber der Möglichkeit einer wissenschaftlichen Objektivierung des Menschen: Die unerbittliche »Dialektik des modernen Menschen bei der Auseinandersetzung mit seiner Wahrheit« sei eben, »daß sie nie das ausschöpft, was sie auf der Ebene der wirklichen Erkenntnisse ist«. (WG 551) Später hat Foucault diese Überzeugung eher noch radikalisiert, indem er den Humanwissenschaften überhaupt keinen Wahrheitsstatus zuerkannte, sondern sie allein als mit Machtpraktiken verkoppelte Pseudo-Wissenschaften betrachtete. (Doch auch als solche müssen sie ja wirksam sein, d. h. über eine bestimmte Form von Wirklichkeitserfassung – also ›Wahrheit‹ – verfügen. Ich werde auf dieses Problem später ausführlich zu sprechen kommen.) Jedenfalls stellt sich hier das Problem des Relativismus nicht, denn die Humanwissenschaften werden dabei ohnehin als reine Fiktionen begriffen – übrigens im Gegensatz zu den Naturwissenschaften, denen Foucault Wirklichkeitstreue zutraut (Siehe den Exkurs 2). Während Foucault damit also für seine eigenen Analysen eine objektive Beschreibung der Genese von Erkenntnisstrukturen reklamieren kann, verweist er die interne Sicht der Humanwissenschaften ins Reich der Ideologie. Freilich stellt sich hier immer noch das im nächsten Abschnitt aufgegriffene Problem, von welcher Episteme aus der Archäologe seine eigenen Untersuchungen vornimmt und vornehmen kann.

In einer anderen, weitaus interessanteren Lesart jedoch muß der Relativismus-Vorwurf deshalb zurückgewiesen werden, weil er selbst auf einem von dem Foucaultschen (oder Kuhnschen und Heideggerschen) Projekt in Frage gestellten Wahrheitsbegriff beruht. In dieser Kritik an Foucault wird Wahrheit als objektive Darstellung von an sich seienden Sachverhalten vorausgesetzt. Wie wir sahen, attackiert die Archäologie aber gerade dieses Erkenntnisverständnis überaus erfolgreich. Demnach muß auch unser Verständnis von Wahrheit umformuliert werden. Statt sich einem universalen Erkenntnissubjekt zu verdanken (Kant), entsteht Wahrheit eher aus der geschichtlichen Situation, in der sich in den Diskurspraktiken spezifische Erkenntnisgitter konkret herausbilden. Suchten wir einen Gewährsmann in der Geschichte der Erkenntnistheorie, so wäre auf Hume zu verweisen: Erkenntnis ist eine durch Praktiken und Gewohnheiten hergestellte Wirklichkeitssicht. Insofern Foucault jedoch auf die spezifische ›Vereinigungsleistung‹ der Phänomene – die Hume, wie Kant nachwies, nicht erklären kann – bei gleichzeitiger Betonung der Pluralität verschiedener epochaler und kontextualer Perspektiven hinweist, erinnert dies an einen (freilich ›gottlosen‹) Leibniz. Tatsächlich aber sieht man jetzt, worauf diese Erkenntnistheorie wirklich hinausläuft: Auf einen Nietzsche verwandten **Perspektivismus**. Wahrheit kann nicht unabhängig von Erkenntnisperspektiven definiert werden, sondern

verdankt sich vielmehr selbst den durch sie eröffneten Möglichkeiten
der Erschließung von Realität.

Insofern greift die Relativismus-Kritik hier also ins Leere, denn
sie basiert zum einen auf einem unbefragt vorausgesetzten *universalen*
Wahrheitsbegriff. Wie soll sich die Universalität der Wahrheit denn
beweisen lassen, wenn Erkenntnis für uns nur gemäß unserer Erfahrungen möglich ist? Dabei bestreitet man den verschiedenen Epochen
nicht ihren ›relativen‹ Wert (jetzt aber nicht im abwertenden Sinn),
sondern zeigt vielmehr, worin die von den Perspektiven erschlossenen
Erfahrungsmöglichkeiten konkret bestehen. Übrigens ist dann zwischen den Perspektiven durchaus ein objektiver Vergleich möglich,
wenn auch das Kriterium des Vergleichs immer einer Perspektive
entstammt. Vergleicht man z. B. Regentanz und moderne Atomphysik,
dann erscheint objektiv die Nuklearphysik als technisch erfolgreicher,
auch wenn das Kriterium ihr selbst entnommen wurde. Geht es
hingegen um die Sinnhaftigkeit der Natur für uns Moderne, stehen
mythologische Auffassungen ungleich besser da als die (daran auch
gar nicht interessierte) moderne Naturwissenschaft: objektiv macht
Natur für ›Naturvölker‹ mehr Sinn, auch wenn dieses Kriterium nun
ihrem Kontext entstammt. Ein solcher von Foucault oft nahegelegter
Perspektivismus ist also nicht mit einem Wahrheits-Relativismus
gleichzusetzen. Erkenntnisperspektiven erschließen vielmehr objektive
Aspekte einer gemeinsam geteilten Welt, die für alle zugänglich ist (wir
können die Begriffsschemata anderer Wissenschaften, Paradigmen,
Kulturen, etc. verstehen), und dennoch nur in der pluralen Brechung
bestimmter Perspektiven existiert (es gibt keine die ›Welt an sich‹
darstellende Super-Perspektive). (Vgl. auch S. 187ff.)

3. Das Problem der Beschreibung. Die Relativismusfrage wird freilich
oft im Zusammenhang mit einem enger methodologisch definierten
Dilemma thematisiert. Foucault versucht ja, sich jeder Bewertung
zu enthalten, um die epistemischen Erfahrungsstrukturen in der
ihnen eigenen Regelförmigkeit zum Vorschein kommen zu lassen.
Nur so kann der Erfahrungsschatz anderer Weltsichten voll geborgen
werden, statt sie über den Kamm der eigenen Vorurteile zu scheren.
Wie aber Gadamer am eindrücklichsten in *Wahrheit und Methode*
(1960) gezeigt hat, kann der Interpret einen Sinnzusammenhang nur
durch das eigene Vorverständnis, in dem notwendig auch Bewertungen enthalten sind, überhaupt erschließen. Wie wird Foucault mit
dieser Interpretationsvoraussetzung fertig, ohne in eine lineare, die
Differenz zum Eigenen einebnende Wissenschaftsgeschichte zurückzu-
fallen?

In der *Archäologie des Wissens* ›löst‹ Foucault dieses Problem durch einen bekennerischen, fast zwanghaft wirkenden Positivismus. In der Tat bezeichnet er seine Herangehensweise an Diskurse als »fröhlichen Positivismus«, dessen Aufgabe in nichts als der »systematischen Beschreibung des Diskurses als Objekt« (AW 200) besteht. Sein Versuch jedoch (vgl. Dreyfus/ Rabinow 1987 und v. a. Honneth 1985), die methodische Herstellung der Diskurseinheiten, die dann als epistemische Struktur im Hintergrund der Erkenntnissubjekte verstanden werden, von einem Begriff der Aussage her zu bestimmen, hat wenige – und ihn selbst auch schon bald nicht mehr – überzeugt. Foucault vergleicht hier das ›Bündeln‹ von zunächst als einzelne Elemente festgestellten Aussagen zu ›Diskursen‹ am strukturalistischen Beispiel der Verknüpfung von Elementen zu Serien, die dann – man wundert sich – plötzlich etwas bedeuten. In der Tat aber muß Foucault zur bloßen Identifikation einer Diskurseinheit schon ein Vorverständnis (Gadamer) dessen mitbringen, wovon im Diskurs die Rede ist. Es wäre freilich falsch anzunehmen, daß die Notwendigkeit der Inanspruchnahme des eigenen Vorverständnisses durch den Interpreten die archäologische Diskursanalyse notwendig zu einer traditionellen hermeneutischen Einstellung verpflichtet. Die archäologischen Grundbegriffe der Erfahrungsstruktur, des kulturellen Apriori, der Episteme und der Diskursformation erzeugen vielmehr einen Kontext, in dem der Interpret allgemeine Begriffsvorstellungen so einführen kann, daß sich die konkreten symbolischen Ordnungen anderer Epochen und Disziplinen im Gegensatz zum eigenen Vorverständnis profilieren können. Grundbegriffe wie ›Wahnsinn‹, ›Leben‹, ›Arbeit‹, ›Sprache‹, und ›Mensch‹ werden dabei jeweils so eingeführt, daß durch die Herausarbeitung der anderen symbolischen Prämissen das eigene Vorwissen kontrastierend hervortritt. Statt die Vernünftigkeit der anderen Aussagen gemäß unserer Standards wahrheitsorientiert zu beurteilen, handelt es sich vielmehr um einen **selbstdistanzieren-den Perspektivenwechsel**, der eine quasi-empathetische Tiefenrekonstruktion der uns gegenüberstehenden, oftmals gänzlich anders strukturierten Normen und Regeln erlaubt. Diese Rekonstruktion bleibt durchaus – im besten Sinn einer Gegenwartsontologie – auf die eigenen Hintergrundüberzeugungen bezogen; doch der Bezug ist keiner der assimilierenden Erschließung, sondern vielmehr einer der kontrastierenden Profilierung anderer Wissensordnungen mit der unseren (vgl. Kögler 1992).

4. **Das Problem der diskursiven Autonomie.** Gerade an Foucaults epistemologischer Orientierung ist wiederum insofern Kritik geübt

worden, als ihm die Loslösung des Diskurses von dessen gesamtge-
sellschaftlicher Einbettung zum Vorwurf gemacht wurde. In der Tat
hat Foucault in der *Archäologie des Wissens* die Überzeugung vertreten,
daß der Diskurs die eigene Erfahrungs-Ordnung gleichsam autopoi-
etisch, also selbstschöpferisch aus sich selbst heraus erzeugt. Das
kommt der epistemischen Intention nahe, keine kausalen Faktoren
anzuerkennen, sondern hier eine ›Erfahrungsstruktur‹ im genuinen
Sinne zu analysieren. Doch (vgl. wiederum Dreyfus/Rabinow 1987,
auch Habermas 1985) da Foucault den Diskurs nun als ›regelgeleitet‹
versteht, stellt sich ihm ein von Wittgenstein herausgearbeitetes Problem. Da eine Regel nie spezifizieren kann, wie sie auf alle möglichen
und nie vorhersehbaren Fälle im Kontext angewendet werden kann,
können diese Regeln – die doch Diskurspraktiken in ihrem realen
Funktionieren bestimmen sollen – faktische Diskurse gar nicht erklären. Hierzu bedüfte es dann vielmehr wieder einer Regel, für die
wieder eine Regel zu existieren hätte – und so fort ins Unendliche.
In der Subjektphilosophie hat die These des regelkonstituierenden
Subjekts (gegen die sich auch Wittgenstein richtet) diesen ›Regressus
ad infinitum‹, diesen unendlichen Regress gestoppt. Das aber steht
Foucault, aus gutem Grund, nicht zur Verfügung.

An dieser Stelle ist es wichtig, an das besondere Erkenntnisinteresse
von Foucaults ›historistischem Kantianismus‹ zu erinnern. Im Zentrum
steht nicht die **Erklärung** der diskursiven Regelförmigkeiten, die Foucault zufolge in einer bestimmten Episteme.die Objektkonstruktionen,
die Subjektpositionen, die theoretischen Optionen oder die praktischen
Kontexte vorstrukturieren. Vielmehr soll aus der empirisch gegebenen
Aussagenmenge deren inneres Sinn- oder Regelgerüst, sozusagen deren
symbolisch-logische Tiefenschicht so **rekonstruiert** werden, daß die
entsprechenden Äußerungen als wissenschaftlich seriöse Sprechakte
verständlich werden können. Foucault bemüht also statt dem ›Subjekt‹
die jeweils konkrete ›Diskursformation‹ als Stoppregel gegenüber einem
infiniten Regreß. Das ist legitim, da die Diskursivität der Erkenntnisperspektiven als Grundhypothese eingeführt wird, die sich dann durch
die konkreten archäologischen Analysen am Material bewähren muß.
Und es schließt nicht aus, in einem weiteren Schritt, den Foucault in
der Wende zur Machtanalytik auch selber tut, die empirische Genese der
Regelmäßigkeiten selbst zum Gegenstand der Untersuchung zu machen.

5. Das Problem des historischen Strukturwandels. Mit dem Machtbegriff, den Foucault in den siebziger Jahren entfaltet, soll nun auch
ein weiteres und oft angeführtes Problem der Archäologie einer
Lösung zugeführt werden. Denn in der bloßen Beschreibung der

Diskursformationen war zunächst offen geblieben, wie sich diese Erfahrungsgitter in der Geschichte voneinander ablösen bzw. nacheinander entwickeln. Auch deshalb war Foucault – z. B. von Sartre – vorgeworfen worden, Geschichte gar nicht denken zu können, sie sozusagen zu regionalen Räumen zu verdinglichen, statt ihre eigentliche Zeitlichkeit und innere Dynamik zu erfassen. Dies trifft freilich, wenn überhaupt, wirklich nur auf *Die Ordnung der Dinge* zu; in den frühen Arbeiten zu Wahnsinn und Krankheit bettet Foucault die Diskurse durchaus so in soziale Zusammenhänge ein, daß deren Umstrukturierung durch historische Entwicklungsprozesse verständlich wird. Man muß aber zunächst, im Geiste der Archäologie, dieser Kritik vor allem entgegenhalten, daß Foucault die philosophische Entfaltung eines universalen Erklärungsprinzips bewußt ablehnt. Wie besonders seine frühen Arbeiten zeigen sollen, bedarf es eines sehr genauen, sozusagen ›detailversessenen‹ Blicks, um die eigentlichen Transformationsmomente wirklich zu erkennen.

Dennoch ist ebenso klar, daß die später in den sechziger Jahren empirisch in *Die Ordnung der Dinge* und theoretisch in der *Archäologie des Wissens* vollzogene Autonomisierung des Diskurses das gesellschaftliche Konstitutionsfeld von diskursiven Erfahrungsstrukturen fast völlig ausblendet. Diese den Diskurs entschieden von seinem gesellschaftlichen Umfeld abtrennende Perspektive wird von Foucault so auch gewissermaßen rückgängig machen – nicht zuletzt deshalb, weil sie seinen eigenen, in den früheren Arbeiten aufscheinenden Interessen eher zuwiderläuft. Mit diesem Schritt, der den Begriff ›sozialer Macht‹ nun ins Zentrum einer auf das Subjekt und die Humanwissenschaft gerichteten Analyse der Moderne rückt, überwindet er sodann das durch die Archäologie allein nicht hinreichend auflösbare Erklärungsproblem des historischen Strukturwandels. Bevor wir uns diesem Theoriewandel im nächsten Hauptkapitel eingehend zuwenden, soll in einem ersten Exkurs das eigentümliche Verhältnis von Subjekt und Sprache anhand von Foucaults Reflexionen zu ästhetischer Erfahrung, auch als Vorüberblick über dessen gesamten Denkweg, näher betrachtet werden.

Exkurs 1: Zur Funktion von Kunst und Literatur (Foucaults Ästhetik)

Foucault hat nie eine systematische Abhandlung über ästhetische Erfahrung vorgelegt. Dennoch besteht kein Zweifel an der überragenden Bedeutung von Kunst und Literatur für sein Werk. Im folgenden möchte ich versuchen, anhand der wesentlichen Entwicklungsphasen der Foucaultschen Philosophie dessen Verhältnis zur Kunst und Literatur bzw. zu ästhetischer Erfahrung im allgemeinen zu bestimmen. Foucaults Entwicklung vollzieht sich dabei über eine frühe Phase der emphatischen Bewertung ästhetischer Erfahrung über eine mittlere, die Funktion von Literatur und Kunst in gesellschaftlichen Machtzusammenhängen analysierenden Sicht hin zu einer schließlich am Leben als ästhetischem Phänomen orientierten Einstellung.

1. In den sechziger Jahren stehen Kunst und Literatur in Foucaults Denken im Zeichen der **Überwindung der Subjektphilosophie**. Die Texte von Hölderlin, Nerval, Artaud, Roussel und Nietzsche, die Werke von Bosch, Breughel oder van Gogh werden nicht in erster Linie als Momente innerhalb der Literatur und Kunst thematisiert, sondern im wesentlichen als Statthalter und Verkörperungen einer sehr wesentlichen und tiefgreifenden Erfahrung. In dieser Erfahrung offenbart sich für das Subjekt die Grenze des Bewußtseins und der souveränen Manipulation des Seins (siehe Einleitung). Als solche verweisen Literatur und Kunst wiederum auf die Grenze der am Subjekt und seiner Vernunft orientierten Philosophie, um deren Destruktion es Foucault in dieser Zeit vor allem geht. Es wäre dennoch verkürzt, die Rolle der Kunst dabei allein in dieser subjektkritischen Dimension zu sehen. Insgesamt lassen sich vier bedeutende Funktionen der Kunst und Literatur in Foucaults Frühwerk ausmachen.

(1) Kunst und Literatur haben in den frühen Büchern Foucaults eine geradezu erkenntnisleitende und welterschließende Funktion. Foucault benutzt die gezielte Interpretation oder exemplarische Nennung von Kunstwerken oder Romanen (wie Rameaus Neffe oder Don Quichote) oftmals, um seine historischen Thesen anschaulich zu machen. Am bekanntesten ist wohl die überragende Deutung der Las Meninas von Velasquez in *Die Ordnung der Dinge* geworden. Foucault analysiert das Bild im Hinblick auf die das klassische Aufklärungsdenken durchherrschende Denkordnung der Repräsentation, welche die Wirklichkeit im Spiegel einer transparenten Sprache vollkommen darzustellen vermag, ohne eines Erkenntnissubjekts zu bedürfen. Bestimmte Bildaspekte wie z. B. die offenbare Nichtsichtbarkeit des Malers im Akt des Malens werden vor der Folie dieser epistemologischen Überlegungen gedeutet: In der Aufklärungs-Zeit gab es kein sinnstiftendes Subjekt in der Ordnung des Wissens, das im Akt der Bedeutungsbildung selber dargestellt und objektiviert werden kann oder muß. In analoger Weise hat Foucault in *Wahnsinn und Gesellschaft* die tragische Weltordnung der Renaissance an den

Bildern von Breughel und Bosch abgelesen, und die neue symbolische Ordnung der Frühaufklärung mit ihrer Lichtmetaphorik (die auch in Las Meninas eine Rolle spielt) wird durch Verweise auf George de la Tour erhellt. Bemerkenswert ist dabei, daß diesen Beispielen ein höherer Wert als der bloßer Illustrationen zuzukommen scheint: Es entsteht der Eindruck, daß sich in diesen herrausragenden Werken die symbolische Ordnung der Erfahrungsstruktur einer Epoche oder Epochenschwelle fast geballter und eindringlicher als in den Diskursen selbst zum Ausdruck bringt.

(2) Weiterhin ist wichtig, daß die ästhetische Erfahrung vor allem surrealistischer Kunst und Literatur überhaupt erst die Augen öffnet für die wirkliche Struktur der diskursiven Erkenntnisweisen. Wenn Foucault zu Beginn von *Die Ordnung der Dinge* bemerkt, daß dieses Buch sich der Entstehung des Gelächters anläßlich eines Textes von Borges verdankt, so ist dies weit mehr als bloß ein postmodern nietzscheanischer Gag. Vielmehr gibt sich hier das methodologische Motto des gesamten Buches, ja der archäologischen Interpretationsweise insgesamt zu erkennen, wenn die skurrile Ordnung einer chinesischen Tiertafel als Grenze unseres Vorstellungsvermögens eingeführt wird. Da in dieser fremdartig abstrusen Taxinomie kategorial unvereinbare Gegenstände in eine nur noch auf der Ebene der Sprache mögliche Ordnung zusammengebracht werden, wird damit das Ordnungsproblem selbst bewußt. Deutlich wird die Bedeutung des Tableaus, »das dem Denken gestattet, eine Ordnungsarbeit mit den Lebewesen vorzunehmen, eine Aufteilung in Klassen, eine namentliche Gruppierung, durch die ihre Ähnlichkeiten und Unterschiede bezeichnet werden, dort, wo seit fernsten Zeiten die Sprache sich mit dem Raum kreuzt«. (OD 19) Für Foucault bringt diese Erfahrung die tiefgreifende Wahrheit zum Ausdruck, daß jede menschliche Erfahrungsstruktur im Grunde eine zwar in sich kohärente, aber an sich selbst beliebige Ordnung der Erfahrung darstellt. Foucault hat sich seinen distanzierten Blick auf vormoderne und zeitgenössische Wissensordnungen durch den Umgang mit einer Kunst erworben, die der freien, unbedingten und letztlich kontingenten Gestaltung der Erfahrung absolute Priorität einräumt.

(3) Diese Grundeinsicht in die unvermeidliche Kontingenz unserer Erfahrung, die sich aus ästhetischer Erfahrung lernen läßt, wird bekanntlich von der modernen Subjektphilosophie entschieden bestritten. Die Funktion des Erkenntnissubjekts soll ja gerade darin bestehen, durch Rückgang auf a priori gegebene Erkenntnisstrukturen notwendige und damit allgemeingültige Grundlagen des Wissens zu entfalten – auch wenn dies, wie gezeigt, unter den Prämissen der »Analytik der Endlichkeit« notwendig zum Scheitern verurteilt ist.

Foucault ist deshalb fasziniert von einer Literatur und Kunst, die auf entschiedenste Weise mit der Idee des Subjekts bricht. Die Auflösung des Ich bei Maurice Blanchot oder Alain Robbe-Grillet, die überschreitenden Visionen eines George Bataille oder des Marquis de Sade erschließen dann sogar einen Denkraum jenseits des Subjekts, der in wissenschaftlichen Analysen vom Typ des Strukturalismus ebenfalls entdeckt werden kann: »Die Erfahrung der Erotik bei Bataille und die Erfahrung der Sprache bei Blanchot, verstanden als Erfahrungen der Auflösung, des Verschwindens, der Verleugnung des Subjekts [...] haben mir den Gedanken nahegelegt, den ich [...] auf die strukturalen oder «funktionalen» Analysen in der Art von Dumézil oder Lévi-Strauss übertragen habe.« (SW 21) Die Zerstörung des Identitäts-Modells in der ästhetischen Welt ist für Foucault damit ein hoffnungsvoller Vorschein jener Wahrheit, die er im Medium des philosophischen Diskurses zur Geltung bringen möchte. Kunst und Literatur werden somit Verbündete in Kampf für eine vom Subjekt befreite Erfahrung, zu der unser Denken, so Foucault damals, noch nicht vorgedrungen sei.

(4) Am wichtigsten ist vielleicht dennoch die zuletzt bereits angeklungene Tatsache, daß sich in einer bestimmten Kunst und Literatur jene Motive und Erfahrungen konkret aufbewahrt finden, die Foucault in dieser Zeit in entscheidender Weise prägen und beschäftigen. Im Werk von Bataille und de Sade fesselt ihn der radikale Wille zur Grenzüberschreitung, der Versuch, mit der Kraft des Schreibens und der Phantasie die Grenzen unserer vertrauten Lebenswelt einzureißen und zu einer Sphäre souveräner Freiheit vorzustoßen (vgl. Meister 1990). Auch der späte Foucault hat die Aufgabe der Philosophie noch als den Versuch der permanenten Transformation und Infragestellung unserer gängigen Erfahrungsmuster beschrieben. Dieses Ethos radikaler Selbstaufgabe und Offenheit hat sich bei ihm frühzeitig im Kontext der ästhetischen Moderne herausgebildet. Statt wie Kant an der Etablierung universaler Grenzsetzungen des Verstandes zu arbeiten, geht es für Foucault von Anbeginn um ein Ausloten der konkreten Grenzen unserer gegenwärtigen Erfahrung zum Zwecke ihrer Überschreitung. Bataille und de Sade werden dabei also nicht wörtlich genommen (und so völlig mißverstanden): die literarischen Exzesse des Erotismus, des Rausches und des Todes dienen vielmehr dem Aufbrechen habituell eingefahrener Verhaltens- und Denkmuster. Sie zielen letztlich auf eine Freisetzung der Sinne von künstlich auferlegten Schranken – ohne freilich zu vergessen, daß es sich hier um ›Literatur‹, also um eine ›Übung im Geiste‹ handelt (zur ethischen Dimension grenzüberschreitender Praktiken siehe Kapitel III).

2. Die Abkehr von dieser frühen Rolle der Kunst und Literatur, die Foucault Ende der sechziger Jahre vollzieht, läßt sich nur vor dem Hintergrund seiner theoretischen Entwicklung insgesamt verstehen. Der surrealistischen und symbolistischen Literatur von Artaud, Mallarmé, Raymond Roussel oder auch Hölderlin war in *Die Ordnung der Dinge* die Funktion zugekommen, nach dem Verschwinden des Repräsentationszeitalters der Aufklärung nunmehr in der Moderne das »rohe Sein der Sprache« (OD 76) im Bereich der Literatur wiederauferstehen zu lassen. Für Foucault kündigt sich hier eine gewisse Wiederkehr der tragischen Erfahrung des Renaissance-Menschen an, indem hier Sprache an die Grenze des Verständlichen getrieben wird – und damit selber Grenzerfahrungen unseres Daseins ermöglicht. Dieser Literatur kommt die Rolle eines Gegen-Diskurses zu, indem sie das Andere des allgemeinen und objektiven Geistes im Medium der Sprache verkörpert. Dieser Konzeption einer die Grenzen des Alltäglichen sprengenden Gegenliteratur liegt freilich die Annahme zugrunde, daß sich unsere Erfahrung überhaupt wesentlich im Medium der Sprache selbst bildet. Der Sprache kommt zu dieser Zeit für Foucault tatsächlich – wie beim späten Heidegger – die Funktion der Welterschließung zu. Allein dadurch wird plausibel, daß die Zerstörung sprachlicher Welten und der Aufbau anderer Ordnungen in der Sprache *per se* eine subversive und die existierende Welt infragestellende Funktion ausüben kann.

Mit dem Ende der sechziger Jahre einsetzenden Wandel in Foucaults Perspektive wird die Idee eines subversiven Diskurs- oder Literaturbegriffs fragwürdig, da er die Voraussetzung einer vornehmlich diskursiv konstituierten Erfahrung selbst in Zweifel zieht. Foucault gibt die seit Mitte der sechziger Jahre ausschließlich am Diskurs orientierte Archäologie nun zugunsten einer ›Genealogie der Macht‹ auf, die vor allem an den gesellschaftlichen Funktionen von Diskursen im Zusammenhang mit Machtpraktiken und Herrschaftsstrukturen interessiert ist. Der Wandel wird eingeleitet in der berühmten Vorlesung am Collège de France zur *Ordnung des Diskurses* (vgl. Kap. II, 1.Teil). Während hier die Konzeption einer reinen Sprache immer noch eine wichtige Rolle spielt, wird jedoch deren »unberechenbar Ereignishaftes«, ihre »schwere und bedrohliche Materialität« (ODis 7) nun als im wesentlichen durch soziale Machtpraktiken strukturiert und funktionalisiert gedacht. In dieser Perspektive erscheinen nun auch Kunst und vor allem Literatur in einem gänzlich anderen Licht.

Die machttheoretische Wende zwingt zum bedingungslosen Abschied von der Idee einer an sich selbst schon subversiven Literatur. Man glaubte, so Foucault in einem Interview 1975 indirekt selbst-

kritisch, daß durch die literarische Auflösung und Überwindung des
Subjektmodells selbst schon ein gewissermaßen revolutionärer Schritt
vollzogen werde. Während zwar die Kritik des Subjektmodells an sich
eine positive Errungenschaft bleibe, sei doch das klassische Privileg des
Diskurses gegenüber anderen sozialen Praktiken im strukturalistischen
Nachfolgemodell der rein selbstbezüglichen Sprache und Literatur
in Wahrheit völlig intakt geblieben. Die Faszination für dieses, von
Blanchot oder Roland Barthes vertretene Sprach- und Literaturkonzept
verführte darüber hinaus zu einem unglaublichen politischen Über-
schwang: »Mit dessen Hilfe konnte man schließlich behaupten, daß
das Schreiben an sich von allen Bestimmungen befreit war, daß die
bloße Tatsache des Schreibens an sich subversiv war, daß der Schriftsteller in der Geste des Schreibens selbst ein unantastbares Recht auf
Subversion beansprucht!« (FL 231)

Foucaults Kritik an diesem letztlich sprachidealistischen Begriff
der Literatur richtet sich vor allem gegen die damit einhergehende
Ausblendung der realen gesellschaftlichen Bedingungen. Allein das
Subjekt abzuschaffen, den Diskurs aber weiterhin als selbstgenügsame
Ordnung zu behandeln, bleibt im Grunde einem ebenso akademi-
schen und elitistischen Diskursbegriff verhaftet wie die frühere am
Subjekt orientierte Literaturkritik. Worauf es hingegen ankommt, ist
eine Bestimmung der Funktionsweise des literarischen Diskurses im
gesellschaftlichen Kontext: Wie grenzt sich ›die Literatur‹ von anderen
Diskursen in der Kultur ab? Was bewirkt, daß wir ein Werk wie z. B.
das Raymond Roussels zum Korpus der Literatur rechnen, während wir
›die unvergleichbar schöne Rede‹ des Pierre Rivière hiervon ausschließen (vgl. FL 232)? Nach welchen Kriterien, Begriffen, Vorannahmen
werden in der Literatur bzw. in der Literaturkritik bestimmte Urteile
gefällt, spezifische Klassifikationen eingeführt, und besondere Erfahrungen dargestellt? Wie schließlich bildet sich im Feld der Literatur die
zentrale Funktion des Autors selber heraus, wie stellt sich diese heute
im Vergleich zu anderen Diskursen (der Wissenschaft, Philosophie,
Politik) und wie im historischen Vergleich dar?

Das **Problem des Autors** hatte Foucault dabei noch kurz zuvor
in einer ausschließlich diskursanalytischen Perspektive eingehender
untersucht. In dem einflußreichen Vortrag »Was ist ein Autor?« (1969)
kommt Foucault zu dem Ergebnis, daß es sich beim Autor weniger
um eindeutige Beziehung zwischen realem Schriftsteller-Subjekt und
sprachlichem Text bzw. Werk handelt als vielmehr um eine komplexe
Konstruktion innerhalb des Diskurses selbst. Dem ›Autor-Prinzip‹
kommen bei der Bildung diskursiver Einheiten vier Funktionen zu.
Erstens bildet sich eine rechtliche Dimension heraus; Diskurse wer-

den ›Aneignungsobjekte‹, sie werden bestimmten Subjekten als deren Urheber zugeordnet. Zweitens vollzieht sich diese Funktion historisch und kulturell kontingent: Während im Mittelalter wissenschaftliche Texte einem Autor (etwa Aristoteles oder Hyppokrates) zuschreibbar sein mußten, um ›die Wahrheit zu sagen‹, verlangen heute vor allem literarische Diskurse ein Individuum als authentischen Urheber. Tatsächlich aber ist drittens die Bestimmung des Autors keine unmittelbar evidente oder einfache Angelegenheit, sondern vielmehr Resultat einer komplexen Konstruktion:

»Im Individuum soll es einen ›tiefen‹ Drang geben, schöpferische Kraft, einen ›Entwurf‹, und das soll der Ursprungsort des Schreibens sein, tatsächlich aber ist das, was man an einem Individuum als Autor bezeichnet (oder das, was aus einem Individuum einen Autor macht) nur die mehr bis minder psychologisierende Behandlung, die man Texten angedeihen läßt, der Annäherungen, die man vornimmt, der Merkmale, die man für erheblich hält, der Kontinuitäten, die man zuläßt, oder der Anschlüsse, die man macht.« (WAut 20)

Während diese ›Autor-Konstruktion‹ zwar durch die Personalpronomina im Text selbst Anhaltspunkte findet, entzieht sich die textliche Selbstreferenz schließlich viertens dennoch der Vereinheitlichung in *einem* Autorsubjekt: Das ›Ich‹ der Erzählung kann bekanntlich nicht mit dem Schriftsteller identifiziert werden, doch auch in wissenschaftlichen Abhandlungen verweist der Selbstbezug auf verschiedene ›Subjektstellungen‹, je nachdem ob z. B. eine neue Überlegung oder ein akzeptierter Beweis diskutiert wird.

In der Antrittsvorlesung *Die Ordnung des Diskurses* nur ein Jahr später nimmt Foucault diese Überlegungen in knapper Form wieder auf, integriert sie nun aber in den neuen Erklärungsrahmen eines »Willens zur Wahrheit«. Die Autorfunktion wird nun zwar immer noch als ›Verknappungsregel‹, d. h. als innerdiskursiver Strukturierungsmechanismus angesetzt, doch diese innerdiskursive Regel wird selbst im Zusammenhang mit gesellschaftlichen Machtpraktiken und ihren Funktionen gesehen (vgl. ODis 18ff.). Foucault hat damit, wie wir zu Beginn des zweiten Kapitels ausführlich darlegen werden, den Diskurs von einer sprachidealistischen Begründung befreit und auf den Kontext realer gesellschaftlicher Praktiken zurückbezogen. Er gibt damit zugleich die utopische Funktion der Literatur als eines privilegierten Gegendiskurses preis zugunsten einer eher ›funktionalistischen‹ Perspektive, welche die Literatur selbst noch als Moment sozialer Machtkämpfe und historischer Herrschaftsfunktionen betrachtet.

Die Thematisierung der Funktion des Autors im Diskurs ist dabei auf fruchtbaren Boden gefallen. Foucaults Überlegungen zur diskurs-

internen Konstitution des Autors, der durch bestimmte Mechanismen im Diskurs als solcher erst erzeugt wird, hat für viele jüngere
Ethnologen wie James Clifford, Markus Fischer, Stephen Tyler (und
mittlerweile auch Clifford Geertz) erstaunliche Parallelen in ihrer
eigenen Disziplin offengelegt. Der Ethnologe nämlich versetzt sich für
einen gewissen Zeitraum in einen anderen kulturellen Kontext, um
dann die dort gemachten Erfahrungen mit der anderen Lebensweise in
einem vermittelnden Diskurs der eigenen Herkunftswelt verständlich
zu machen. Dabei maßt er sich, wie diese Ethnologen selbstkritisch
vermerken, eine ungeheure Autorität an, indem er als Wissenschaftler über die Lebensform ganzer Völker oder Lebensgemeinschaften
objektive Aussagen zu machen vorgibt. Er konstituiert sich dabei
im ethnographischen Diskurs als privilegierter Autor der anderen
Kultur durch Hinweise auf seine besondere Eingebundenheit, auf die
reale Anwesenheit bei den anderen Praktiken und Bräuchen, durch
bestimmte Befragungstechniken etc. Das in Wahrheit sehr selektive,
notwendig partielle Verstehen des Ethnographen wird so mit dem
Nimbus der objektiven Beschreibung versehen, obwohl es sich doch
eher – wie diese Autoren in vielleicht etwas zu postmoderner Weise
anmerken – nur um eine andere Art von ›Literatur‹ handelt. An
diesem Beispiel läßt sich freilich zugleich auch die Forderung der
Berücksichtigung des politisch-gesellschaftlichen Kontextes bei diskursiver Sinnkonstitution plastisch verdeutlichen: die objektivistische
Beschreibung der anderen Kulturen konnte sich nämlich in der ihr
eigentümlichen Form nur vor dem kolonialen Hintergrund bestimmter
politischer Strukturen vollziehen, die eine freie Teilnahme der anderen
an der Deutung ihrer Lebensform institutionell und symbolisch von
vornherein ausschloß.

3. In seiner Spätphase verschiebt sich Foucaults Einstellung gegenüber
ästhetischer Erfahrung abermals, und wiederum wird dies nur vor dem
Hintergrund seiner gesamten philosophischen Entwicklung verständlich. Die Analyse von Machtverhältnissen, der sich Foucault in den
siebziger Jahren fast ausschließlich zugewandt hatte, läßt ihn nämlich
zunehmend energischer nach Widerstandsformen und alternativen
Lebensweisen Ausschau halten. Über das zunächst im Vordergrund
stehende experimentelle Interesse an sadomasochistischem Sex und
Drogen kristallisiert sich schließlich eine Reflexion auf die Möglichkeit
selbstbestimmter Lebensführung heraus, vor deren Hintergrund auch
die ästhetische Erfahrung einen neuen Stellenwert gewinnt. Foucault
bezeichnet sein Ideal eines freien und selbstbestimmten Lebens geradezu
als ›Ästhetik der Existenz‹, womit zugleich der selbstgestaltende wie auch

der auf Schönheit und Harmonie abzielende Zug dieser Lebensweise benannt ist. Foucault sieht im **Ideal einer selbstgeschaffenen Existenz** eine reale Möglichkeit, das Leben nicht von anderen bzw. von systemischen Strukturen bestimmt sein zu lassen, sondern durch gezielte Techniken der Selbsteinwirkung ein Selbstverhältnis zu schaffen, bei dem man gewissermaßen der ›Sich-selbst-Regierende‹ wird. Wie jede Kunst oder jedes Handwerk gelernt sein will, so auch die ›Kunst des Lebens‹; in diesem Kontext – Foucault rekurriert vor allem auf antike stoische Praktiken der Selbstkontrolle – werden Techniken wichtig, durch die man sich selbst zu beherrschen und zu formen lernt.

Es ist dieser Kontext der ethischen Reflexion auf ein freies und somit gutes Leben, in dem die engeren Reflexionen zur ästhetischen Erfahrung stehen. Freilich ist das Ästhetische jetzt nicht mehr auf Kunst oder Literatur als Diskurs- oder Darstellungsgattungen beschränkt, sondern wird gewissermaßen koextensiv mit der Sphäre subjektiver Lebensführung überhaupt. In polemischer Anlehnung an Sartre, der die Qualität ästhetischer Werke von der Authentizität der Autoren her bestimmen wollte, formuliert Foucault sein Programm einer ästhetischen Lebensführung, bei der das Leben selbst als Feld der kreativen Bildung angesehen wird: »Wir sollten nicht jemandes schöpferische Tätigkeit auf die Art seines Selbstverhältnisses zurückführen, sondern die Art seines Selbstverhältnisses als eine schöpferische Tätigkeit ansehen.« (GE 274) Selbsttechnologien, die hierzu nun den entscheidenden aktiven und praktischen Beitrag leisten sollen, sind die gestalterischen und selbstgewählten Mittel, aus sich selbst ein Kunstwerk zu formen. Kunst und Leben werden nicht antithetisch gegenübergestellt, sondern das ganze Leben wird unter dem Gesichtspunkt möglicher Vervollkommnung und Gestaltung betrachtet.

›Literatur‹ interessiert Foucault nun nicht mehr als welterschließender Gegendiskurs oder als Funktionsmoment im Machthaushalt der Moderne, sondern als eine weitere Technik, sich selbst zum Kunstwerk zu formen. Im Rückgang auf antike Selbsttechniken überhaupt entdeckt Foucault hierbei die bislang fast völlig übersehene Funktion einer ›Literatur des Selbst‹, die das Schreiben zum Zentrum einer selbstbestimmten und selbstgestalteten Lebensführung macht. In der Tat sind die ›hypomnemata‹, eine Art antiker Tagebücher, in der allerlei Lebensweisheiten, Zitate, Verhaltensregeln und Sprüche gesammelt und aufbewahrt wurden, nur im Kontext der Selbstpraktiken überhaupt angemessen zu verstehen. Sie sind Mittel für das Ziel einer autonomen Lebensführung, sie dienen der Selbstkonstitution durch die Sammlung und Ordnung bestimmter für wichtig und wahr erachteter Textstellen und Spruchweisheiten. Wie Foucault in einem seiner letzten Aufsätze

»L'écriture de soi« (1983) näher ausführt, handelt es sich hierbei geradezu um eine ›Subjektivierung des Diskurses‹, sozusagen um eine Transformation des geschriebenen Wortes in das Fleisch und Blut einer gelebten Existenz, die die Wahrheit der Texte in einem Ethos des Lebens zu vereinheitlichen und zu realisieren sucht. Tatsächlich dienen die Tagebücher, wie Foucault exemplarisch bei Seneca nachweist, der Beruhigung der Seele und der Stabilisierung der Gegenwart, indem Momente der Vergangenheit als bewahrenswert reflektiert werden, um den Blick von der beängstigenden Zukunft abzulenken. Dies geschieht durch das Versammeln höchst heterogener, jedoch als wahr und wichtig empfundener Textstellen und Diskursfragmente, die aber wiederum in der Einheit des Ethos, das sich in der Person durch diese Lese- und Schreibpraxis bildet, synthetisiert wird. Das Aufschreiben dieser wichtigen Stellen im eigenen persönlichen Buch stellt so ein wesentliches Moment einer Praxis der Selbstbildung dar, die das subjektiv Wahre zu einer gelebten Wirklichkeit verwandelt.

Die Praxis des Schreibens beschränkt sich dabei freilich nicht allein auf die persönliche ›Buchführung‹, sondern schließt auch die briefliche Korrespondenz mit anderen ein. Dieser Aspekt verdient Beachtung, da durch ihn der intersubjektive Charakter der ästhetischen Lebensweise von Foucault eigens betont wird. Schon die Forderung der Selbstführung weist wesentlich über das Individuum hinaus, da sie als Voraussetzung der Regierung über andere – und zu einem freien Verhältnis zu anderen überhaupt – betrachtet wird. Die Selbstkonstitution als solche ist jedoch auch praktisch auf das Verhältnis zu anderen angewiesen, und genau dies reflektiert sich in der für antike Autoren zentralen Bedeutung des Briefverkehrs. Entscheidend ist hier, daß man durch den Ratschlag des anderen, der in den Briefwechseln im Vordergrund steht, sich selbst führen lernt, daß die Darstellung der eigenen Lebensweise vor dem anderen und dessen freundschaftlich offene Reaktion und Kritik zur Selbstfindung und Selbstgestaltung wesentlich beiträgt. Dabei geht es weniger um eine Dechiffrierung der eigenen inneren Wahrheit – hierzu ›degeneriert‹ die ›Sorge um sich‹ erst in den christlichen Jahrhunderten – sondern vielmehr um eine Selbstdarstellung vor anderen, die diesen zur Stellungnahme aufruft und so zu einer reflektierteren und erweiterten Selbsterfahrung beiträgt. Die ›Ästhetik der Existenz‹ ist also, bei aller Konzentration auf das Selbst als zu formendem Kunstwerk, dennoch eine im wesentlichen auf intersubjektive Praktiken angewiesene Lebensweise.

Foucault hat also, wie diese Skizze seiner ästhetischen Überlegungen zeigt, keine kohärente Ästhetik vorlegt. Die ästhetische Erfahrung ist derart eng mit seinem sich durch wechselnde Perspektiven auszeichnenden Denkweg gekoppelt, daß eine einzige Theorie der Kunst oder Literatur hier unmöglich erscheinen muß. Wenn überhaupt, so kann man die Bedeutung des Ästhetischen bei Foucault wohl als Instanz der kreativen Wirklichkeits- und Sinnbildung ansehen, die auf die Überschreitbarkeit der Grenzen der Erfahrung beim frühen Foucault, auf die gesellschaftlich produzierten Grenzziehungen im Diskurs beim mittleren Foucault und auf die Möglichkeit selbstgestalteten Lebens beim späten Foucault hinweist. Es scheint, als bestehe die Fruchtbarkeit von ›Foucaults Ästhetik‹ gerade in diesem indirekten Zug, durch den sie eine umso stärkere Wirkung in den wissenschaftshistorischen und philosophischen Schriften entfalten konnte.

II. Genealogie: Eine Analytik moderner Macht

1. Der Wille zur Wahrheit

In der *Archäologie des Wissens* hatte Foucault bereits davon gesprochen, daß der Diskurs ein Gegenstand von Kämpfen, Strategien und Auseinandersetzungen ist. Das war nur konsequent, denn obwohl sich bei ihm zunehmend eine allein auf die internen Regeln von Diskursen abhebende Sicht durchgesetzt hatte, war doch auch (vor allem in den früheren Arbeiten) die Verschränkung von sozialer Praxis und wissenschaftlichem Diskurs Thema. Diese Fragestellung erobert sich Foucault nun Anfang der siebziger Jahre mit einem verblüffenden theoretischen Handstreich zurück. Denn was er in seiner berühmten Antrittsvorlesung *Die Ordnung des Diskurses* am Collège de France 1970 entfaltet, mutet zunächst wie ein Rückfall in geschichtsphilosophische Denkfiguren an. Statt gemäß der archäologischen Einstellung nur an konkreten Apriori, bestimmten Brüchen und regionalen Wissensformen interessiert zu sein, entfaltet Foucault hier ein »Meta-Narrativ« (Lyotard), also die geschichtsübergreifende Erzählform eines die abendländische Geschichte und Wissensgeschichte zugleich durchdringenden Grundprinzips. Ein »Wille zur Wahrheit«, so Foucault, durchherrscht das westliche Denken und Handeln seit dem Bruch mit der vorsokratischen Seinserfahrung. Ihm hatte sich alles Denken – wenn auch in unterschiedlichen Graden und Konfigurationen – zu unterwerfen. Nur dadurch kann begriffen werden, wie das prekäre »Sein der Sprache«, das Foucault in der Renaissance ebenso wie in der modernen Literatur aufscheinen sah, durch diskursive Regelmechanismen gleichsam gebändigt werden konnte. Von nun an setzt Foucault voraus, »daß in jeder Gesellschaft die Produktion des Diskurses zugleich kontrolliert, selektiert, organisiert und kanalisiert wird – und zwar durch gewisse Prozeduren, deren Aufgabe es ist, die Kräfte und die Gefahren des Diskurses zu bändigen, sein unberechenbar Ereignishaftes zu bannen, seine schwere und bedrohliche Materialität zu umgehen«. (ODis 7)

Was Foucault in dieser Formulierung sogar umstandslos universalistisch für jede Gesellschaft behauptet, realisiert sich in der westlichen Geschichte als *Wille zur Wahrheit*. Foucault wird mit diesem Begriff nicht nur die Komplexität der frühen Analysen zurückgewinnen. Er ebnet sich hiermit auch den Weg zu jenen Analysen der Macht, die eine Radikalisierung seiner archäologischen Kritik der Humanwissenschaften darstellen. Denn nunmehr wird diesen auf den Menschen abzielenden Wissensformen nicht allein historische Kontingenz oder epistemische Instabilität vorgeworfen. Es zeigt sich vielmehr, daß diese Wissenschaften einen verschwiegenen Pakt mit sozialen Machtstrukturen eingegangen sind, der in scharfem Kontrast zu ihrem erklärten Selbstverständnis steht. Statt nämlich die Wahrheit des Menschen zu entdecken oder die Freiheit des Individuums zu fördern, sind diese Wissenschaften vielmehr einem sie auch heute noch bestimmenden Kontext der Macht entsprungen. Die durch den Willen zur Wahrheit eröffnete Analysedimension ermöglicht Foucault so die Entdeckung der in der Moderne wirksamen ›Bio-Macht‹ – einer auf die Lebensfunktionen des Individuums und der Bevölkerung abzielenden Kontroll- und Produktionsstrategie von konformem Systemverhalten, das sich der Humanwissenschaften auf perfide Weise bedient. Aufgabe der genealogischen Analyse, die Foucault in der genannten Antrittsvorlesung 1970 einführt und in einem wegweisenden Aufsatz über Nietzsche 1971 näher bestimmt, ist also die **Analyse der für die Moderne spezifischen Macht** und ihr Zusammenhang mit Wissensformen. Die in diesen beiden Texten diesbezüglich entfalteten Gedanken Foucaults überlappen und bedingen sich nun derart deutlich, daß das Ganze als ein kohärenter Gedankengang in vier Schritten dargestellt werden kann.

1. Der erste Schritt bietet die Antwort auf die Frage, welches Ausschließungsprinzip, d. h. welche Form von Machtausübung in unserer Gesellschaft am dominantesten ist. Bereits in dieser Fragestellung kündigt sich an, daß Foucault nunmehr von der eher bescheidenen archäologischen Einstellung abrückt, schlicht eine wahrhafte Darstellung der Brüche und Erfahrungsstrukturen der Wissenschaftsgeschichte zu geben. Vielmehr gerät jetzt – gewissermaßen einen liegengelassenen Faden von *Wahnsinn und Gesellschaft* wiederaufnehmend – das Problem der Ausgrenzung von Erfahrungsmöglichkeiten und Einschließung von Subjekten wieder ins Zentrum des Interesses. Drei Ausschließungsformen lassen sich nennen. Erstens gibt es die offensichtliche Unterscheidung zwischen dem Erlaubten und dem Verbotenen: jede Kultur stellt Normen und Verhaltensregeln auf, die den Bereich des Möglichen durch Verbote und Strafandrohungen eingrenzen. Zweitens existiert die Unterscheidung zwischen dem Vernünftigen und dem Unvernünftigen; diese Grenzziehung, bereits weniger deutlich als Machtausübung kenntlich, definiert kulturell,

wie sich der vernünftige Mensch zum Verrückten verhält. Foucault
selbst hat freilich, wie gezeigt, den Begriffs- und Erfahrungswandel
in der europäischen Neuzeit in *Wahnsinn und Gesellschaft* als unter-
gründig mit Herrschaftsmechanismen zusammenhängend ausweisen
können. Schließlich bezeichnet Foucault – und das bedarf zweifellos
der Erläuterung – die Unterscheidung zwischen dem Wahren und
dem Falschen als einen notwendig ausgrenzenden und auf Ausschluß
beruhenden Trennungsmechanismus. Die Wahr-Falsch-Differenz als
Machtunterscheidung wird für Foucault, wir wiesen bereits darauf
hin, zunächst dadurch verständlich, daß er das ›Sein der Sprache‹ als
ursprünglich freie und ungeordnete Schöpfungskraft begreift. Dadurch
erscheint jede innere Organisation der Sprache bereits als von außen
aufgezwungene Aufteilung und Einschränkung. Ordnung als solche
wird gewissermaßen mit Macht und Zwang identifiziert. In dieser
fast lebensphilosophischen Sicht, in der die Sprache gleichsam etwas
ursprünglich Pulsierendes und Nichtfixiertes ist – Foucault spricht von
deren ›bedrohlichem Rauschen‹ – muß jedwede Organisation und Strukturierung bereits den Charakter der Ausgrenzung von Möglichkeiten
durch die Eingrenzung des ursprünglichen Sprachflusses annehmen.

Foucault kann freilich diese ihn hier selbst offenbar leitende philosophische Grundüberzeugung nicht einfach dogmatisch voraussetzen. Er muß vielmehr Argumente liefern, die uns von der impliziten
Ausgrenzungsnatur des wissenschaftlichen Diskurses überzeugen
können. Drei solche Argumente finden sich nun in der Tat in seiner
Antrittsvorlesung. Erstens hatte die Archäologie schon mit Nachdruck
darauf hingewiesen, daß der Diskurs nicht einfach wahre Aussagen über
etwas in der Welt formulieren kann. Vielmehr bildet sich ein Diskurs
gemäß ihm eigener Regeln. Nur Aussagen, die gemäß dieser Regeln
gebildet werden, haben Zugang und Anspruch auf wissenschaftliche
Realitätserfassung: »Bevor er [der wissenschaftliche Satz, HHK] als wahr
oder falsch bezeichnet werden kann, muß er, wie Georges Canguilhem
sagt, »im Wahren« sein.« (ODis 24) Die Wissenschafts-Disziplin
begreift Foucault somit als ein »Kontrollprinzip der Produktion des
Diskurses«, das durch implizite Regeln den Möglichkeitshorizont der
Erfahrung von vornherein *einengt*. Gegenüber einer freien und offenen
Welterfahrung schneidet die disziplinäre Struktur der Wissenschaft also
Erfahrungen ab, indem sie streng nach Regeln geordnete Erfahrungsräume schafft, die anderes nicht mehr zulassen. Zweitens aber enthüllt
sich nun durch die stärkere Berücksichtigung der sozialpraktischen
Ebene, daß auch die Konstitution des wissenschaftlichen Subjekts selbst
an Machtmechanismen gebunden ist. Wer als kompetenter Sprecher
– als ›Wissenschaftler‹, ›Arzt‹, ›Sachverständiger‹ etc. – Zugang zum

Diskurs hat, wird durch eine Vielzahl sozialer Praktiken geregelt, die alle auf Selektion und Ausschluß beruhen. Die schon von Thomas Kuhn energisch herausgestellte Bedeutung der Sozialisation in ein bestimmtes Wissensparadigma nimmt hier für Foucault eindeutig wissenschaftskritische Züge an. Während Kuhn durchaus noch die Wissenschaftlichkeit des Naturwissenschaftlers mittels der Unterscheidung von alltäglicher Erfahrung und sozialisierender Eingliederung in die wissenschaftliche Welt des Labors verteidigen konnte und wollte, erkennt Foucault für die Humanwissenschaften keine derartige die Wissenszurichtung der Subjekte legitimierende Trennung der Erfahrung an (vgl. hierzu auch den Exkurs 2 zu Foucault und den Naturwissenschaften). Die ›Qualifikation‹ von Humanwissenschaftlern verdankt sich vielmehr notwendig kontingenten und in soziale Machtzusammenhänge eingelassenen Entscheidungen, die – wie das moderne Erziehungssystem (man denke nur an Illich und Bourdieu) eindeutig zeigt – bestimmte Gruppen, Klassen und Sozialpositionen gnadenlos privilegieren.

Diese bisherigen Argumente vermögen freilich selbst wiederum nur zu überzeugen, wenn diskursive Disziplin und wissenschaftliche Qualifikation nicht aus ihrer **Binnenperspektive** – in der sie sich als wahre Wiedergabe der Welt sowie als die Ausbildung von erkenntnisfähigen Subjekten darstellen – gesehen werden. Vielmehr muß eine **Außenperspektive** entfaltet werden, in der sich die Wissensformen selbst ebenso wie die Zurichtung der Erkenntnissubjekte als in zufälligen Entscheidungen gegründet erweisen:

»Gewiß, auf der Ebene des Urteils innerhalb eines Diskurses ist die Grenzziehung zwischen dem Wahren und dem Falschen weder willkürlich noch veränderbar, weder institutionell noch gewaltsam. Doch begibt man sich auf eine andere Ebene, stellt man die Frage nach jenem Willen zur Wahrheit, der seit Jahrhunderten unsere Diskurse durchdringt, oder fragt man allgemeiner, welche Grenzziehung unseren Willen zum Wissen bestimmt, so wird man vielleicht ein Ausschließungssystem (ein historisches, veränderbares, institutionell zwingendes System) sich abzeichnen sehen.« (ODis 11)

Foucault führt also den Willen zur Wahrheit als eine Erschließungskategorie ein, durch die sich die scheinbar in Argumenten und Evidenzen begründeten Überzeugungen und ›Wahrheiten‹ allererst als institutionelle und symbolische Gewaltakte zu erkennen geben. Während er so, wie gezeigt, überhaupt erst Diskurs und wissenschaftliche Qualifikation als Machtphänomene beschreiben kann, findet sich in diesem Zusammenhang das dritte Argument, das nun den Willen zur Wahrheit als tatsächliches Wirkungsprinzip ausweisen soll.

Hierzu unternimmt Foucault den Versuch, die Verflechtung der (scheinbar) wissenschaftlichen Erkenntnis mit den beiden anderen, unzweideutigeren Machtmechanismen Erlaubt-Verboten und Vernunft-Wahnsinn nachzuweisen. Charakteristisch für unsere Kultur ist demzufolge die ›Machtübernahme‹ des Wahrheitsdiskurses über die anderen offensichtlichen Ausgrenzungsmechanismen. Durch diese Verschwisterung von Wahrheit und Macht gibt sich der Diskurs selbst wenn nicht als ein Machtphänomen, so zumindest aber als mit der Macht verknüpft, zu erkennen. In der Tat, mit der Konstruktion einer alle Verästelungen unserer Verbote und Erfahrungen des Anderen durchdringenden Pseudo-›Verwissenschaftlichung‹ erreicht Foucault die Ebene, auf der die Hypothese eines »Willens zur Wahrheit« plausibel erscheinen kann. Als Evidenz dient die seit der Aufklärung zunehmende Anlehnung der Literatur ans ›Natürliche‹, die Verwissenschaftlichung der Ökonomie, schließlich die zunehmende Abhängigkeit der Strafjustiz von den begutachtenden Humanwissenschaften. Was hier geschieht, ist eine Amalgamisierung von wissenschaftlicher Autorität und sozialer Macht. In der westlichen Kultur hat sich in der von Platon vollzogenen Grenzziehung zwischen der wahren, vom Sprecher unabhängig gültigen Aussage und anderen Redeweisen der darin versteckte *Wille zur Macht* als ein uninteressierter, objektiver und von sozialen Kämpfen und Kontexten unabängiger *Wille zur Wahrheit* bloß kaschiert. In einer unverhohlen nietzscheanischen Perspektive entwirft Foucault so die Idee einer – an den späten Heidegger erinnernden – Geschichte des Vergessens des wahren Ursprungs unserer Wahrheits-Diskurse. Dieser kann nur durch eine, wie er sagt, ›Umbiegung des Willens zur Wahrheit‹ ans Tageslicht gebracht werden.

2. In einem zweiten Schritt präzisiert Foucault diese durch die Hypothese des Willens zur Wahrheit ermöglichte ›Umbiegung‹. Er begreift sie dabei als genaue Analyse jener Bemächtigungsprozesse, in denen sich der Wahrheitswille in unserer Kultur auslebt. Dabei wird Foucault klar, daß sich neben den genuin diesen verdeckten Machtwillen ausdrückenden gesellschaftlichen Grenzziehungen auch solche finden, die in engerer, zugleich versteckterer und direkterer Weise Zwang auf den Diskurs ausüben. Man muß also eine diskursexterne Ebene, womit Ausgrenzungsmechanismen im Kontext sozialer Praktiken gemeint sind, von diskursinternen ›Verknappungsregeln‹ unterscheiden. Als letztere nennt Foucault die Prinzipien des *Kommentars*, das des *Autors* und das der schon thematisierten *Disziplin*. Allen diesen Funktionen ist eigen, daß sie die Sprache in einer scheinbar allein auf der Ebene des Diskurses liegenden und somit durch ihn selbst gerechtfertigten

Weise bündeln. Im Kommentieren von Texten wird eine augenscheinlich allein aus der Lektüre des Sinns und der Überzeugungskraft der Texte legitimierte Abstufung zwischen kanonischen Texten und der ›Sekundärliteratur‹ hergestellt. Wenn auch die inhaltliche Füllung variieren kann, so tritt doch diese Hierarchie immer wieder in Kraft. Das Konzept des Autors erlaubt die Zuschreibung von sehr heterogenen Sinn- und Textmomenten zu einer Bezugsperson. Damit wird jedoch keineswegs eine unschuldige und mit dem wirklich schreibenden Individuum identische Einheit hergestellt. Vielmehr konzentriert man die unendliche Fülle der Sprache auf ein identisches Subjekt, womit letztlich Vielfalt und Komplexität des sprachlichen Sinnes auf zwanghafte Weise ›vereinheitlicht‹ wird. Die Disziplinen schließlich bündeln die Vielfalt möglicher Äußerungen, indem sie deren Bildung auf Grundlage eines impliziten doch umso wirksameren Regelkodex' vorschreiben. Indem Foucault nun noch neben den sozialen Aus- und diskursiven Eingrenzungsprinzipien eine weitere Gruppe von Trennungsmechanismen in speziellen Institutionen, die dem Gebrauch von diskursivem Wissen in der Gesellschaft dienen, am Werke sieht, wird das eigentliche Ziel der den Wahrheitswillen erschließenden Erkenntnisperspektive vollends deutlich: Im Zentrum steht nämlich nun die gesellschaftliche Funktion von Wissen bzw. von Pseudo-Wissen. Es geht um den Zusammenhang von (möglicherweise nur vermeintlich) seriösen Diskursen mit sozialer Autorität und Macht.

Aus den soeben entfalteten Gegenstandsebenen der Diskursunterwerfung ergeben sich für Foucault so zwei unterschiedliche Analysestränge – und damit geht er nun methodologisch über die diskursorientierte Selbstbegrenzung der Archäologie der sechziger Jahre definitiv hinaus. Auf der einen Seite wird die Untersuchung der diskursimmanenten Prinzipien und Regeln weiterhin eine wichtige Aufgabe darstellen. Die archäologische Kritik naiver Wissenschaftsmodelle und die Rekonstruktion der konkreten, uns in unserem Denken bestimmenden Grundregeln können wir nicht ohne Strafe entbehren. Zugleich muß diese Sicht jedoch auf der anderen Seite um eine die soziale Tiefendimension des kulturbeherrschenden Wahrheitswillens erfassende ›Genealogie‹ ergänzt werden. Dieser geht es um die Analyse der konkreten »Entstehungsherde« (so Nietzsches Begriff) jener Diskursordnungen, deren interne Kohärenz die Archäologie heraufbefördert. Beide, *Archäologie* (oder ›Kritik‹, wie Foucault diese Dimension jetzt kurzzeitig nennt) und *Genealogie* sind freilich nur zwei Seiten einer auf die komplexe Verflechtung von **Wissen-Macht-Verhältnissen** abzielenden Untersuchungsarbeit: »Die Kritik analysiert die Prozesse der Verknappung, aber auch der Umgruppierung und

Vereinheitlichung der Diskurse; die Genealogie untersucht ihre Entstehung, die zugleich zerstreut, diskontinuierlich und geregelt ist.« (ODis 45) Jede der Dimensionen, die zusammengenommen eine nietzscheanische Version von Ideologiekritik darstellen, ist auf die Zuarbeit der anderen angewiesen: »Darum muß jede Kritik, welche die Kontrollinstanzen in Frage stellt, gleichzeitig die diskursiven Regelhaftigkeiten analysieren, durch die hindurch sich jene ausbilden; und jede genealogische Beschreibung muß die Grenzen im Auge behalten, die in den tatsächlichen [Diskurs-, HHK] Formationen eine Rolle spielen.« (ODis 46)

Trotz dieser methodologischen Parallelität von archäologischer Diskurs- und genealogischer Machtanalyse kommt jedoch der genealogischen Perspektive ein gewisses Privileg zu: Der Wille zur Wahrheit entfaltet sich ja genuin auf der Ebene der sozialen Praktiken und wirkt dabei gewissermaßen ›durch die Diskurse hindurch‹. Kritiker haben so auch an der durch den ersten Schritt bereits vorentschiedenen Verankerung der Diskurse (und ihrer Analyse) in den sozialen Machtstrukturen – die fast an ein quasi-marxsches Basis-Überbau- (sprich: Diskurs-Macht-) Modell erinnert – entschieden Anstoß genommen. Dennoch ist bereits hier zu bemerken, daß die zugegebenermaßen starke These eines »Willens zur Wahrheit« überhaupt erst Macht und Ausgrenzung in den Horizont einer Wissenschafts- und Subjektgeschichte treten läßt. Wie sich Foucault deren Analyse nun im einzelnen vorstellt, hat er programmatisch in seinem (übrigens einzigen) Aufsatz zu Nietzsche entfaltet.

3. Foucault erarbeitet sich in der Tat in seinem kongenialen Rückgriff auf Nietzsche in dem Aufsatz »Nietzsche, die Genealogie, die Historie« bereits jetzt, in einem dritten Schritt, das Strukturmodell jener Genealogie, die seine gesamte Arbeit in den siebziger Jahren bestimmen wird: Vernunft, Wahrheit, Freiheit – dies alles sind nun Fiktionen und Scheinbegriffe, die den eigentlichen Ursprung – oder besser: die eigentliche ›Herkunft‹ – unserer Werte nur allzugut verdecken. Statt an den einen reinen *Ursprung* der Dinge zu glauben – wir erinnern uns an die bereits in der ›Analytik der Endlichkeit‹ geübte Kritik an dem Versuch einer Überwindung der Endlichkeit durch Rückgang auf den Ursprung unseres Seins – wird nun die radikal geschichtliche und kontingente *Herkunft* unserer Ideen und ›Wahrheiten‹ zum Thema gemacht. Statt nach Fundamenten zu graben, erschüttert der Genealoge den vermeintlich festen Boden unter unseren Füßen. Genauer jedoch noch zeigt sich in dieser von Nietzsche vorgegebenen Stoßrichtung der Genealogie das Begriffsprofil einer ›Genealogie der Macht‹, die im

wesentlichen die drei Grunderfahrungen der Ich-Identität, des Körpers und der Macht unseres neuzeitlichen Daseins in Frage stellt:

– Statt die **Identität des Subjekts** zu akzeptieren, zeigt der Genealoge, daß die ›Ich-Hypothese‹ eine der unbegründetsten Interpretationen der Geschichte ist. Foucault wird später – vielleicht noch genauer und bestimmter als Nietzsche selbst – die Genese des Individuums auf die sozialen Praktiken der bestimmten westlichen Kultur der Moderne zurückführen:

»Wo sich die Seele zu einen behauptet, wo sich das Ich eine Identität oder Kohärenz erfindet, geht der Genaloge auf die Suche nach dem Anfang – nach den unzähligen Anfängen, die jene verdächtige Färbung, jene kaum merkbaren Spuren hinterlassen, welche von einem historischen Auge doch nicht übersehen werden sollten. Die Analyse der Herkunft führt zur Auflösung des Ich und läßt an den Orten und Plätzen seiner leeren Synthese tausend verlorene Ereignisse wimmeln.« (SuW 73)

– Die Möglichkeit einer Etablierung der fiktiven Ich-Identität wird nun weiterhin – in einer ebenfalls von Nietzsche in dessen Kritik der abendländischen Lustfeindlichkeit vorgedachten Weise – durch **auf den Körper bezogene Praktiken** erklärt. Nur durch einen Rekurs auf die Dimension der leiblichen Existenz läßt sich unsere besondere Existenzweise überhaupt angemessen begreifen:

»Der Leib – und alles, was den Leib berührt – ist der Ort der *Herkunft*: am Leib findet man das Stigma der vergangenen Ereignisse, aus ihm erwachsen auch die Begierden, die Ohnmachten und die Irrtümer [...] Als Analyse der Herkunft steht die Genealogie also dort, wo sich Leib und Geschichte verschränken.« (SuW 75)

– Die derart eine Analyse vom Endpunkt der Geschichte her vermeidende Sicht vermag dabei schließlich erst die eigentliche Dimension unseres Seins angemessen zu begreifen: Die durch Kämpfe, Strategien und Konflikte unendlich bestimmte und immer wieder aufflackernde **Geschichte der Macht**. Statt ein Grundprinzip oder eine allgemeine Theorie der Geschichte zu entwerfen – Foucault zerstreut damit die Bedenken, die man gegen das Gesamtschema eines »Willens zur Wahrheit« vorbringen könnte – geht es vielmehr um die auf Zufälle und Ereignisse rückhaltlos verwiesene Geschichte endloser Konflikte:

»Die Genealogie hingegen weist die verschiedenen Unterwerfungssysteme auf: nicht die vorgreifende Macht des Sinnes, sondern das Hasardspiel der Überwältigungen [...] endlos wird es von den Beherrschenden und den Beherrschten wiederholt.« (SuW 76,77)

4. Ebenso wichtig wie diese materiale Bestimmung der Genealogie ist aber möglicherweise der – in einem letzten und ebenfalls in Anknüpfung an Nietzsche vorgenommenen Schritt – vollzogene Wechsel in der **methodologischen Selbstinterpretation** Foucaults. Denn nun weicht der distanzierte, sich der Bewertung enthaltende und nur an objektiven Wandlungsprozessen interessierte archäologische Blick einer Einstellung, die sich selbst mitten in die Kämpfe, Interessen und partiellen Perspektiven versetzt. Foucault, dessen Archäologie selbst ein Gegenstand der von Nietzsche in seiner *Zweiten Unzeitgemäßen Betrachtung* durchgeführten Kritik an objektivistischen Geschichtsprogrammen hätte sein können, schlägt sich nun auf die Seite der Genealogen. Zwar soll der Archäologie – wir sahen das im zweiten Schritt des Gedankengangs – durchaus noch ein Platz im genealogischen Gesamtprogramm bleiben: Als Abwendung linearer und kausaler Geschichtsmodelle und als Rekonstruktion der internen Regeln von Diskursen ist sie weiterhin nötig. Doch auch diese Analysearbeit, so macht sich Foucault jetzt klar, kann nur aus dem geschichtlichen Stand – und nicht von einem Blick über den Dingen aus – durchgeführt werden. Es kann sich somit nur um die relative Selbstdistanzierung anderer Regelformationen in bezug zum eigenen Standpunkt handeln.

Entscheidend ist dabei, daß Foucault nun den bereits implizit in der Archäologie – dort freilich nur auf der Objektebene im Rahmen des Eingeständnisses verschiedener Episteme – enthaltenen Perspektivismus auf sich selbst, also auf das Interpretationssubjekt ausdehnt. Konsequent begreift sich Foucault nun selbst als in bestimmte historische Wissenskonfigurationen eingelassen, als Teil historischer und sozialer Kämpfe. Der Genealoge weist die Gemeinschaft mit den ›asketischen‹ Historikern entschieden zurück: dieser »muß seine eigene Perspektive verleugnen und eine allgemeine Geometrie vortäuschen.« (SuW 83) Der eigentliche, zu sich selbst gekommene Historiker befreit vielmehr den historischen Sinn von den ihm zutiefst wesensfremden Ideen des Überhistorischen, des Erkenntnissubjekts, der allgemeinen Vernunft und Wahrheit: »Der historische Sinn gibt dem Wissen die Möglichkeit, in der eigenen Erkenntnisbewegung seine eigene Genealogie durchzuführen. Die »*wirkliche Historie*« führt die Genealogie der Historie durch, wenn sie an ihrem Standpunkt das Lot in die Tiefen senkt.« (SuW 83)

2. Foucaults Machtbegriff: Eine Definition in sieben Stichpunkten

Genau eine solche ›eigentliche‹, perspektivische Geschichtsschreibung hat Foucault nun zu leisten versucht, wenn er in seinem machtanalytischen Hauptwerk *Überwachen und Strafen* (1975) vorgibt, er »habe nicht vor, die Geschichte der Vergangenheit in die Begriffe der Gegenwart zu fassen. Wohl aber ist es meine Absicht, die Geschichte der Gegenwart zu schreiben.« (ÜS 43) Tatsächlich wurde dieses Werk im wahrsten Sinne des Wortes aus einem genealogischen Perspektivismus geboren, denn Foucault hat sich während der frühen siebziger Jahre aktiv an Kämpfen zur Verbesserung von Haftbedingungen beteiligt. Zusammen mit Deleuze und seinem Freund Daniel Defert hatte er in diesem Zusammenhang eine Gruppe zur Information über die Gefängnissituation in Frankreich (Groupe D'Information sur les Prisons) ins Leben gerufen. Im Kontext vieler anderer Kämpfe – z. B. gegen Rassismus, gegen Ausbeutung und gegen sexuelle Diskriminierung – nimmt diese Aktion nun deshalb eine besondere Bedeutung ein, weil sie Foucault gezielt auf die Institution des Gefängnisses aufmerksam machte. Durch die genealogische Wende methodologisch vorbereitet, wendet sich Foucault nun erstmals ausschließlich der Rekonstruktion der Geschichte einer Institution zu. Worum es nun geht, ist nicht so sehr der Diskurs als solcher, sondern die Enstehung und Etablierung von Praktiken innerhalb einer bestimmten sozialen Anstalt – dem Gefängnis.

Die eigentliche Aufgabe, die sich Foucault in *Überwachen und Strafen* stellt, ist freilich noch ambitionierter: Er möchte durch eine Rekonstruktion der neuzeitlichen Geschichte der Strafpraxis überhaupt erklären, wie sich die Institution des Gefängnisses am Ende des 18. Jahrhunderts als einzige, absolut privilegierte Strafform durchzusetzen vermochte. Während noch im 18. Jahrhundert und während der Diskussion um die Reform der Strafjustiz am Ende des Aufklärungszeitalters verschiedene Optionen offenstanden – Verbannung und öffentliche Strafarbeit z. B. – setzt sich nun das Gefängnis als alleinige Strafinstitution durch. Die Erklärung dieser »Geburt des Gefängnisses« gelingt Foucault nun durch einen genealogischen Blick hinter die Kulissen der Strafrechtsdiskussionen: Dadurch zeigt sich nämlich, daß sich im sozialen Hintergrund ein Wandel der Machtpraktiken vollzogen hat, dem das Gefängnis als spezifischer Machtapparat dann wiederum am vollkommensten entsprach. Durch einen auf der Ebene der sozialen Praktiken sich vollziehenden Strukturwandel rückt die Gefängnisinstitution gleichsam an die privilegierte Stelle als Vollzugsort der Bestrafung. Dieser Strukturwandel vollzieht sich im Rahmen einer Veränderung der Wirkungsweise von Macht. Moderne Macht, deren Profil Foucault in *Überwachen und Strafen* herausarbeitet, hat sich dabei bereits in den Poren der gesamten Gesellschaft, in allen anderen Institutionen und auch in der Lebenswelt derart ausgebreitet, daß die Privilegierung der Gefängnisinstitution – hat man sich diesen Prozeß erst einmal in seiner ganzen Breite vor Augen geführt – nurmehr als natürliche und notwendige Folge dieser historischen Entwicklung erscheint:

»Daß das Zellengefängnis mit seinem Zeitrhythmus, seiner Zwangsarbeit, seinen Überwachungs- und Registrierungsinstanzen, seinen Normalitätslehrern, welche die Funktionen des Richters fortsetzen und vervielfältigen, zur modernen Strafanlage geworden ist – was ist daran verwunderlich? Was ist daran verwunderlich, wenn das Gefängnis den Fabriken, den Schulen, den Kasernen, den Spitälern gleicht, die allesamt den Gefängnissen gleichen?« (ÜS 292)

Das eigentliche Thema des Buches ist also nicht das Gefängnis als solches, sondern die in dieser Institution gebündelt zum Audruck kommende moderne Macht. Deren Begriff werde ich nun (auch unter Rückgriff auf spätere Erläuterungen Foucaults) anhand von sieben wesentlichen Definitionsmerkmalen einführen.

1. Moderne Macht bemächtigt sich des Menschen, indem sie wesentlich auf den **Körper des Individuums** zielt. Als Kontrastfolie dient wie schon in früheren Arbeiten das ›klassische‹ Zeitalter: Hier galt es zwar auch, Verbrechen durch körperliche Folter und physischen Tod zu sühnen. Foucault beginnt sein Buch mit der ausführlichen Schilderung der Hinrichtung des versuchten Königsmörders Damien. Durch die Vierteilung des Körpers des Attentäters soll der symbolische Körper des Königs in seiner Autorität wiederhergestellt werden. Im öffentlichen Spektakel der Hinrichtung wird hier der Körper als Objekt der Macht und der vernichtenden Strafe offen ausgestellt. Wegen der dabei immer mitschwingenden Gefahr von Revolten und der Ineffektivität dieser Bestrafung (statt Abschreckung kann es ebensogut zur Solidarisierung mit dem Verbrecher kommen) setzt sich jedoch zu Beginn des 19. Jahrhunderts eine sich unter Ausschluß der Öffentlichkeit vollziehende Bestrafung durch. Diese drückt sich nun auch in einer gänzlich anderen Zurichtung des Körpers aus. Die Abschaffung der Folter – so Foucaults aufklärungskritische These – ist also nicht mit einer ›Humanisierung‹ des Strafvollzugs gleichzusetzen. Was sich vielmehr in der Durchsetzung des Gefängnisses und vieler anderer Institutionen zeigt, ist die Einführung eines neuen Machttyps. Nun geht es nicht mehr um die symbolische Restauration der Königsmacht,

sondern – im Zuge von Bevölkerungsexplosion und aufkommendem Kapitalismus – um die Herstellung von effektiv einsetzbaren, das System tragenden und somit ›ertragreichen‹ Individuen.

Hierzu, das ist Foucaults origineller Beitrag zur Theorie moderner Macht, werden nun die sogenannten ›Disziplinen‹ eingesetzt. Es handelt sich hier um Technologien, die durch die Strukturierung und Konformisierung von Körperverhalten bestimmte Verhaltensweisen und Individualtypen erzeugen. Aus Bauern und Landstreichern werden so Soldaten und Arbeiter, wie Foucault unter anderem an der Armee des Preußenkönigs Friedrich des Großen anschaulich illustriert. Dies geschieht, indem das Verhalten der Einzelnen durch einen genauen Zeitrhythmus, durch die Kontrolle der Gesten, Haltungen, Sitzweisen etc. bis ins kleinste geregelt wird. Architektur und Raumaufteilung tun das übrige, um eine bestimmte Verhaltensordnung in den Individuen durch Habitualisierung, also durch die ewig wiederholte Einübung der entsprechenden Handlungsweisen, zu verankern.

2. Der zweite wesentliche Aspekt der modernen Macht besteht so auch darin, daß es sich hier um ein **Netz von Praktiken** handelt. Macht ist nicht so sehr etwas – wie etwa die marxistische Ideologiekritik behauptet –, das sich in den Köpfen der Subjekte, etwa in der Form eines falschen Bewußtseins, festsetzt. Die Internalisierung von Überzeugungen, die durch eine Kombination von externer Einschließung und körperzentrierter Verhaltenskontrolle mittels dauernder Überwachung, Überprüfung und Beurteilung des Verhaltens zustande kommt, vollzieht sich vielmehr auf einer vorbewußten, eben am Körper im Kontext habitueller Übungen vollzogenen Ebene. Auf diese Weise werden den Subjekten bestimmte Einstellungen, Ideen und Normen gleichsam eingeimpft, so daß sich eine klare Trennung in gedanklicheÜberzeugungen und praktische Verhaltensmuster nicht mehr ziehen läßt.

Zum einen gelingt diese körperliche Internalisierung, wie Foucault anhand des erwähnten Beispiels des Soldatentrainings anschaulich macht, durch direkte Kontrolle und Einwirkung auf die Bewegungsabläufe des Einzelnen. Neben diesen direkt auf den Körper und seine Verhaltensweisen abzielenden Praktiken spielen aber auch Verfahrensweisen eine entscheidende Rolle, die den Körper nicht direkt, sondern gewissermaßen nur indirekt durch Lokalisierung und Überwachung im Raum kontrollieren. Indem der Einzelne in ein architektonisch und zeitlich ausgeklügeltes System von Überwachungsstrukturen gestellt wird, das schließlich zur Selbstüberwachung führt (siehe Punkt 6), wird ein permanent sich selbst kontrollierendes Subjekt geschaffen. Die moderne Macht funktioniert also in der Tat durch den gezielten

Einsatz körperzentrierter Praktiken, wobei diese entweder den Körper direkt formen oder ihn aber indirekt zum Objekt der (Selbst-)Kontrolle machen.

3. Obgleich sich diese Praktiken jedoch im Körper der Subjekte zu inkarnierten Verhaltensschemata gleichsam verdichten, betont Foucault zugleich den Charakter der Macht als einer **Beziehung zwischen verschiedenen Subjekten**. Auch dies ist gegen ein gängiges, auch in der marxistischen Literatur wie anderswo zu findendes Vorurteil über Machtverhältnisse gerichtet. Macht wird nämlich, so Foucault, völlig verkannt, wenn man sie als Besitz, als ein Gut begreift, über das ein Individuum oder eine Klasse, Gruppe, soziale Position etc. verfügt und das einer anderen derartigen Einheit abgeht. Vielmehr ist jede Machtposition selbst eingelassen in ein Feld von Beziehungen, in dem es keine absolut privilegierte und unanfechtbare Stellung gibt.

Man muß hier freilich sofort unterstreichen, daß es um die Ablehnung *absoluter* Privilegien oder Besitztümer im Rahmen von Machtverhältnissen geht. Denn natürlich verfügen in konkreten sozialen Situationen Individuen relativ zu ihrer Klasse oder sozialen Position in der Tat über mehr oder weniger Möglichkeiten, also auch über mehr oder weniger Mittel der Beeinflussung allgemeiner Prozesse oder der Strukturierung des Handelns von Anderen. Doch keine dieser Konstellationen – man denke an den jüngsten Zusammenbruch der DDR – wie festgefügt sie auch dem Beobachter oder ›den Unterdrückten‹ zunächst erscheinen mag – ist vor dem Zusammenbruch, vor Umkehrung und Auflösung gefeit. Statt also Macht als ein Besitztum in den Händen einzelner Akteure – individuell oder kollektiv – zu begreifen, schlägt Foucault vielmehr folgendes Verständnis vor:

»Unter Macht, scheint mir, ist zunächst zu verstehen: die Vielfältigkeit von Kräfteverhältnissen, die ein Gebiet bevölkern und organisieren; das Spiel, das in unaufhörlichen Kämpfen und Auseinandersetzungen diese Kräftverhältnisse verwandelt, verstärkt, verkehrt; die Stützen, die diese Kraftverhältnisse aneinander finden, indem sie sich zu Systemen verketten – oder die Verschiebungen und Widersprüche, die sie gegeneinander isolieren; und schließlich die Strategien, in denen sie zur Wirkung gelangen und deren große Linien und institutionelle Kristallisierungen sich in den Staatsapparaten, in der Gesetzgebung und in den gesellschaftlichen Hegemonien verkörpern.« (WW 113,114)

Macht ist also zugleich eine soziale Beziehung, in der die Akteure sich vorfinden und die sich zu gewissen ›Systemen‹ kristallisiert hat, d. h. die instabile und umkehrbare Beziehung zwischen den Subjekten als Handlungssubjekten selbst. Macht einfach als Struktur oder System anzusehen, würde den flexiblen, Widerstand ermöglichenden Zug der

Machtstruktur begrifflich zum Verschwinden bringen; Macht jedoch zum anderen auf die Intention, den Willen oder eben den ›Besitz‹ des Subjekts zu reduzieren, würde die gesellschaftliche Vorstrukturiertheit der Macht, die als ein Netzwerk von vorgegebenen Handlungsmöglichkeiten das jeweilige Handeln (und Denken) der Subjekte im Vorhinein lenkt, nicht sichtbar werden lassen. Macht muß deshalb ›relational‹, als Beziehung oder ›Funktion‹ thematisiert werden.

4. Daraus folgt nun auch, daß Macht **dezentral** verstanden werden muß:

»Die Macht kommt von unten, d. h. sie beruht nicht auf der allgemeinen Matrix einer globalen Zweiteilung, die Beherrscher und Beherrschte einander entgegensetzt und von oben nach unten auf immer beschränktere Gruppen und bis in die letzten Tiefen des Gesellschaftskörpers ausstrahlt. Man muß vielmehr davon ausgehen, daß die vielfältigen Kraftverhältnisse, die sich in den Produktionsapparaten, in den Familien, in den einzelnen Gruppen und Institutionen ausbilden und auswirken, als Basis für weitreichende und den gesamten Gesellschaftskörper durchlaufende Spaltungen dienen.« (WW 115)

Statt also eine gewisse Institution – klassisches Beispiel war hier der Staat in der politischen Theorie oder die Produktion für den Marxismus – als zentralen Ursprungsort der Macht, als ihre ›Ausübungszentrale‹ zu begreifen, sollte der pervasive Charakter der Macht, also die gesamte lebensweltliche und institutionelle Praxis der Gesellschaft als von Machtverhältnissen durchsetzt thematisiert werden. Foucault spricht deshalb auch von kapillarischen Mikro-Praktiken der Macht, von einer ›Mikrophysik der Macht‹, die die Verhältnisse von innen oder von unten her durchdringt statt ihnen von außen oder von einer bestimmten Institution aufgezwungen zu sein.

Wiederum geht es nicht so sehr darum, die Funktion des Staates oder der modernen Ökonomie für moderne Machtverhältnisse in Abrede zu stellen. Vielmehr soll sichtbar gemacht werden, daß der Staat und die kapitalistische Wirtschaft selbst nur im Verbund mit den von Foucault analysierten Machtpraktiken ihre Herrschaft über die Subjekte etablieren konnten und können. Nur indem der Staat durch ein Sozial- und Erziehungssystem die Verhaltensweisen, die Sprachen, die Überzeugungen etc. auf der Mikroebene des Schulunterrichts durch die Einübung in die (z. B. ›französische‹ oder ›italienische‹) Nationalsprache homogenisierte, wurde so etwas wie die Realität eines Nationalcharakters überhaupt erst möglich. Und die moderne Wirtschaftsform ist allein, wie Foucault betont, aufgrund von Subjekten funktionsfähig, die gemäß den kapitalistischen Anforderungen eines effektiven Einsatzes der Arbeitskraft zu arbeiten imstande sind. Die habitualisierenden Mikro-Praktiken der Macht haben hierzu, das ist eine wesentliche Grundüberzeugung der Foucaultschen Machtkonzeption, einen wesentlichen Beitrag geleistet.

5. Die allgegenwärtige Durchdringung der sozialen Lebenswelt führt nun auf einen weiteren entscheidenden Grundzug moderner Macht. Statt nämlich allein auf Ausschließung, Unterdrückung, Ausgrenzung und Negation zu beruhen, ist sie zur **Produktion von Erfahrungen** und entsprechenden wissenschaftlichen Objektbereichen imstande: »Man muß aufhören, die Wirkungen der Macht immer negativ zu beschreiben, als ob sie nur »ausschließen«, »unterdrücken«, »verdrängen«, »zensieren«, »abstrahieren«, »maskieren«, »verschleiern« würde. In Wirklichkeit ist die Macht produktiv; und sie produziert Wirkliches.« (ÜS 250)

Das Bild einer rein negativen Macht verdankt sich vielmehr der Annahme eines ursprünglichen und reinen – eben mit Nietzsche zu überwindenden – Grundes der menschlichen Natur bzw. der Wahrheit, der dann von der Macht unterdrückt, ausgegrenzt, verdrängt etc. wird. Foucaults genealogische Sicht möchte nun aber – und das ist der eigentlich kritische und für bisherige Gesellschaftskritik wohl am schwersten verdauliche Stachel – gerade den Bezug auf solche Identitäten selbst als ein Moment der modernen Macht entlarven. Statt sich zur Kritik der Macht auf eine Wahrheit oder ursprüngliche Natur des Menschen zu stützen, muß man die Produktion von vermeintlich ›natürlichen‹ Identitäten vielmehr selbst als einen durch Machtpraktiken gesteuerten Prozeß begreifen.

Wendet man den genealogischen Blick nämlich auf die soziale Herkunft des Glaubens an ursprüngliche Erfahrungen und Wesensmerkmale – Foucault hat die Konstitution von ›Homosexuellen‹, ›Perversen‹, ›hysterischen Frauen‹, ›Geisteskranken‹ etc. immer wieder zum Thema gemacht –, dann geben sich diese Klassifizierungen und ›Naturen‹ stets als im Kontext von Machtstrukturen entwickelte ›soziale Konstruktionen‹ zu erkennen. Foucault macht hier mit dem Nietzscheanischen Perspektivismus in konsequenter Weise ernst, insofern er die Konstitution der Erkenntnisperspektive ineins mit der gesellschaftlichen Erzeugung des Erkenntnisobjekts setzt. Diese Auffassung, die in bezug auf die Erfahrung und Erkenntnis der sozialen Welt freilich sinnvoller ist als in bezug auf die natürliche Umwelt (vgl. den Exkurs 2 zu Foucault und den Naturwissenschaften), wird nun in einer ebenfalls Nietzsche folgenden Wendung auf die Konstitution des Individuums und dessen Erkenntnis in den Humanwissenschaften angewendet. Foucault vollendet die oben angeführte Formulierung so auch mit den Worten: »Sie [die Macht, HHK] produziert Ge-

genstandsbereiche und Wahrheitsrituale: das Individuum und seine Erkenntnis sind Ergebnisse dieser Produktion.« (ÜS 250) Der genaue Zusammenhang von Macht und Individualkonstitution – real und in der Erkenntnisdimension – führt uns nun auf die beiden letzten, vor allem in der philosophischen Diskussion höchst kontrovers diskutierten Merkmale von Foucaults Machtbegriff.

6. Das herausragende Produkt moderner Macht ist **das moderne Individuum**, das Foucault gemäß seiner Herkunftsgeschichte deshalb auch ›Disziplinarindividuum‹ nennt. Denn was die jüngste Machtform der Geschichte neben den bereits genannten Aspekten vor allem auszeichnet, ist ihr individualisierender Charakter. Die körperzentrierten, sich auf praktische Weise in sozialen Beziehungen der Lebenswelt schöpferisch entfalteten Disziplinierungsmechanismen erzeugen nämlich über die Produktion ›gelehriger Körper‹ zugleich eine individuelle Innenwelt. Diese bindet, so Foucault, den Menschen ungleich effektiver an die neuen Funktionsimperative der kapitalistischen Wirtschaft und modernen Verwaltung, als es jede frühere Form von Herrschaft vermocht hätte.

Den Mechanismus dieser Verinnerlichung verdeutlicht Foucault am Beispiel des von Jeremy Bentham entworfenen Panoptikums. In diesem Gefängnismodell befindet sich der Gefangene in einer permanenten Überwachungssituation, da die Zellen im Ring um einen Überwachungsturm in der Mitte angelegt sind. Während die Zelle nach beiden Seiten offen ist, so daß die Silhouette des Insassen dauernd sichtbar bleibt, kann der Beobachter im Turm nie wahrgenommen werden. Dieses Prinzip hat für Foucault paradigmatischen Charakter, denn durch die Unsichtbarkeit des Beobachters – der gleichwohl immer da sein kann – internalisiert der Gefangene die Überwachung und wird so zu seinem eigenen Überwacher. Genau dies nun geschieht an unzähligen Orten der modernen Gesellschaft mittels den Disziplinierungsprinzipien der hierarchischen Überwachung, der normierenden Sanktion und der Prüfung. Falsch wäre es demnach, hier nur das Kontrollprinzip geschlossener Institutionen zu sehen; längst hat sich der ›Panoptismus‹ in die verstecktesten Winkel unserer Lebenswelt, unserer Gefühle und Gedanken, unserer Identitäten hinein fortgebildet. Tatsächlich sind wir nach Foucault, insofern wir uns als individuell verantwortliche und durch ein normiertes Gewissen ausgestattete Subjekte verstehen, in dieser normierten Individualität nichts als ein Produkt moderner Macht.

Die These der Subjektkonstitution durch Macht kann freilich auf zweierlei Weise verstanden werden. Die starke – und unplausiblere – Lesart, die Foucault jedoch in den siebziger Jahren vertrat, besagt, daß durch die spezifisch moderne Überwachungssituation erst so etwas wie ein individuelles Selbstverhältnis überhaupt geschaffen wird. Die Seele, so Foucault in *Überwachen und Strafen*, ist »Effekt und Instrument einer politischen Ökonomie: Die Seele: Gefängnis des Körpers«. (ÜS 42) Diese Formulierung bleibt zwar auch in der zweiten, weitaus erhellenderen Interpretation der Disziplinarfunktion bei der Ausbildung moderner Individualität gültig. In dieser schwächeren und von Foucault in den achtziger Jahren vertretenen Version wird jedoch das subjektive Selbstverhältnis durch die disziplinierende Überwachung nicht als solches geschaffen, sondern nur eine ganz bestimmte Form oder Ausfüllung desselben. Der Mensch ist demnach von jeher zu einer reflexiven Selbstbeziehung in der Lage. In der Moderne jedoch wird diese Selbstbeziehung im Zuge sozialisierender Techniken von Machtfunktionen gewissermaßen kolonisiert. Die ein ›verantwortliches‹ Subjekt konstituierende Innenwelt erweist·sich dabei, sofern hier Begriffe wie menschliche Natur und Identität eine tragende Rolle spielen, tatsächlich als ein Produkt moderner, auf Macht beruhender Sozialisationspraktiken. Dieser Aspekt der verinnerlichenden Machtkontrolle wird im nächsten Teil dieses Kapitels, der Foucaults Theorie der an den Lebensfunktionen der Individuen ausgerichteten Bio-Macht der Moderne entfaltet, ausführlich diskutiert.

7. Bereits hier ist zu sehen, daß die Konstitution des Individuums nur im Verbund mit den **Humanwissenschaften** vonstatten gehen kann. Der wichtige Aspekt der Prüfung in der Disziplinierung des Subjekts verweist dabei bereits auf die untrennbare Verknüpfung von Macht und Wissen im Rahmen moderner Sozialpraktiken. Während sich die Disziplinen des Wissens über den Einzelnen bedienen, Register anlegen, Fälle analysieren, genaue Charaktermerkmale auflisten, prüfen, kategorisieren und so zu Wesensmerkmalen der Subjekte machen, wird umgekehrt dadurch erst eine – in der traditionellen Metaphysik undenkbare – wissenschaftliche Analyse des Individuums möglich. Dieser Zusammenhang jedoch zwischen Wissen und Macht wird ebenfalls erst in der Funktion der ›Bio-Macht‹ völlig beschreibbar, die Foucault im Anschluß an *Überwachen und Strafen* bereits ein Jahr später in *Der Wille zum Wissen. (Sexualität und Wahrheit 1)* aufdeckt.

Bevor ich nun auf **Foucaults Theorie der Moderne** im ganzen zu sprechen komme, nur noch ein Wort zum Status dieses Machtbegriffs. Foucaults Selbstverständnis zufolge handelt es sich hierbei – dies wird später im Kontext der Diskussion von Einwänden wichtig – keineswegs um eine ›Theorie‹ der Macht. Statt an einer universellen Analyse von Macht schlechthin oder am Wesen *der* Macht interessiert zu sein, bemüht sich Foucault vielmehr um eine historisch und kulturell konkrete, in unserem Fall auf die Moderne bezogene Analyse des Funktionierens von bestimmten Machtverhältnissen: Statt um ein ›Was ist die Macht?‹ geht es um die Frage ›Wie funktioniert Macht hier, heute, in diesem unserem Kontext?‹

Zugleich hat Foucault jedoch einige wichtige Anhaltspunkte für ein generelles Verständnis von Macht gegeben, die freilich auch eher als Bezugspunkte konkreter Analysen einer ›Mikrophysik der Macht‹ denn als unveränderliche Wesenseinsichten einer ›Metaphysik der Macht‹ zu verstehen sind. Wie er vor allem in dem 1981 veröffentlichten Aufsatz *Das Subjekt und die Macht* ausführt, ist Macht erstens nie total, sondern immer an die **Freiheit des Subjekts** gebunden. Dies nimmt das schon früher erwähnte Moment der Widerstands und der Umkehrung von Machtverhältnissen nun in einer expliziter am Subjekt orientierten Weise wieder auf. Zweitens ist Macht generell weder schlicht auf Zwang und Gewalt reduzierbar noch einfach durch ein Fehlen des Konsenses (bzw. im Gegensatz zum Konsens) beschreibbar. Es handelt sich vielmehr um eine genuine, ›positive‹ **Erfahrungsdimension des Anderen**, in der ich diesen in seinem Handeln und im Möglichkeitshorizont seiner Handlungen beeinflusse. Foucault führt hier den Begriff der ›Führung‹ ein (auf den wir zurückkommen werden), um die weder auf Gewalt noch auf direkte Kommunikation reduzierbare Dimension antagonistischer Sozialbeziehungen zu benennen. Und schließlich ist für Foucault auch klar, daß Macht – so wie er sie immer verstanden hat – allein die **Relation zwischen menschlichen Subjekten** betrifft. Unser Verhältnis zu Dingen, in dem sich etwa Naturbeherrschung ausdrücken kann, oder unser Verhältnis zu uns selbst sind in anderer Weise zu denken als das ›Macht-Verhältnis‹ zwischen individuellen oder gesellschaftlichen Akteuren.

Diese allgemeinen Richtlinien, ich habe bereits darauf hingewiesen, sollen dabei weniger eine universale ›Theorie der Macht‹ einführen als vielmehr generelle Bezugspunkte in der Analyse jener menschlichen Erfahrungsdimension bereitstellen, die sich auf das Verhältnis zwischen menschlichen Subjekten bezieht. Wie sich deren Verhältnis in der Moderne darstellt, und wie dieses dann auf unser Wissen von der Welt und unser Selbstverhältnis zurückschlägt, werde ich nun anhand der Foucaultschen Theorie der Moderne darstellen.

3. Foucaults Theorie der Moderne: Die Entdeckung der Bio-Macht

Der Wille zum Wissen (Sexualität und Wahrheit 1) (1976) ist eines jenes Bücher, die man vom Ende her lesen muß. Erst dort wird nämlich der interpretative Rahmen entfaltet, der die in dem programmatischen Werk zu einer Geschichte der Sexualität im Abendland entworfenen Gedanken trägt. Es geht Foucault in der Tat gar nicht – wie Kritiker zu dessen großem Bedauern immer wieder mißverstanden – im wesentlichen um eine Kritik der Psychoanalyse und der Vorstellung einer ›unterdrückten Sexualität‹. Die von Foucault hier entwickelte Kritik der Repressionshypothese – also der Behauptung, daß Sexualität systematisch im Zuge der Entwicklung des Kapitalismus unterdrückt und verdrängt wurde – soll vielmehr nur den Blick freimachen für jenes eigentlich die Moderne bestimmende, in den bisherigen Konzeptionen kritischer Gesellschaftstheorie aber fast völlig ignorierte Phänomen einer Bio-Macht. Foucaults in den ersten vier Kapiteln entfaltete Gegenthese, die behauptet, daß Diskurse über Sexualität in der Moderne eher angereizt denn unterdrückt wurden, und daß sich hier ›unter dem (vermeintlichen) Mantel der Verschwiegenheit‹ in Wirklichkeit eine Vielzahl von Sexualitäts- (und an Sexualität anschließenden Identitäts-) mustern gebildet haben, dient allein dem Nachweis, daß die Bedeutung der Sexualität im Unterdrückungsmodell offenbar noch nicht zureichend erfaßt wurde. Denn was sich hinter dieser emsigen, unsere Sexualität bis ins kleinste Detail erforschenden Neugier – die Foucault statt der Unterdrückung hier am Werke sieht – wirklich verbirgt, ist ein unsere gesamte Kultur durchdringendes Prinzip der lebensbezogenen Macht. Der in *Überwachen und Strafen* anhand der Disziplinen eingeführte Machtbegriff wird nun anhand der Dimension des Lebens in eine freilich Fragment gebliebene umfassende Theorie der Moderne eingefügt. Macht bemächtigt sich in einer historisch bislang einzigartigen Weise der Individuen und der Bevölkerung, um deren Lebensfunktionen zwecks höherer Produktivität und bessserer Kontrolle zu formen und zu steigern. Foucault hat diese Modernitätskonzeption dennoch soweit ausgearbeitet, daß sie in ihren Grundzügen als kohärentes Deutungsmodell der Moderne entfaltet werden kann.

Zunächst gelingt Foucault mit dem nunmehr ins Zentrum gerückten **Lebensbegriff** eine erhellende Neuinterpretation des Wandels der neuzeitlichen Machtform. Schon das bewußt an den Beginn von *Überwachen und Strafen* gestellte Beispiel der Hinrichtung des gescheiterten Attentäters Damien hatte zum Ausdruck gebracht, daß die Macht sich in der Aufklärung vor allem als ein Zugriff auf das Leben in bezug auf das Recht, es zu beenden, vollzog: »Der Souverän übt ein Recht über das Leben nur aus, indem er sein Recht zum Töten ausspielt – oder zurückhält. Er offenbart seine Macht über das Leben nur durch den Tod, den er zu verlangen imstande ist.« (WW 162) Während in der römischen Antike der Herr noch unbeschränkt über Kinder und Sklaven herrschte, ist dieses Recht im 17. und 18. Jahrhundert bereits ein an Bedingungen geknüpftes Privileg: Bedrohung durch äußere oder innere Gefahren allein legitimieren nun diesen todbringenden Zugriff der Macht auf das Leben. Dennoch bestand in diesem wesentlich negativen, nur auf die formale Verfügung über Leben und Tod begrenzten Recht immer noch das eigentliche Wesen der Aufklärungsmacht: »Die Macht war vor allem Zugriffsrecht auf die Dinge, die Zeiten, die Körper und schließlich das Leben; sie gipfelte in dem Vorrecht, sich des Lebens zu bemächtigen, um es auszulöschen.« (WW 162)

Ganz anders hingegen die moderne Macht. Hier geht es nicht mehr nur um ein negatives, gebieterisches Recht über Leben und Tod, sondern um eine ›positive‹, auf das Leben in seinen konkreten Funktionen und in seiner Existenz als Leben gerichteten Zugriffsweise. Die negative »Abschöpfung«, so Foucault, ist nicht mehr die organisierende Hauptform der Macht, »sondern nur noch ein Element unter anderen Elementen, die an der Anreizung, Verstärkung, Kontrolle, Überwachung, Steigerung und Organisation der unterworfenen Kräfte arbeiten: diese (moderne, HHK) Macht ist dazu bestimmt, Kräfte hervorzubringen, wachsen zu lassen und zu ordnen, anstatt sie zu hemmen, zu beugen oder zu vernichten«. (WW 163) Der bereits im vorigen Teil herausgestellte Charakter der Produktivität moderner Macht läßt sich also als ein neuer Umgang mit dem Leben verstehen: Leben wird hier in seiner Realität gefördert, geformt, abgerichtet, zur Entwicklung angehalten etc.

Das Verhältnis von Leben und Tod nimmt also im Machthaushalt der Moderne eine völlig neue Bedeutung an. Während in der Aufklärung das Leben als solches kein direktes Ziel der Machtkontrolle war, sondern nur als Grenze oder Gefahr mit dem Tod bestraft werden konnte, wird in der Moderne die Bearbeitung oder, wie Foucault auch sagt: Verwaltung des Lebens zentral. Allein an deren radikaler Grenze (Völkermorde und Todesstrafe sind dafür Beleg) steht die Möglichkeit des Todes als des völlig Anderen einer auf Lebenssteigerung ausgerichteten Macht: »Man könnte sagen, das alte Recht, sterben zu *machen* oder leben zu *lassen*, wurde abgelöst von einer Macht, leben zu *machen* oder in den Tod zu *stoßen*.« (WW 165)

Durch diesen Bezug auf das Leben wird noch deutlicher, wie verfehlt es für ein Verständnis der modernen Macht ist, sich an juridischen, d. h. an formalen Regeln und Gesetzen ausgerichteten Modellen zu orientieren. Während der Charakter der Aufklärungsmacht in der Tat Kriterien der Ausgrenzung und des geregelten Ausschlusses formulierte (und auch praktizierte) – Foucault hatte dies bereits in *Wahnsinn und Gesellschaft* untersucht – greift ein solches Machtverständnis für die Moderne offenbar zu kurz. Da sich nun, wie Foucault sich in der auf sechs Bände angelegten (aber nie durchgeführten) Geschichte der westlichen Sexualität zu zeigen anschickt, Macht auf das Leben via Sexualität bezieht, bilden die in der Aufklärung entwickelten vertrags- und naturrechtlichen Gesellschaftsmodelle nur noch einen – durchaus im marxschen Sinne zu verstehenden – ideologischen »Überbau«: Der Kopf des Königs, so Foucault einmal ganz plastisch, sei in der politischen Theorie noch immer nicht gerollt. Erst wenn wir die am Subjekt und dessen idealen Vereinbarungen orientierte Gesellschaftstheorie überwinden, kann die auf die Lebensfunktionen in ihrer positiven Existenz abzielende Machtform der Moderne richtig verstanden werden.

In der Tat läßt sich dann auch eine Konzeption der Moderne entfalten, die das Funktionieren der Macht zugleich auf der *makrosoziologischen* Ebene – d. h. auf dem Niveau von die Gesamtgesellschaft betreffenden Prozessen und Strukturen – und auf der *mikrosoziologischen* Ebene – d. h. auf dem Niveau des Handelns und Erlebens von konkreten Individuen – erklären kann. Der Lebensbegriff soll nun die beiden Analysestränge zusammenführen, die Foucault an unterschiedlicher Stelle und ohne theoretische Vermittlung bereits untersucht hatte. In *Wahnsinn und Gesellschaft* hatte die Analyse der Entstehung der modernen psychiatrischen Klinik den Blick auf jene sozialen Hintergrundpraktiken gelenkt, in deren Zuge überhaupt erst Wahnsinnige von anderen ›Unvernünftigen‹ getrennt und in eigens für sie hergerichtete Anstalten eingewiesen wurden. Hier rückt die Bevölkerung als Gegenstand der sozialen Fürsorge ins Zentrum des Interesses, denn erst die Untersuchung und Besorgnis bezüglich ganzer Bevölkerungsgruppen und -schichten ermöglicht die Absonderung der Wahnsinnigen als besonderer ›Geisteskranker‹. In *Überwachen und Strafen* hatte Foucault hingegen die Wirkung der Disziplinen untersucht, die sich gerade auf den jeweils individuellen Körper des Einzelnen richten. Erst der Begriff einer ›Bio-Macht‹, die sich das Leben auf der Ebene der Bevölkerung sowie auf der Ebene des Individuums gefügig machen will, erlaubt nun die Einsicht in den doppelseitigen Zusammenhang beider Phänomene.

Deren gemeinsame Wurzel ist eine ›Macht zum Leben‹, die sich zunächst unabhängig im 18. Jahrhundert in zwei Strängen ausgebildet hat. Zum einen im Modell des ›Körpers als Maschine‹: »Seine Dressur, die Steigerung seiner Fähigkeiten, die Ausnutzung seiner Kräfte, das parallele Anwachsen seiner Nützlichkeit und seiner Gelehrigkeit, seine Integration in wirksame und ökonomische Kontrollsysteme – geleistet haben all das die Machtprozeduren der *Disziplinen: politische Anatomie des menschlichen Körpers*.« (WW 166) Zum anderen hat sich in derselben Zeit die Idee des Gattungskörpers als des zu kontrollierenden und zu beeinflussenden Objekts der Macht herausgebildet: »Die Fortpflanzung, die Geburten- und die Sterblichkeitsrate, die Gesundheitsniveaus, die Lebensdauer, die Langlebigkeit mit allen ihren Variationsbedingungen wurden zum Gegenstand eingreifender Maßnahmen und *regulierender Kontrollen: Bio-Politik der Bevölkerung*.« (WW 166) Während die Disziplinar-Macht in den Mikropraktiken der Institutionen wie Schule, Armee, Fabrik, Spital etc. das Individuum über den Körper systemkonform abrichtet, entfaltet die Bio-Politik durch Demographie, ökonomische Analysen und Verwaltungsmodelle eine Praxis der Einflußnahme auf die Bevölkerung im ganzen. Beide sind freilich nur die zwei Seiten einer auf das Leben gerichteten Macht.

Foucault macht nun durch die Nennung verschiedener Phänomene plausibel, daß sich mit dem Lebensprinzip in der Tat so etwas wie das Machtprinzip der Moderne aufgetan hat. Nicht nur die ›Faszination‹ für Völkermorde und die Grenzrolle der Todesstrafe, die wir bereits anführten, zeigen dies. Auch der deutsche Faschismus erweist sich in diesem Kontext als der ins Extrem getriebene Ausdruck jener Ermächtigungsstrategien, die in bezug auf das eigene Volk absolute Rassenreinheit vorschreibt, während sie gleichzeitig die totale Auslöschung einer (bzw. mehrerer) anderer Rassen plant und durchführt. Das Projekt Lebensborn und der Holocaust stellen symbolisch die zwei äußersten Pole dar, in denen sich der auf Hygiene, Effektivität und ›Lebenssteigerung‹ bezogene Machtwille der Moderne am klarsten zu erkennen gibt. Neben dem Phänomen des Rassismus zeigt sich zudem in der soziologischen Thematisierung des Selbstmordes (Durkheim), daß nun ein neues und anderes Verhältnis zum Leben auf den Plan tritt: Im Suizid bemächtigt sich das Subjekt gewissermaßen selbst jener Dimension ›seines‹ Lebens, um deren Fürsorge und Erhaltung es dem Staat und der Macht gerade zu tun ist. Der Selbstmord bildet also weniger aufgrund humanistischer Wertideale ein Problem als vielmehr durch die Eingebundenheit des Lebens in eine an dessen Erhaltung und Steigerung interessierte kollektive Macht.

Erst mit diesem allgemeinen Interpretationsrahmen, der die Erschließungshypothese des »Willens zur Macht« nun in ein konkretes und sozialwissenschaftlich durchführbares Untersuchungsprogramm übersetzt, ist überhaupt der Kontext bereitet, in dem die **Bedeutung der Sexualität für das moderne Dasein** angemessen begriffen werden kann. Allein aus dem Interesse an den zur Machtsteigerung notwendigen Lebensfunktionen heraus tritt die Sexualität des Individuums ebenso wie die der Bevölkerung ins Rampenlicht der heutigen Erfahrung. Im Sex drückt sich die Verquickung der auf das besondere Individuum und auf die allgemeine Bevölkerung gerichteten Machtwillens am deutlichsten aus: »Er bildet das Scharnier zwischen den beiden Entwicklungsachsen der politischen Technologie des Lebens. Einerseits gehört er zu den Disziplinen des Körpers: Dressur, Intensivierung und Verteilung der Kräfte, Abstimmung und Ökonomie der Energien. Andererseits hängt er aufgrund seiner Globalwirkungen mit den Bevölkerungsregulierungen zusammen.« (WW 173) Eine »Geschichte der Sexualität«, die Foucault hier ja einleitend und programmatisch ins Auge faßt, ist also im Grunde eine Geschichte der modernen Bio-Macht. An der Sexualität und ihrer Problematisierung – in diskursiver sowie in praktischer Hinsicht – lassen sich demnach die konkreten Mechanismen der Zugriffsweisen von Macht ablesen.

Trotz des programmatischen Charakters hat Foucault allerdings schon eine sehr genaue Vorstellung von den Ergebnissen einer solchen genealogischen Sexualitätsgeschichte. An thematisch bereits genau benannten Punkten will er zeigen, daß ganz bestimmte Identitätsmuster sich in einer an der Sexualität orientierten – und in dieser biologischen Basis gleichsam symbolisch verankerten – Weise zwar ausbildeten, sich zugleich in Wahrheit aber nur einer auf Machtinteressen zurückführbaren sozialen Schöpfung verdanken. Das masturbierende Kind, die Rassenhygiene der Bevölkerung, die hysterische Frau ebenso wie der sexuell Perverse stellen Individualtypen dar, die alle in bezug auf Sexualität als dem Ursprung ihrer (von der Normalität abweichenden) Identität, als ihrer ›Wahrheit‹, klassifiziert worden sind. Statt also, und hier kommt die Kritik an der Repressionshypothese nun zum Tragen, die Sexualität als den Ort wahrer Identität des Menschen der Macht gegenüberzustellen, soll eine an diesen ausgegrenzten und ›abnormalen‹ Typen durchgeführte Analyse nachweisen, daß die Sexualität selbst eine Rolle in der modernen Machtstrategie spielt.

Durch diesen Schritt nun – der freilich zunächst völlig offen läßt, von wo aus die Macht kritisiert werden kann, wenn nicht von in unseren natürlichen Bedürfnissen begründeten Interessen – erschließt sich Foucault zudem erst wirklich jene Erfahrungsdimension, die die zuvor schon eingeführte Internalisierungsthese in einen plausiblen Zusammenhang mit seiner Machttheorie der Disziplinen stellt. Denn in *Überwachen und Strafen* waren diese Technologien der Körperabrichtung alle gewissermaßen auf die äußeren, habituellen Bewegungsabläufe der Subjekte gerichtet gewesen. Wie sich daraus nun tatsächlich eine sich selbst überwachende Innenwelt bilden konnte, blieb zunächst der Einbildungskraft des Lesers überlassen. Hier jedoch konzentriert sich Foucault nun auf das subjektive Selbstverhältnis der Individuen. In der Tat erlaubt der Bezug zur Sexualität, die Dimension der Selbsterfahrung von Subjekten in die Machttheorie zu integrieren. Denn Sexualität, davon ist Foucault überzeugt, ist nicht allein Objekt der Bio-Macht, sondern, wenn auch von dieser letztlich abhängig, jene Dimension, in der die Subjekte selbst die Wahrheit über sich zu erfahren gedenken:

»Jeder Mensch soll nämlich durch den vom Sexualitätsdispositiv fixierten Punkt (des ›Sexes an sich‹, HHK) Zugang zu seiner Selbsterkennung haben (weil er zugleich das verborgene Element und das sinnproduzierende Prinzip ist), zur Totalität seines Körpers (weil er ein wirklicher und bedrohter Teil davon ist und überdies sein Ganzes symbolisch darstellt), zu seiner Identität (weil er an die Kraft eines Triebes die Einzigartigkeit einer Geschichte knüpft).« (WW 185)

Das ›Dispositiv‹ des Sexes, also die Verschmelzung diskursiver und praktischer Strategien, hat in der modernen Erfahrung, eben weil Sexualität durch die Bio-Macht hier eine derart zentrale Stellung einnimmt, die Überzeugung entstehen lassen, daß die Sexualität auch den Grund unserer konkreten individuellen Wahrheit ausmacht.

Die Internalisierung des Machtwillens vollzieht sich nun auf die Weise, daß die konkreten, in den objektivierenden Machtpraktiken permanent thematisierten und analysierten Sexualfunktionen als Ausdruck eines tiefer liegenden Grundes, dem ›Begehren‹ oder dem ›Sex an sich‹, interpretiert werden. Diese auf die christliche Seelsorge zurückgehende symbolische Überhöhung dieser Erfahrungsdimension verbindet somit die äußerlich wirksamen Strategien mit einer – eben ›ideellen‹, weil symbolischen – Dimension, die sich die Subjekte selbst als in ihnen liegend und als ihre Wahrheit ausmachend zuschreiben können. Natürlich muß – wir haben bereits darauf hingewiesen – hierzu bereits die formale Möglichkeit einer solchen Selbstbeziehung gegeben sein. In diesem Kontext (der im letzten Kapitel zu Foucaults an Selbstverhältnissen orientierter Lebensethik noch ausführlich besprochen wird) stellt sich die moderne ›Ontologisierung des Sexes‹, der zum Seinsgrund unserer Erfahrung aufgeworfen wird, somit nurmehr als ein umso perfideres Rädchen im Uhrwerk der

Macht dar. Die (vermeintlich) kritische Wendung der Psychoanalyse im Sinne einer Befreiung *der* Sexualität von Macht, jedoch ebenso die noch an der aristokratischen ›Blutideologie‹ der Aufklärungszeit orientierte Feier des Todes durch de Sade und George Bataille (die Foucault nun zum ersten Mal als unzureichende Nostalgiker verwirft) bleibt also, da sie unsere Identität in ein von der Macht selbst erzeugtes imaginäres Phänomen verlegt, in Wahrheit an dieser haften. Allein die Abschaffung der ›Wahrheitsidentität‹ in bezug auf den Sex, d. h. die Befreiung »des Körpers und der Lüste« von der Idee eines in diesen verborgenen Sexes, könnte – so Foucault in einer elliptisch anmutenden Formulierung am Ende des Buches – möglicherweise der Macht entgegengesetzt werden.

Mit dieser letzten Äußerung haben wir nun freilich bereits das Foucault in der Folgezeit nicht mehr loslassende Problem erreicht, wie der Macht denn überhaupt Widerstand entgegengesetzt werden kann, und auf welchen Voraussetzungen ein solcher Widerstand und eine gesellschaftskritische Einstellung, zugleich theoretisch und praktisch, beruhen kann und muß. Ich werde diese Problematik sogleich im Zusammenhang mit den Haupteinwänden, die gegen Foucaults Theorie der Moderne vorgebracht wurden, näher ausführen. An dieser Stelle soll lediglich festgehalten werden, daß Foucault mit der Idee der Bio-Macht – und das hat er im Schußkapitel vom *Willen zum Wissen* selbst so gesehen – nun erst ein gesellschaftstheoretisches Integrationsniveau erreicht hat, das einen angemessenen Vergleich mit den eminentesten Theoretikern der Moderne, mit Karl Marx und Max Weber, erlaubt. In bezug auf Marx betont Foucault – dies kam ansatzweise schon im Kontext der Disziplinen zur Sprache –, daß allein die Bio-Macht jene Voraussetzungen bereitstellen konnte, auf der die Errichtung einer kapitalistischen Wirtschaftsordnung möglich war. Die »Abstimmung der Menschakkumulation mit der Kapitalakkumulation« (WW 168) war nur möglich durch eine das Individuum habitualisierende und die Bevölkerung im ganzen kontrollierende Bio-Macht. Gegenüber Webers Herausarbeitung der Funktion einer asketischen Lebensethik als Ermöglichungsbedingung des Kapitalismus gibt Foucault zu bedenken, ob diese nicht relativiert und um die Analyse der Disziplinen und Bio-Politik zumindest ergänzt, wenn nicht durch diese ersetzt werden müßte. Während Webers Analyse sich womöglich vor allem auf die ethische Bewußtseinsstruktur der sich etablierenden Kapitalisten richtete, kann Foucaults Analyse vielleicht besser aufzeigen, wie die von diesen Kapitalisten zur Fabrikarbeit eingesetzten Arbeiter zu eben solchen ›dressiert‹ worden sind (Zur Forschungslage bezüglich Weber-Foucault vgl. A. Honneth 1990).

4. Einwände und Erwiderungen

Foucaults Machttheorie ist – wenig verwunderlich, denkt man an die Bedeutung, die wir mit der Moderne gemeinhin verbinden –, mit starken Einwänden konfrontiert worden. Der gemeinsame Nenner der von Philosophen und Sozialwissenschaftlern erhobenen Vorwürfe besteht in der ›ontologischen‹ Überbewertung der Macht. Macht wird hier scheinbar gleichbedeutend mit dem Seinsgrund schlechthin: Machtpraktiken erzeugen die individuelle Innenwelt, sie schaffen Wissens- und Erfahrungsräume, und sie organisieren die politischen sowie wirtschaftlichen Systeme gemäß ihrer eigenen Logik. Damit scheint der Macht nun jener Subjektstatus zuzukommen, den die frühere Subjektphilosophie dem Menschen zuerkannte und die Foucault um jeden Preis überwinden wollte. Macht organisiert jetzt Erfahrung und Wirklichkeit, sie umschließt und begründet Subjekt und Objekt, und sie synthetisiert die Vielfältigkeit der Phänomene zu geordneten Strukturen mit Sinnbildungseffekt. Das Individuum und die es betreffenden Wissenschaften können als solche Effekte angesehen werden. Die folgende Äußerung Habermas' bringt dabei die gemeinsame Grundüberzeugung der Kritiker auf den Begriff: »Wie einst bei Bergson, Dilthey und Simmel ›Leben‹ zum transzendentalen Grundbegriff einer Philosophie erhoben worden ist [...], so erhebt nun Foucault ›Macht‹ zum transzendentalhistoristischen Grundbegriff einer vernunftkritischen Geschichtsschreibung.« (Habermas 1985, 298). Sie wenden sich gegen einen Machtbegriff, dem die ›transzendentale‹ Erzeugung von Erkenntnis und Sinn ebenso zugemutet wird wie die ›historistische‹, d. h. als kontingenten Wandel begriffene Erzeugung kultureller und sozialer Realitäten. Ob freilich diese Kritik tatsächlich den Foucaultschen Analysen und Einsichten gerecht wird, soll nun – auch unter Rückgriff auf die späteren Überlegungen Foucaults – zum Thema gemacht werden.

Die Kritik hakt sich nun vor allem an jenem Problem fest, das auch Foucault selbst im Grunde – auch wenn dies nicht immer ganz deutlich schien – am meisten an Macht interessierte: an der Frage der Kritik und Überwindung von Machtverhältnissen also. Foucault hat in der Tat, anders als objektivistische Soziologen wie Luhmann oder Bourdieu, Macht stets aus der Perspektive möglichen Widerstandes gegen sie betrachtet. *Überwachen und Strafen* etwa ist ja im Kontext des konkreten Engagements für die Verbesserung der Haftbedingungen überhaupt erst entstanden. Seine Kritiker aber werfen Foucault dennoch vor, ›Widerstand‹ gegen die Macht durch die von ihm entworfene Machttheorie in Wahrheit denkunmöglich zu machen. Die

Vorwürfe der Kritik lassen sich dabei anhand von drei wesentlichen Problempunkten gliedern:

Erstens steht die **sozio-ontologische Unmöglichkeit von Widerstand** im Zentrum der Diskussion. Wenn Macht als ontologischer Grundbegriff angesetzt wird, stellt sich die Frage, ob dann überhaupt noch ein Handeln gegen die Macht möglich ist? Ist Macht nicht, mit anderen Worten, der schon alles im Vorhinein regelnde Grundmechanismus? Wird das für den Widerstand notwendige Subjekt, wenn es durch Macht erzeugt ist, nicht als Widerstandszentrum geopfert, wodurch eben Widerstand gegen die Macht unmöglich wird? Ist also nicht, um Widerstand gegen die Macht überhaupt denken zu können, die Idee der Freiheit und Autonomie des Subjekts eine notwendige Voraussetzung?

Zweitens haben Kritiker der Theorie Foucaults vorgeworfen, daß, auch wenn Widerstand eine reale Möglichkeit innerhalb seiner Machttheorie sein sollte, diese dennoch **keine Kriterien für dessen Legitimität** angeben könne. Ob und wann Kritik und Widerstand nämlich zu recht oder zu unrecht erfolgen, kann nur durch einen Bezug auf universale Normen begründet und gerechtfertigt werden. Da Foucault jedoch zum einen radikaler Historist ist und zum andern Normen in seiner Konzeption ausschließlich die Rolle von ideologischen Verdeckungen der eigentlichen Machtpraktiken spielen, muß er hier eine überzeugende Antwort schuldig bleiben.

Drittens haben Kritiker moniert, daß Foucault offenbar **Wahrheit auf Macht reduziert**. Zum einen liegt dieser Kritik die Intuition zugrunde, daß Wahrheitsansprüche etwas über die Welt entweder angemessen oder unangemessen zum Ausdruck bringen, und somit ihrem Sinn nach nicht mit der strategischen oder sonstwie gewaltsamen Einflußnahme auf andere vermengt werden dürfen. Zum anderen hat diese Kritik auch nicht gezögert, Foucault auf seine eigenen, in den archäologischen und genealogischen Analysen erhobenen Wahrheitsansprüche aufmerksam zu machen, um sodann die Probleme einer Machtreduktion der eigenen Foucaultschen Position nachzuweisen (Diesen Punkt werde ich jedoch erst im Anschluß an die Diskussion der anderen Problempunkte in den beiden letzten Teilen dieses Kapitels diskutieren, da hierzu eine ausführlichere Darstellung von Foucaults Theorie der Beziehung von Wissenschaft und Macht nötig ist).

Zu 1. Die wohl theoretisch artikulierteste Form dieser Kritik hat, soweit ich sehe, Axel Honneth in seiner *Kritik der Macht* (1985) vorgelegt. Honneth entwickelt die ›humanistisch‹ inspirierte Befürchtung, daß in Foucaults Machttheorie die Bedingung der Möglichkeit von politischem Widerstand begrifflich zum Verschwinden gebracht wird, durch eine in den Begriffen von Handlungs- und Systemtheorie durchgeführte Interpretation. Handlungstheoretische Erklärungsmodelle setzen dabei an der Fähigkeit der Subjekte an, sich autonom über die Maximen ihres Handeln und Denkens zu definieren und an diesen ihre Handlungspläne in der sozialen Lebenswelt auszurichten. Foucault habe nun, Honneths freilich etwas konstruierter Entwicklungslinie zufolge, zunächst ein am Paradigma des Kampfes entworfenes handlungstheoretisches Machtmodell vertreten. Wir sahen allerdings, daß Foucault bereits in *Wahnsinn und Gesellschaft* jene Dimension der Wachstumsschübe der Bevölkerung, des Andrangs dieser Bevölkerung auf die neuentstehenden Städte und die allgemeinen Folgen des Kapitalismus thematisiert, die in der Honneth nun – da Foucault diese erst in der im vorigen Teil dargestellten Konzeption der Bio-Macht systematisch miteinbeziet – eine Bewegung hin zur ›Systemtheorie‹ sieht. Systemtheoretische Erklärungsmodelle (deren analytische Kraft Habermas übrigens ebenfalls anpreist) verstehen das Handeln der Subjekte nun nicht von diesen selber her, sondern sehen es als integriert in größere, an bestimmten Funktionen orientierte soziale Zusammenhänge. Individuen erscheinen in diesem Modell in der Tat nicht als autonome Subjekte, sondern vielmehr nur als Momente oder funktionale Elemente von ›Systemen‹, deren internen Erfordernissen sie zu entsprechen haben und aus deren Struktur heraus allein erst das ›Handeln‹ der Individuen im sozialen Kontext verständlich wird.

Indem Foucault nun mit der Idee der Bio-Macht, die auf strukturelle soziale Problemlagen reagiert und daraufhin Individualtypen, Innenwelten, Erkenntnisweisen und soziale Realitäten schafft, die Idee des offenen Kampfes offenbar in ein übersubjektives Systemmodell auflöst, entschlägt er sich damit auch der Möglichkeit einer notwendig auf die Subjekte rekurrierenden Theorie des Widerstandes:

»Denn unter der Perspektive einer Systemtheorie, die gesellschaftliche Vorgänge als systemische Prozesse der Machtsteigerung wahrnimmt, sind die Verhaltensweisen der Menschen selbst, insbesondere ihre körperlichen Lebensäußerungen, nur der Stoff, den die jeweils wirkenden Machtstrategien zu formen haben. Wäre Foucault hingegen der Spur seines ursprünglichen Handlungsmodells konsequenter gefolgt, indem er die existierenden Formen sozialer Herrschaft als Produkte sozialer Auseinandersetzungen, und eben nicht als Resultate eines systemischen Anpassungsprozesses, gewertet hätte, so wäre er nicht umhin gekommen, die sozialen Akteure kategorial mit jenen Bedürfnissen und Überzeugungen, also mit jenen Motiven auszustatten, die überhaupt erst politischen Widerstand und damit soziale Kämpfe auszulösen vermögen.« (Honneth 1985, 216, 217)

In Foucault vollzieht sich demzufolge eine »systemtheoretische Auflösung der Dialektik der Aufklärung«, denn die für die moderne Dialektik zwischen Macht und Widerstand notwendige Komponente subjektiver Selbstbestimmung wird nun, so Honneth, allein auf die Seite der Macht bzw. des Systems hin reduziert.

Es fragt sich freilich, ob diese an den klassischen Begriffen von Handlungs- und Systemtheorie orientierte Kritik nicht gerade durch das Festhalten an diesem klassischen Dualismus das besondere – und das die besondere Widerstandstheorie ausmachende – Profil der Foucaultschen Machttheorie gerade verfehlt. Foucault sucht nämlich durch den Begriff der ›Praktiken‹, den er möglicherweise nicht systematisch genug eingeführt hat, die in seinen Augen naive Entgegensetzung freier, selbstbestimmter und über allgemeine Bedürfnisse verfügender Subjekte auf der einen und anonymen, übersubjektiven und sich dem Willen und Bewußtsein der Individuen notwendig entziehenden Systemen auf der anderen Seite gerade zu unterlaufen. Individuen werden vielmehr als sozial konstituierte Subjekte verstanden, die nur aus der sie selbst immer mitbestimmenden sozialen Situation heraus überhaupt handeln und sich selbst definieren können. Statt ein vorgefertiges Subjekt und ein von außen auf dieses einwirkendes System als Koordinaten unseres Denken über die menschliche Erfahrungswelt zu akzeptieren, will Foucault durch sein Konzept der Praktiken mit dem cartesianisch-kantischen Modell des Subjektverständnisses vielmehr bewußt brechen. Daß Honneth implizit noch ein solches atomistisches Modell seiner Foucault-Deutung zugrundelegt, zeigt auch der Einwand, den er bereits der noch als handlungstheoretisch verstandenen (am Kampfparadigma ausgerichteten) Denkphase Foucaults macht. Hier nämlich, so Honneth, könne Foucault nicht erklären, wie sich die einzelnen, allein strategisch motivierten Handlungsabsichten der Subjekte überhaupt zu jenem Normenverständnis verdichten und stabilisieren, das überhaupt erst den normativen (und somit sozialen) Kitt der Gesellschaft bildet. Es ist in der Tat in Honneths Augen dieses Erklärungsvakuum, das Foucault schließlich (jedenfalls läßt sich dieser Schritt logisch so rekonstruieren) zum Übergang zu einer systemtheoretischen Sichtweise zwingt.

Diese Kritikführung, die wir hier natürlich nur sehr skizzenhaft wiedergeben können, verkennt aber aus Foucaults Perspektive völlig den eigentlich grundlegenden Charakter der Sozialpraktiken. Denn in dieser Sicht stellt sich das vertragstheoretische Grundproblem, wie die Subjekte sich auf die allgemeingültigen Normen ihres Handelns legitimerweise einigen können, zunächst gar nicht. Abgesehen davon, daß dieses Modell ohnehin als Idealisierung gegenüber bestehenden

Verhältnissen gemeint ist (darauf komme ich in Punkt 2. zurück), zeigt eine an der realen und praktischen Sozialisation der Subjekte ansetzende Analyse, daß das ›Einverständnis‹ zu Normen und Werten jeweils schon in die allgemeine Weltsicht, in das historische Apriori der Subjekte eingebaut ist. Das ›Erklärungsproblem‹ von Normenvernetzung zwischen individuell strategisch Handelnden ergibt sich so nur aus einer Perspektive, die in Subjekt und System auseinanderbricht, was Foucaults Analyse der Praktiken gerade zusammenhalten will. Soziale Praktiken – das haben schon Heidegger und der Pragmatismus gewußt – lassen begrifflich nämlich weder eine atomistische Idealisierung des Subjekts zu, noch – und das ist nun der gegenüber dieser am Widerstandsbegriff orientierten Kritik entscheidende Zug – reduzieren sie den Einzelnen auf nichts als einen Effekt existierender sozialer Strukturen. Vielmehr bildet sich hier, in den konkreten Handlungsweisen, Gesten, Denkformen und Diskursformationen, vielmehr das eigentliche Scharnier, der Ort des Zusammenpralls von objektiver Macht und subjektiver Selbstbestimmung. Statt also gegen *die* Macht vorgefertigte Subjektkonzepte ins Feld zu führen, geht es vielmehr darum zu zeigen, wie die durch bestimmte Sozialisationsprozesse charakteristisch geformten Subjekte sich zu diesen, ihnen durch praktische Sozialisation eingeimpften Strukturen kritisch und widerständig verhalten können.

Daß Foucault hier in der Tat die Dialektik überhaupt erst auf ihren neuralgischen Punkt bringt – und nicht etwa das System feiert und das Subjekt auslöscht – wird zudem durch folgendes plausibel. In bezug auf die übergeordnete Struktur der Macht (oder des Systems) hat Foucault immer den ›nominalistischen‹, d. h. den gegen eine Verdinglichung als selbstgesteuertes Super-Subjekt gerichteten Charakter seines Machtbegriffs verteidigt. Macht darf weder als systemische Struktur noch als Besitz gedacht werden: »Zweifellos muß man Nominalist sein: die Macht ist nicht eine Institution, ist nicht eine Struktur, ist nicht eine Mächtigkeit einiger Mächtiger: Die Macht ist der Name, den man einer komplexen strategischen Situation gibt.« (SW 114) In diesem Sinne geht es auch nicht um eine ›Theorie‹ der Macht, also um die Erkenntnis des Wesens des Systems, sondern um eine·Analyse jener konkreten, aus den Praktiken sich herausbildenden und in ihnen auffindbaren Strukturmomente, die die Subjekte in konkreten Situationen a tergo bestimmen.

Zugleich wird das Subjekt hier keineswegs völlig auf Macht reduziert. Bereits in den siebziger Jahren hat Foucault die flexible, umkehrbare und auf Widerstand bezogene Struktur von Machtverhältnissen betont. Doch er hat – man muß es einfach zugeben – erst später die entscheidenden (und von Honneth nicht mehr berücksichtigten) klärenden Weichen in seiner Begrifflichkeit gestellt. Denn erst in den achtziger Jahren führt er zum einen die erhellende Differenz von ›Herrschaft‹ und ›Macht‹ bzw. von objektiven, den Systemaspekt sozialer Verhältnisse erfassenden Herrschaftsstrukturen und von intersubjektiven, auf den antagonistischen Interessenkonflikt zwischen Akteuren ausgerichteten Machtkämpfen ein. Während z. B. eine soziale Situation objektiv bestimmte Handlungsweisen für bestimmte soziale Subjekte von vornherein ausschließen mag (Berufskarriere für Frauen und Freiheit für Sklaven in den Südstaaten der USA im 19. Jahrhundert, Heirat und Kindesadoption für Homosexuelle heute), so stehen diesen Gruppen (natürlich neben dem Versuch der Änderung der ›objektiven‹ Verhältnisse) dennoch sozusagen auf der Mikroebene immer eine Reihe von Verhaltensmöglichkeiten offen. Interessant ist aber gerade, wie sich die objektiven Strukturen über Wertvorstellungen, Erziehungsmaßnahmen, institutionelle Praktiken etc. in den Körpern und Köpfen der Subjekte selbst festsetzen und so zu deren zweiter Natur werden. Und zum andern – ich werde diesen Prozeß im letzten Kapitel ausführlich nachzeichnen – macht Foucault dann erst wirklich klar, daß es sich bei der subjektiven Selbstbeziehung um eine genuine Erfahrungsdimension handelt. Tatsächlich könnte die Kritik ja immer noch fragen: Wenn Frauen, Schwarze, Homosexuelle etc. nichts als Produkte der Macht wären, warum begehren sie dann überhaupt auf? Foucault stellt in der Tat in den siebziger Jahren nicht deutlich genug heraus, daß es eine Dimension des Selbstverhältnisses von Subjekten gibt, die sich kritisch auf sich selbst und auf vorgegebene Lebensverhältnisse beziehen kann. Was Foucault aber ablehnt – und dies scheint noch in Honneths Formulierung von an sich vorhandenen »Bedürfnissen und Überzeugungen« enthalten – ist die Idee einer sich in diesen Kämpfen artikulierenden *menschlichen Natur*.

In der Tat ist damit der eigentliche Dissenspunkt zwischen Foucault und seinen Kritikern benannt: Bedarf es, so die für beide Seiten entscheidende und doch unterschiedlich beantwortete Frage, zur Begründung des sozialen und politischen Widerstandes wirklich einer ›allgemeinen Theorie des Subjekts‹? Läßt sich die Freiheit durch eine philosophische Theorie wirklich ›begründen‹ – oder gehören allgemeine Konzeptionen der menschlichen ›Natur‹ nicht vielmehr zu jenem Normalisierungsspiel moderner Macht, um desse Kritik und Überwindung es doch gerade geht? Während Foucault also die Möglichkeit einer kritischen Selbstbeziehung einräumen muß – wie er es in den achtziger Jahren auch tut –, um Widerstand überhaupt denken zu können, müßten die Kritiker Foucaults (vgl. auch Manfred Frank und Charles Taylor) zunächst einmal zeigen, daß nur eine materiale Theorie des Subjekts diese Freiheit voll begründen kann. Zugleich müßten sie freilich den von Foucault aufgezeigten Fallstricken des Normierungsprozesses durch Verallgemeinerung entgehen können und darlegen, daß und wie ein solcher Ansatz dem Verflochtensein in ausgrenzende, normalisierende und diskriminierende Praktiken entkommt.

Zu 2. Die Kritik an Foucaults Machtmodell zielt freilich häufig – zusammen mit oder unabhängig von der sozio-ontologischen Problematik – auf die normative Ebene, d. h. auf die moralischen Kriterien einer Kritik der Macht. Hier wird nun geltend gemacht, daß jede Zurückweisung von Macht, ob praktisch oder theoretisch, notwendig schon eine wertende Stellungnahme beinhaltet. Tatsächlich enthält ja die in den Praktiken gegründete Analyse von sozialen Strukturen *als Macht* schon die Vorstellung der Unterdrückung, Ausgrenzung und ungerechtfertigten Einschränkung. In der Luhmannschen Systemtheorie etwa werden systemische Prozesse bisweilen in analoger Weise beschrieben, ohne daß der Begriff der Macht hier auftaucht. Charles Taylor hat in einem einflußreichen Aufsatz plausibel herausgearbeitet, daß der Machtbegriff als solcher nur Sinn macht im Verbund mit den Begriffen von Freiheit und Wahrheit (vgl. Taylor 1986). Ob Foucault will oder nicht, er kann sich also den – ohnehin von ihm im Verlauf seiner Analysen offenkundigen – Werturteilen bezüglich der Machtpraktiken unmöglich enthalten, sofern er überhaupt von Macht sprechen will.

Die wertende Dimension bildet nun aber, so dieser Kritikstrang, erst die eigentliche Basis für politischen Widerstand. Erst mit dem Rekurs auf Werte und Normen läßt sich verständlich machen, warum sich Subjekte gegen die als ungerecht und unterdrückend empfundenen Zustände zur Wehr setzen, warum sie Leib und Leben aufs Spiel setzen, um gegen die Macht anzugehen. Zugleich aber kann erst die moralphilosophische Ausarbeitung dieser Wertdimension die in der Machtkritik notwendig mitschwingenden Bewertungen allgemein rechtfertigen. Diese merkwürdige Verschwisterung von motivationaler und rechtfertigender Basis des Widerstandes in bezug auf gerechtfertigte Normen kommt plastisch in einer in diesem Zusammenhang häufig zitierten Formulierung Nancy Frasers zum Ausdruck. Rhetorisch fragt sie angesichts der offenbar von Foucault als allmächtig dargestellten Macht:

»Why is struggle preferable to submission? Why ought domination to be resisted? Only with the introduction of normative notions of some kind

could Foucault begin to answer this question. Only with the introduction of
normative notions could he begin to tell us what is wrong with the modern
power/knowledge regime and why we ought to resist it.« (Fraser 1989, 29)

Tatsächlich aber beruht diese gesamte Fragestellung auf Annahmen
und Prämissen, die Foucault allesamt für im Wesen verfehlt hält.
Zunächst: Für wen stellt sich hier die Frage, ob der Kampf gegen die
Macht dem status quo vorzuziehen sei und warum der Herrschaft
Widerstand entgegengesetzt werden sollte? Offenbar nicht, davon
ist Foucault in den siebziger Jahren überzeugt, für die Kämpfenden
selbst. Polemisch hält er in einer Fernsehdiskussion Noam Chomsky
entgegen, daß der Kampf der Arbeiterklasse doch wohl ein Kampf
um Macht, um die konkrete Verbesserungen ihrer Lebens- und
Seinsbedingungen war und ist – und nicht für die hehren Werte der
Gerechtigkeit als solcher geführt wurde. Denkt man an die Revolten
in Los Angeles im Jahr 1992, wird klar, was Foucault meint: Die
Ghetto-Bewohner hatten ja kaum nötig, erst Kants *Kritik der praktischen Vernunft* zu lesen, bevor sie wußten, wogegen sie zu kämpfen
und sich zur Wehr zu setzen hatten: Die brutale Mißhandlung des
Schwarzen Rodney King durch Polizisten im Einsatz, durch eine
Video-Kamera aufgezeichnet, und der Freispruch dieser Polizisten
durch eine weiße Jury wurden gleichsam zum Symbol der alltäglich
erfahrenen Gewalt. Die Kämpfe entzünden sich vielmehr anhand
konkreter Vorkommnisse und an konkreten Schauplätzen, in bezug
auf konkret erfahrene Unterdrückung und Erniedrigung; es handelt
sich dabei um historisch kontingente Ereignisse. Es ist völlig offen,
wann es in einer Situation zu einem Umschlag, zur Revolte oder gar
zur Revolution der herrschenden Verhältnisse kommt. Natürlich
können Sozialkämpfe auch im Namen universaler Menschenrechte
geführt werden – Martin Luther King und ein bestimmter Strang der
Frauenbewegung beweisen es. Foucault jedoch hält dies nicht für eine
wesentliche Bedingung des sozialen Kampfes, der sich – selbst wenn er
im Namen des Allgemeinen geschieht – doch immer in bestimmten
historischen und kulturellen Situationen bewegen muß.
    Die Frage also, welche universal rechtfertigbaren Werte zur
Motivation und ›Begründung‹ des Widerstandes angegeben werden
können, hält Foucault für eine – übrigens von einer bestimmten
Art von Intellektuellen – von außen an die Widerstandssituation
herangetragene Fragestellung. In der Tat versteht Foucault sich – in
bewußtem Gegensatz zu jenen Philosophen, die im Namen aller
zu sprechen vorgeben und die er »universale Intellektuelle« nennt
– als bloß »spezifischen Intellektuellen«. Dessen Aufgabe besteht

in der Erarbeitung und Bereitstellung konkreten Wissens, welches als Werkzeug und Waffe den jeweils im Kampf stehenden Gruppen zur Verfügung gestellt wird. Hier geht es nicht um universalistische Moralphilosophien oder um eine allgemeine Theorie des Subjekts, sondern vielmehr um Fachwissen im eigentlichen Wortsinn. Ärzte, Psychologen, Wirtschaftsanalytiker – und natürlich die Genealogen der Macht – stellen ihr konkretes Wissen über spezifische Zusammenhänge (etwa unzureichende Sicherungen am Arbeitsplatz, Zustände in psychiatrischen Anstalten, unter Verschluß gehaltene Faktoren der wirtschaftlichen Situation, Informationen über Aids etc.) den jeweils betroffenen unterdrückten Gruppen zur Verfügung. Auf diese Weise, so Foucault, werden die wirklichen, lokalen Konflikte positiv unterstützt, statt sich in allgemeinen Phrasen moralisierender Art zu verlieren.

Doch auch wenn man Foucault zugestehen mag, daß ein konkretes Wissen den Unterdrückten oftmals mehr nützen mag als Sonntagsreden, so ist die Frage nach der Rechtfertigung des Protestes damit dennoch keineswegs erledigt. Denn zunächst bleibt ja in dieser lokalen Widerstandstheorie völlig offen, welcher Widerstand legitim und welcher zu verwerfen ist. Foucault hat sich mit einer unwahrscheinlich sicheren, nur durch eine Ausnahme (der Parteinahme für den Iran) getrübten, Intuition selbst stets auf die ›richtige Seite geschlagen: Stets sind es die illegitimerweise Unterdrückten, die Frauen, Homosexuellen, ›Perversen‹ etc., auf deren Seite sich der Genealoge schlägt. Dennoch aber hat dieses ›Siding with the Oppressed‹, das in der amerikanischen Sozialtheorie mittlerweile fast sprichwörtliche (an Foucault anschließende) Parteinehmen für die besonderen Minderheiten und Randgruppen, doch auch seine ethische Kehrseite. Denn der Minderheitsstatus als solcher legitimiert ja noch nicht zu Gegenwehr gegen die gesellschaftliche Ordnung. Neonazis in Deutschland und in Europa insgesamt sowie fundamentalistische Religionsgruppen weltweit beweisen dies zur Genüge. Die unterstützende Teilnahme des kritischen Intellektuellen an ethnischen, sozialen, religiösen und kulturellen Befreiungskämpfen vollzieht sich vielmehr, offenbar auch für Foucault, jeweils schon im Lichte einer unausgesprochenen Ethik, die Unterdrückung und Ausgrenzung des anderen sowie die Anerkennung selbstbestimmter Persönlichkeitsentwicklung zur impliziten Richtlinie des – sich dann jeweils in anderen Formen, Zielen und Methoden – ausdrückenden Kampfes gemacht hat.

Foucault hat selbst gegen Ende seines Lebens einen Versuch unternommen, diese ethische Intuition zumindest in Ansätzen auszusprechen. Dabei wird er freilich – und darauf hoben die Kritiker im wesentlichen doch immer wieder ab – nicht der Notwendigkeit zustimmen, für alle verbindliche Normen und Werte zu formulieren. Darin sieht er weiterhin die in Normierung und Normalisierung, also in Ausgrenzung des nicht mit der Norm konformen ›Abnormalen‹, endende Überbewertung besonderer Lebensverhältnisse auf Kosten anderer Möglichkeiten. Stattdessen müssen Offenheit und Veränderbarkeit gesellschaftlicher und kultureller Verhältnisse das wichtigste Ziel sein. Ob diese Ausrichtung nun wirklich der vielleicht ausgeführtesten ›normativen‹ Moralphilosophie unserer Zeit, der Diskursethik von Habermas, widerspricht und mit dieser unvereinbar ist, soll gegen Ende des Kapitels über die späte Lebensethik Foucaults ausführlich erörtert werden. Man hat Foucault auch nicht davon überzeugen können, daß nur eine – wie etwa vom Kantianismus oder der Phänomenologie entfaltete – Theorie des Subjekts die Werte begründen kann, die dann den Widerstand im rechten, nämlich universal gerechtfertigten Licht erscheinen läßt. Subjekttheorien, wenn sie die Grenze des Trivialen passieren und substantielle Aussagen über die ›menschliche Natur‹ und sich darauf gründende für alle verbindlichen Werte festschreiben, verlängern vielmehr den normierenden Zwangscharakter der modernen Macht bloß, statt dem Widerstand eine Kampfplattform zu bieten.

Dieser Widerstand hat nun aber, um effektiv zu sein, sich der Macht dort entgegenzustellen, wo sie sich am eindrücklichsten in die Moderne eingegraben hat: also bei den auf das Individuum im Verbund mit den Disziplinen gerichteten Humanwissenschaften. Deren Funktionsweise im modernen Machthaushalt sowie die an diese Analyse anschließende Konzeption einer Gegenwissenschaft, auf die sich der Widerstand dann politisch und praktisch wirklich stützen kann, sollen nun dargestellt werden.

5. Objektivierende und subjektivierende Humanwissenschaften

Der dritte und vielleicht wesentlichste an Foucault gerichtete Vorwurf lautet, daß in seiner Darstellung der Wissenschaften Wahrheit auf Macht reduziert wird. Dieser von Habermas, Taylor, McCarthy und Bernstein (neben anderen) vorgebrachte Einwand mag bereits jetzt insofern merkwürdig anmuten, als Foucault ja weder eine Theorie der Macht entfaltet noch je die Bedingungen von Wahrheit schlechthin zu definieren versucht hat. In der Tat spiegelt sich in dieser Kritik an Foucault im Grunde genau jenes Wahrheits- (und auch Macht-) verständnis, dessen Infragestellung und Kritik Foucaults ganzer Ehrgeiz eigentlich gilt. Dies wird sich im folgenden dadurch nachweisen lassen, daß wir die wesentlichen Kritikpunkte Foucaults an den bisherigen Humanwissenschaften systematisch herausarbeiten, um so eine Diskussionsgrundlage für die Kritik ebenso wie für Foucaults Projekt einer alternativen Humanwissenschaft zu schaffen. Foucaults Gegen-Wissenschaft soll dabei die von ihm als Mythen oder Ideologien entlarvten Grundüberzeugungen durch einen Wahrheits- und Praxisbegriff ersetzen, der der eigentlichen Realität und Funktion der kritischen Sozialwissenschaften gerecht werden kann.

Die auf drei grundlegende Überzeugungen hinauslaufenden **Prämissen traditioneller Humanwissenschaft** sind

1., daß es in den Human- und Sozialwissenschaften (genau wie in den Naturwissenschaften) um die Entdeckung und Darstellung von universaler, kontextfreier Wahrheit geht;
2., daß diese Wahrheit in ihrem Wesen nichts mit gesellschaftlichen Machtverhältnissen zu tun hat, also unabhängig von diesen zu erkennen ist; und
3., daß die Erkenntnis der Wahrheit des Subjekts, um die es in diesen Wissenschaften geht, eine notwendige Vorbedingung für die Freiheit und das Glück des Menschen ist (z. B. als Basis der Sozialarbeit oder in Psychotherapien).

Allein durch die – so lassen sich die drei Punkte zusammenfassen – von Machtstrukturen ungetrübte Erfassung der Wahrheit des Menschen wird freies und gutes Leben möglich. Foucault hält diesen die Realität der Humanwissenschaften verkennenden Selbsttäuschungen **drei Gegenthesen** entgegen:

1. Die in den Humanwissenschaften gewonnene Wahrheit ist notwendig perspektivisch, und ihre Erkenntnisfunktion ist an diesen strukturellen Perspektivismus gebunden, von ihm unablösbar.
2. Die Wahrheiten der Humanwissenschaften haben sich nicht unabhängig von Machtverhältnissen gebildet, sondern sind vielmehr durch diese – bzw. durch sich auf der Ebene der Macht vollziehende Strukturwandlungen der Praktiken – erst möglich geworden.
3. Die von den bisherigen Humanwissenschaften ›entdeckte‹ Wahrheit des Subjekts trägt nichts zu dessen Freiheit und Glück bei, sondern bindet den Menschen vielmehr verstärkt in existierende Macht- und Unterdrückungsstrukturen ein.

Statt durch universale Wahrheit, Machtfreiheit und Subjektbefreiung sind die Humanwissenschaften hingegen durch **Perspektivismus,**

Machtverflochtenheit und Entmündigung bestimmt. Den Nachweis für diese Thesen hat Foucault nun folgendermaßen geführt:

1. Bereits die Archäologie der Humanwissenschaften hat nachdrücklich herausgearbeitet, daß die Erkenntnis des Objekts ›Mensch‹ nur durch einen Strukturwandel der Erfahrung möglich geworden ist. Allein durch die Ablösung grundlegender Prämissen in der allgemeinen Wissensordnung der Aufklärungszeit wurde es plötzlich möglich, die Idee einer Wissenschaft vom individuellen Menschen als ernstzunehmende Perspektive zu konzipieren. Am eindrücklichsten und genauesten hat Foucault diesen Prozeß wohl in *Die Geburt der Klinik* beschrieben. Allein der in der Tiefenstruktur unserer Welterfahrung sich vollziehende, Praktiken, Diskurse und Wahrnehmungsformen umgreifende Perspektivenwandel an der Schwelle der Moderne macht dabei die von der klassischen Metaphysik als Unmöglichkeit begriffene Erkenntnis des Individuellen möglich: »Es ist diese formelle Reorganistation in der Tiefe – mehr als das Aufgeben der Theorien und der alten Systeme, die die Möglichkeit einer klinischen Erfahrung eröffnet hat. Sie hat das alte aristotelische Verbot aufgehoben: nun sollte endlich das Individuum einen Diskurs von wissenschaftlicher Struktur begründen können.« (GK 12)

Die Wahrheit von Aussagen über den Menschen wird also durch eine bestimmte Erfahrungsstruktur ermöglicht. Wahrheit wird damit, so wie bei Nietzsche oder Heidegger, nicht als unmittelbare Eigenschaft von Aussagen bezüglich der Welt gedacht, sondern als gewissermaßen ermöglicht und vermittelt durch sich in der Welt bildende Erfahrungsgitter, innerhalb deren Ordnung Gegenstände überhaupt erst gesehen und thematisiert werden können. Foucault wird diese, hier am Beispiel des Menschen und der historisch-epistemischen Bedingung seiner Erkenntnismöglichkeit herausgestellte Perspektivität der Erfahrung selbst zum Bestandteil der humanwissenschaftlichen Erkenntnis und Wahrheit machen. Statt also dem falschen und historisch durch die archäologischen Analysen widerlegten Wahrheitsideal objektiver, vermittlungsloser Erkenntnis und Wahrheit nachzujagen, soll vielmehr der perspektivische Charakter der Humanwissenschaften selber in deren Wesensverständnis aufgenommen werden.

Wir werden im nächsten Teil sehen, in welcher Weise dieser Perspektivismus der Kritik an Foucaults vermeintlichem Reduktionismus von Wahrheit auf Macht den Wind aus den Segeln nimmt. Zunächst ist aber hier festzuhalten, daß diese »epistemologische Enthemmung«, also die Eröffnung des Feldes individueller Gegenstandswahrnehmung und -erkenntnis, sich nur durch einen auf der Ebene der sozialen

Praxis vollziehenden Strukturwandel durchsetzen kann. Wieder in bezug auf die am genauesten im Kontext der klinischen Beobachtung des individuellen Körpers nachgezeichnete Neustrukturierung der Erfahrung bemerkt Foucault, daß »eine der wesentlichen Bedingungen für die epistemologische Enthemmung der Medizin am Ende des 18. Jahrhunderts die Organistation des Spitals als ›Prüfungsapparat‹« (ÜS 239) gewesen sei. Erst durch die Neuorganisation der Ordnung dieser Institution, der neuen Rolle des Arztes, seiner Befugnisse und Zugriffsmöglichkeiten auf den kranken Körper, konnte sich eine Beobachtungs- bzw. Prüfungssituation entfalten, an deren epistemischem Ende eine Wissenschaft des Individuums entstand. Was sich damit aber zugleich zeigt – und darauf kommt es nun in Überleitung zu Foucaults zweiter Gegenthese an –, ist die epistemische Verflechtung von Machtstrukturen und dadurch ermöglichten Erfahrungsformen: »Der Wandel in den Machtverhältnissen ermöglicht die Konstituierung eines Wissens. Das wohldisziplinierte Spital ist genau der Ort für die medizinische Disziplin, die nunmehr die literarische Bindung an die maßgeblichen Autoren gegen den Zugang zu einem Bereich ständig überprüfbarer Objekte eintauscht.« (ÜS 240)

2. Tatsächlich ist für Foucault nun entscheidend, daß sich diese neue Humanwissenschaft als ein strategisches Element in der allgemeinen Entfaltung des für die Moderne charakteristischen Machttyps entfaltet. Die Umstrukturierung der Macht, die sich von einer ›juridischen‹, d. h. auf formale Grenzziehungen und Normen beschränkenden Regelung des Verhaltens nunmehr zu einer ›produktiven‹, also die Lebenssteigerung des Individuums und der Bevölkerung im Auge habenden Disziplinierung entwickelt, bildet nicht einfach eine Ermöglichungsschwelle der Humanwissenschaften, die diese nach erfolgreicher Konstitution hinter sich lassen. Vielmehr kommt es gerade darauf an zu sehen, daß die Humanwissenschaften sich nie von dieser auf Individuum und Bevölkerung gerichteten Disziplinarmacht lösen. Sie sind in Wahrheit eines der erfolgversprechendsten und wichtigsten Mittel, durch die sich die Bio-Macht in der Moderne etabliert.

Zunächst ist aber noch genauer zu beleuchten, wie die moderne Macht die ›Entdeckung‹ des Individuums möglich macht. Dies geschieht durch den zugleich individualisierenden und totalisierenden Zug der Macht, die sich gleichermaßen und im Verbund auf das konkrete Individuum und auf die Bevölkerung konzentriert. Die an Effektivitätssteigerung und spezifischer Kontrolle interessierte Macht muß sich des Menschen ja irgendwie bemächtigen. Diese Bemächtigung vollzieht sich in den Praktiken der Überwachung und der

Sanktion, durch die die Menschen durch körperliches Training und durch Internalisierung der in diesem Training eingeübten impliziten Normen zu den erwünschten Subjekten werden. In der Praxis der Prüfung, so Foucault mit Blick auf die Rolle der Humanwissenschaften, werden diese beiden Stränge nun miteinander verbunden. Hier wird das Individuum nun gezielt zum Fall gemacht, indem es in seinen konkreten Eigenschaften, Merkmalen, Sozialverhalten etc. thematisiert wird. Damit aber erscheint das Individuum zum ersten Mal in der Geschichte auch als ein wirklich untersuchungswerter und relevanter Gegenstand der Erkenntnis. Es entsteht ein ›Aufzeichnungsapparat‹, dessen Aufgabe die genaue Dokumentation des Verhaltens, der Charaktereigenschaften, der familiären Herkunft etc. des Individuums ist. Durch diesen Apparat wird die individualisierende, d. h. das konkrete Individuum thematisierende Betrachtung mit einer globalisierenden, auf die Bevölkerung bzw. ganze Gruppen derselben vergegenständlichenden Sicht verknüpft:

»Einerseits konstituiert sich das Individuum als beschreibbarer und analysierbarer Gegenstand, der aber nicht wie das Lebewesen der Naturforscher in ›spezifische Eigenschaften‹ zerlegt wird, sondern unter dem Blick eines beständigen Wissens in seinen besonderen Zügen, in seiner eigentümlichen Entwicklung, in seinen Fähigkeiten und Fertigkeiten festgehalten wird; andererseits baut sich ein Vergleichssystem auf, das die Messung globaler Phänomene, die Beschreibung von Gruppen, die Charakterisierung kollektiver Tatbestände, die Einschätzung der Abstände zwischen den Individuen und ihre Verteilung in einer ›Bevölkerung‹ erlaubt.« (ÜS 245)

Entscheidend an dieser Form der humanwissenschaftlichen ›Individualisierung‹ des Wissens ist aber dennoch, daß sie objektivierend geschieht. Das Individuum wird zum Fall; in seinen Eigenschaften, Verhaltensweisen und Merkmalen drückt sich auf ganz besondere Weise eine allgemeine Natur aus, die sich als die des Perversen, des Schwarzen, des Verbrechers, des Homosexuellen, des Geisteskranken etc. ›zu erkennen‹ gibt. Der Mensch wird hier als Individuum objektiviert, er wird, wie Foucault schon in seinen ganz frühen Arbeiten kritisierte, zum Objekt degradiert. Die Wahrheit der Humanwissenschaften ist nicht seine Wahrheit als Mensch über sich selbst, es ist eine ›individuelle‹ Wahrheit über ihn.

Im Kontext der Disziplinen entwickeln sich somit die objektivierenden Human- und Sozialwissenschaften, die eine unabhängig vom Selbstverständnis der Subjekte existente ›Wahrheit‹ über diese Individuen aufzudecken haben. In Statistiken, Tabellen, Klassifikationen drücken sich jene auch auf der konkreten Beobachtungsebene des Einzelnen festzustellenden Charaktereigenschaften aus, die uns seine Natur zu offenbaren haben. Der Prozeß dieser Verdinglichung erlaubt dann eine administrative Reaktion auf die derart entdeckten Merkmale – und ist in Wahrheit nur in diesem Kontext überhaupt sinnvoll. Die humanwissenschaftliche Objektivierung erlaubt der Macht, gerichtet zu handeln. Die individualwissenschaftliche Wahrheit der Humanwissenschaften – damit zerstört Foucault den zweiten Mythos der Verwissenschaftlichung der Erfahrung in der Moderne – ist der Macht nicht entgegengesetzt: Statt Machtfreiheit regiert hier ein funktionales Verflochtensein von effektivitätssteigernder Verfügungsmacht und humanwissenschaftlicher Wissenszufuhr.

3. Daß es sich nun bei der humanwissenschaftlichen Analyse des Menschen auch nicht um dessen Befreiung oder Glückserfüllung handeln kann, wird freilich erst völlig bei den sogenannten ›subjektivierenden‹ Wissenschaften vom Menschen deutlich. Neben den auf die Körper und ihr Verhalten zielenden Wissens-Praktiken haben sich nämlich (freilich durch diese Deblockierung erst möglich gemachte) Wissensverfahren entwickelt, die dem Subjekt selbst nun doch einen besonderen Status in der Erkenntnisfindung zugestehen. Im Anschluß an die Bedeutung der Sexualfunktionen kam es in diesem Kontext neuer Wissenstechniken darauf an, das Subjekt als Sprecher über seine eigenen Bedürfnisse, Empfindungen und Präferenzen in die Wissenserhebung zu integrieren. »Sage mir, was deine Bedürfnisse sind und ich sage dir, wer du bist« (PPC 11) – so hat Foucault einmal den Wissensimperativ der Moderne in bezug auf den Menschen plastisch formuliert. Sexualität wird das wesentliche Moment im Kontext dieses von der Bio-Macht etablierten Verfahrens der Selbst-Erkenntnis.

Um freilich den eigentlichen Wesenszug dieses Wissenstypus deutlich zu machen, führt Foucault nun den Begriff der Pastoralmacht ein. Denn nur durch die Einbeziehung der christlichen Seelsorge und Beichtpraxis kann ans Tageslicht kommen, worauf es bei dieser Wissenstechnik wirklich ankommt: Hier geht es nämlich in Wahrheit wieder nicht um die objektive und neutrale Erkenntnis der Wahrheit des Individuums, sondern vielmehr um ein den Einzelnen unter Gewissens- und Anpassungszwang setzendes *Geständnis*. Hat sich die Disziplinarmacht auf den Körper und seine Mechanismen konzentriert, so geht es der Pastoralmacht um das Gewissen und das die Innenwelt erzeugende Geständnis des Sexes:

»Der neuen Pastoral zufolge darf der Sex nur noch vorsichtig beim Namen genannt werden, wogegen seine einzelnen Aspekte, seine Verbindungen und

Wirkungen bis in ihre feinsten Verzweigungen verfolgt werden müssen: ein Schatten in einer Träumerei, ein Bild, das nicht schnell genug vertrieben wurde, eine Verschwörung zwischen der Mechanik des Körpers und der Willfährigkeit des Geistes: alles muß gesagt werden [...] Es ist ein Imperativ errichtet worden, der fordert, nicht nur die gesetzwidrigen Handlungen zu beichten, sondern aus seinem Begehren, aus seinem gesamten Begehren einen Diskurs zu machen.« (WW 30,31)

Durch die Geständnispraxis, die die uneingeschränkte Thematisierung und Offenlegung der eigenen Lüste und Präferenzen verlangt, entsteht im Kontext einer ›die Natur des Menschen‹ erkennenwollenden Haltung die Idee des Sex-Begehrens als der eigentlichen Wahrheit des Menschen.

Zwei Phasen der modernen Entwicklung unterscheidet Foucault hier. Während es vor der Moderne in der christlichen Seelsorge um ein Heil im Jenseits ging, wird dem modernen Subjekt zunächst – in einer ersten Phase – selbst noch die Einsicht und Verantwortlichkeit für sein Handeln und Wollen zugeschrieben. Pinel verwendet die kalte Dusche, um den Irren von der Verfehltheit seiner Hirngespinste ›zu überzeugen‹. In der zweiten, durch Freud markierten Phase ist ›das Subjekt des Begehrens‹ jedoch nicht mehr unmittelbar ansprechbar. Das Begehren selbst steuert nun das von Trieben bestimmte Unbewußte. Beiden Phasen aber ist gemeinsam, daß das Subjekt zwar eine wesentliche Rolle in der Wissensfindung spielt, daß es aber zugleich nicht über den Schlüssel zur wahrhaften Interpretation seiner Aussagen verfügt. In der ans Asyl gebundenen Behandlung der Kranken wird dieser durch brachiale Praktiken zu jener Vernunft zurückgeführt, die der Arzt oder Psychiater von vornherein als die eigentliche Bedeutung seiner Äußerungen im Auge hat. Und auch bei Freud verfügt allein der Psychoanalytiker über die wesentlichen Kategorien und Analysebegriffe, die aus den geäußerten Erlebnissen und Episoden jene Bedeutung hervorholen können, die deren Wahrheit enthüllt. Zwar muß der Kranke hier der Interpretation zustimmen, doch ist diese Zustimmung jeweils nur auf der durch die Autorität des Analytikers und seiner Begriffe erschlossenen Wirklichkeitsbetrachtung zu vollziehen.

Worauf es Foucault dabei vor allem ankommt, ist die in den letzten Ausführungen schon deutlich gewordene **Unmündigkeit des interpretierenden Subjekts** selbst. Der Mensch wird in den subjektivierenden Humanwissenschaften gewissermaßen nur deshalb als Subjekt aufgebaut, um seine Interpretations-Autonomie sofort wieder an einen fachlich qualifizierten Experten abzugeben. In Wahrheit ist dies also nur ein scheinbarer Subjektstatus, denn die eigentliche Wahrheit liegt ja tiefer als die dem Individuum selber zugänglichen Bedeutungen. Durch die Idee der Tiefeninterpretation wird vielmehr ein zweite, ursprünglichere Ebene errichtet, zu deren Wahrheit und Struktur nur der Wissenschaftler wirklich Zugang hat. Daß dieser Zugang freilich nur über die Analyse der Sprecher-Äußerungen erfolgen kann, sollte den Blick auf deren eigentliche Struktur der Entmündigung nicht trüben. Es handelt sich hier nämlich ebenfalls um ein an die moderne Machtwirkung angeschlossenes Funktionssystem zwischen Wahrheit und Individuum. Die subjektivierenden Humanwissenschaften stellen sogar gegenüber den auf den Körper abzielenden Praktiken eine noch perfidere Einbindung des Menschen in gesellschaftliche Normen und Verhaltenstrukturen dar, deren einziger Vorzug vielleicht in der durch sie offenkundig gemachten Tatsache besteht, daß es in den modernen Wissenschaften vom Menschen nicht um Freiheit und Glück derselben geht. Vielmehr bedeuten sie in ihrer eigentlichen Wissensstruktur im wahrsten Sinne des Wortes eine ›Entmündigung‹, denn die Worte und ihre Bedeutungen werden den Subjekten gewissermaßen vom Experten aus dem Mund genommen und – nachdem sie in normenkonformer Weise gedeutet wurden – in diesen symbolisch wieder zurückverfrachtet.

Aus alldem ergibt sich für Foucault folgendes: Mit den Ideologien der existierenden Wissenschaften vom Menschen muß gebrochen werden, und die Einsichten dieser Analyse müssen in ein neues Verständnis der Human- und Sozialwissenschaften aufgenommen werden. Statt einem objektivistischen Wahrheitsbegriff vergeblich (und mit fatalen Folgen) nachzujagen, müssen die Kontexte und ihre Strukturen als wissensbildend mit in die Erkenntnistheorie aufgenommen werden. Statt Macht ausschließlich als Gegensatz zum Wissen über Subjekte zu betrachten, müssen die Zusammenhänge und Verbindungen von Machtstrukturen und Wissensformen untersucht werden. Und schließlich – und das gibt den Gegen-Wissenschaften erst den eigentlich widerständigen Schwung – müssen die entmündigenden Strukturen der bisherigen Sozialwissenschaften aufgebrochen und durch die Ermächtigung der Subjekte selbst ersetzt werden. Es geht darum, neue Formen der Subjektivität und des menschlichen Selbstverständnisses zu entwickeln, um sich nicht durch vermeintliche Tiefenanalysen in den Fallstricken einer letztlich den herrschenden Normen zuarbeitenden Deutungsarbeit zu verheddern. Das Profil einer derart von Foucault entworfenen ›Standpunkt-Epistemologie der unterdrückten Wissensarten‹, die das wirkliche Wissen der Subjekte gegen die humanwissenschaftlichen Expertenkulturen ins Feld führen will, werden wir nun im abschließenden Teil dieses Kapitels nachzeichnen.

6. Humanwissenschaft und Widerstand – oder: Gibt es eine Standpunkt-Epistemologie der unterdrückten Wissensarten?

Foucaults Gegenmodell zu den etablierten humanwissenschaftlichen Disziplinen ist zunächst in allgemeiner Weise durch die gezielten Umkehrungen der spezifischen Wissensbestimmungen zu kennzeichnen, die an den Voraussetzungen der auf einer universalen Wahrheit des Subjekts aufgebauten Diskursform vorgenommen werden:

– Gegen einen universalistischen und kontextfreien Wahrheitsbegriff werden nun die besonderen Erfahrungen und Erkenntnisperspektiven der konkreten Subjekte als Moment der Wissenskonstitution anerkannt.

– Gegen die dogmatische Unterstellung der Machtfreiheit wird die soziale Einbettung des Wissens in Interessenkämpfe und Klassenkonflikte bewußt thematisiert und von vornherein in Rechnung gestellt.

– Gegen die aus den Thesen der kontextfreien Wahrheit und machtfreien Analyse sich speisende Autorität von humanwissenschaftlichen Expertenkulturen wird eine Wissenskultur und -praxis gesetzt, die das Subjekt selbst privilegiert und dessen konkrete Interessen und Überzeugungen aufnimmt und zur Sprache kommen läßt.

Tatsächlich entfaltet Foucault 1976 – zumindest in Grundzügen – was man das Projekt einer ›Standpunkt-Epistemologie der unterdrückten Wissensarten‹ nennen könnte. 1970 hatte Foucault die Geschichte des Abendlandes als vom Willen zur Wahrheit durchherrscht gedacht. Diese Blickrichtung hatte ihn und andere zu einer Vielzahl von Studien angeregt, die die Verschränkungen von Wissenschaftsdiskursen mit sozialen Machtpraktiken thematisierten, etwa in der Strafjustiz, in der Psychiatrie, in der Sexualwissenschaft, Medizin und Psychoanalyse. Indem er nun in einer Vorlesung am selben Ort in einer Art Rückblick Sinn und Zweck dieser Arbeiten bestimmen will, entwirft er gewissermaßen eine Koalition aus den genealogischen Analysen und dem konkreten Wissen der unterdrückten und marginalisierten Minderheiten. Worin sich beide – genealogische Geschichtsschreibung und das ›Wissen der Leute‹ – nämlich treffen, ist ein Angriff auf den etablierten Machtapparat. Diese von Foucault als Bio-Macht analysierte Struktur kaschiert und reproduziert sich nun vor allem durch die Universalität und Objektivität beanspruchenden Humanwissenschaften. Worauf es also ankommt – und dies geschieht für Foucault seit den Sechzigern in der Tat – ist eine ›Wiederkehr des Wissens‹, d. h. eine

Konfrontation des herrschenden ›Macht-Wissen-Dispositivs‹ – also der strategisch-funktionalen Verknüpfung von Machttechniken mit Wissensverfahren – mit der eigentlichen Wahrheit der Kontexte und Kämpfe.

Hier zeichnet sich ein ›Aufstand der unterdrückten Wissenarten‹ ab, der für Foucault – und das wird für die folgende Diskussion wichtig – durch eine inhaltliche, an der konkreten Sache und den wirklichen Zuständen orientierte Kritik bestimmt ist:

> »Konkret gesagt: nicht eine Semiologie des Irrenhauslebens, nicht einmal eine Soziologie der Delinquenz, sondern direkt das Sichtbarwerden von historischen Inhalten machte die tatsächliche Kritik sowohl der Irrenanstalt als auch des Gefängnisses möglich; und zwar einfach deshalb, weil nur die historischen Inhalte es ermöglichen können, den Bruch der Zusammenstöße und Kämpfe wiederzufinden, den die funktionalen Anordnungen und systematischen Gliederungen ja gerade verschleiern sollen.« (DM 60)

In diesem Punkt trifft sich die genealogische Geschichtsschreibung, die dadurch eine Verankerung in den realen Kämpfen der Gesellschaft findet, mit dem tatsächlichen Wissen der Unterdrückten, dem die Genealogie wiederum als Sprachrohr und Werkzeug dienen soll: Das von unten kommende Wissen der in den Machtapparat Verstrickten, das Wissen und die Erfahrung von jenen, die die Macht am eigenen Leibe und vor Ort erfahren, verleiht der wissenschaftlichen Kritik der modernen Macht eine in Erfahrung gegründete Konkretion:

> »Gerade über diese aus der Tiefe wieder auftauchenden Wissensarten, diese nicht qualifizierten, ja geradezu disqualifizierten Wissensarten (das Wissen der Psychiatrisierten, des Kranken, des Krankenwärters, das des Arztes [...] das Wissen der Delinquenten usw.), die ich als Wissen der Leute bezeichnen würde und die nicht zu verwechseln sind mit Allgemeinwissen oder gesundem Menschenverstand, sondern im Gegenteil ein besonderes, lokales, regionales Wissen [...] darstellen, das seine Stärke nur aus der Härte bezieht, mit dem es sich allem widersetzt, was es umgibt; über das Wiederauftauchen dieses Wissens also, dieser lokalen Wissen der Leute, dieser disqualifizierten Wissensarten, erfolgte die Kritik.« (DM 60,61)

In dieser Form des Wissens-Widerstandes kommt somit die perspektivische und in den Mächtkämpfen lokalisierte Erfahrung der Subjekte selbst zur Sprache, statt diese unter dem Deckmantel universaler Wahrheitsfindung unter vorgetäuschter Machtfreiheit kategorial zu entmündigen. Die genealogische Analyse der Machtpraktiken macht sich diese Perspektive zueigen, indem sie ausgehend von den konkreten Erfahrungen deren Ursachen und Funktionskontexte untersucht.

Die damit einhergehende enge Verknüpfung der humanwissenschaftlichen Wahrheitsfindung mit sozialen Machtstrukturen
hat nun den oben erwähnten dritten – und vielleicht wesentlichsten
– Kritikpunkt gegenüber Foucaults Machttheorie auf den Plan gerufen.
Foucault wird hierbei vorgeworfen, Wahrheit auf Macht zu reduzieren.
Dieser Kritik an Foucault kann freilich selbst entgegengehalten werden,
daß sie dessen Projekt eines epistemologischen Perspektivismus, der
die Erfahrungen der Subjekte selbst in konkreten Machtstrukturen
der Gesellschaft ernstnimmt, an jenem Wahrheitsbegriff mißt, den
die Genealogie gerade in Frage stellt. Denn Foucault zufolge kann es
ja nicht darum gehen, eine absolut kontextfreie Wahrheit über oder
außerhalb der sozialen Verhältnisse zu etablieren. Vielmehr geht es
in den Humanwissenschaften um die Erfahrungen der Subjekte in
den realen gesellschaftlichen Verhältnissen. Will man diese also angemessen erfassen, dürfen sie – das hält Foucault im Grunde nur dem
traditionellen Wahrheitsbegriff entgegen – nicht ausgeblendet werden,
sondern müssen in der Art ihres Erfahrenwerdens – und d. h. eben
perspektivisch und im Kontext von Macht – aufgenommen und thematisiert werden. Foucault will also *die* Wahrheit nicht auf *die* Macht
reduzieren, sondern vielmehr die Wahrheit humanwissenschaftlicher
Diskurse auf die wirklichen Erfahrungen der Subjekte, um die es ja
erklärtermaßen in diesen Diskursen geht, zurückbeziehen. Mit der
provokanten Geste Nietzsches gesprochen: diese Wahrheit auf sich
selbst umbiegen, d. h. auf ihren wirklichen Entstehungsherd zurückbeziehen. Die eigentliche Wahrheit des Menschen ist eben eine sich
in Kontexten bildende, eine in Machtkämpfen lokalisierte, eine vom
konkreten Individuum selbst erfaßte konkrete Erfahrung.

In der Kritik an Foucault freilich erscheint dieser Perspektivismus,
der nicht mit Macht identisch ist, sondern nur mit konkreten Macht-
erfahrungen zu tun hat, in einer durch den traditionellen Wahrheitsbegriff und seine Erfordernisse bereits verzerrten Form. Foucault wird
nämlich vorgeworfen, daß **Wahrheit auf Macht überhaupt reduziert
wird**. Habermas hat diese verbreitete Grundüberzeugung wohl am
prägnantesten in bezug auf die Idee der von uns oben diskutierten
Subjektproblematik zum Ausdruck gebracht (vgl. Habermas 1985).
Foucault überwindet, so Habermas, nicht eigentlich die Subjektphilosophie, sondern er setzt an die Stelle des konstituierenden Subjekts
vielmehr jene ›Macht‹, die er jedoch zugleich rein historisch aus der
Geschichte der Wissenschaften herausliest: »Foucault hat im Grundbegriff der Macht den idealistischen Gedanken der transzendentalen
Synthesis mit den Voraussetzungen einer empiristischen Ontologie
zusammengezwungen.« (Habermas 1985, 322) Der Macht wird damit

die epistemologische Rolle zugemutet, die Bedingung der Möglichkeit objektiver Erfahrung zu bilden, also allgemeine Wahrheiten zu begründen; zugleich aber sind die Machtpraktiken nur sich stetig wandelnde Konfigurationen der empirischen Geschichte – und damit also keiner Erkenntnisbegründung fähig. Dieser zugleich transzendentale und empirische Status der Macht führt somit zu offenkundigen Widersprüchen. Erstens kann Wahrheit durch Macht epistemisch nicht ermöglicht werden. Denn die Macht, die eine Einflußnahme auf etwas in der Welt ermöglicht, ist schließlich davon abhängig, ob die das Handeln des Subjekts leitenden Überzeugungen wahr sind – und nicht umgekehrt: »Macht ist das, womit das Subjekt in erfolgreichen Handlungen auf Objekte einwirkt. Dabei hängt der Handlungserfolg von der Wahrheit der in den Handlungsplan eingehenden Urteile ab; über das Kriterium des Handlungserfolges bleibt Macht von Wahrheit abhängig.« (ebd., 232) Zweitens muß der Genealoge in seinen eigenen Aussagen und Diskursen einen unverzichtbaren Geltungsanspruch auf (universale) Wahrheit erheben. Wenn aber, wie Habermas in bezug auf Foucault annimmt, Wahrheit von Macht transzendental abhängt, dann können diese Wahrheitsansprüche selbst nur als Machteffekte in endlosen Konflikten verstanden werden: »Der Sinn von Geltungsansprüchen besteht also in den Machtwirkungen, die sie haben [...] diese Grundannahme der Machttheorie (ist) selbstbezüglich. Sie muß, wenn sie zutrifft, die Geltungsgrundlage auch der von ihr inspirierten Forschungen zerstören.« (ebd., 328)

Habermas sieht nun zwar, daß Foucault aus der sich daraus ergebenden bloßen ›Theoriepolitik‹ durch einen Rekurs auf die unterdrückten Wissensarten – die eben über ein privilegiertes Erfahrungswissen der wahren Zustände verfügen sollen – herauszufinden hofft. Doch er sieht nicht, daß mit diesem Zug der traditionelle Wahrheitsbegriff selbst in Frage gestellt werden soll, ohne dabei schlichtweg Wahrheit auf Macht – und schon gar nicht transzendentalphilosophisch – zu gründen und so zu reduzieren. Habermas' Mißverständnis wird offenkundig an dem Vorwurf, den er Foucaults Koalition der Genealogie mit den marginalisierten Wissens- und Erfahrungsformen macht. Denn diese an Lukács Rolle des Proletariats im Klassenkampf erinnernde Ausstattung bestimmter Gruppen mit epistemischen Fähigkeiten, so Habermas, könne wiederum nur in einem theoretischen Kontext Sinn machen, in dem diese Einsichten die Wahrheit der Totalität erfassen: »Das Argument [von Lukács, HHK] war allerdings nur im Rahmen einer Geschichtsphilosophie stichhaltig, die im proletarischen Klasseninteresse das Allgemeininteresse, im Klassenbewußtsein des Proletariats das Selbstbewußtsein der Gattung ausfindig machen wollte:

Foucaults Konzept der Macht erlaubt einen solchen geschichtsphilosophischen, erkenntnisprivilegierenden Begriff der Gegenmacht nicht.« (ebd., 330)

Foucault will aber mit der genealogischen Analyse die Idee der Wahrheit selbst als einer Totalität bzw. einer ›die ganze Wahrheit‹ aussprechenden Erkenntnisform selber angreifen. Gerade in diesem totalitären Wahrheitsbegriff, der dem universalistischen Intellektuellen dann die Artikulation der ›wahren‹ Bedürfnisse aller Menschen erlaubt, sieht Foucault die Entmündigung der individuellen Subjekte und die Disqualifizierung ihrer konkreten Erfahrungen schon angelegt. Es geht hingegen um einen Wahrheitsbegriff, der die erfahrene Wirklichkeit der Subjekte in den machtbestimmten Kontexten zur Sprache bringt – ohne gleich für alle zu sprechen, aber auch, ohne diese Wahrheit selbst nur als durch Macht ermöglicht und in ihr begründet zu denken. Die Wahrheit der Subjekte verdankt sich ihren kontextspezifischen Erfahrungen; das ›Wahrheitskriterium‹ ihrer Versprachlichungen liegt in der wirklichen Erfahrung und Ausarbeitung ihrer Begriffe in den entsprechenden Kontexten. Die Artikulation dieser Erfahrung bringt dann die bestimmten Machtzusammenhänge ans Licht, in welchen diese Erfahrungen erworben werden und in dem sich die Subjekte immer schon bewegen. Den Minderheiten und ökonomisch Unterdrückten ist die Macht dabei aufgrund ihrer eigenen Ausgrenzung oft weit mehr bewußt und somit auch einsichtig als privilegierteren Gruppen. Daß es hier in der Tat nicht um Reduktion von Wahrheit auf Macht, sondern um ein Zursprachebringen der konkreten Erfahrungen der Subjekte in bezug auf Macht geht, kann eine an den Stichpunkten ›Perspektivismus‹, ›Machtbezogenheit‹ und ›Ermächtigung der Subjekterfahrung‹ orientierte Skizze von Foucaults Standpunkt-Epistemologie zeigen.

1. Der **Perspektivismus**, der die konkreten und individuellen Erfahrungen der Subjekte im Kontext gesellschaftlicher Macht zur Sprache bringt, ist weder ein schlichter Positivismus der nackten Tatsachen noch aber ein jede Möglichkeit der allgemeinen Darstellung von Sachverhalten ableugnender Relativismus. Wenn man gegen die humanwissenschaftlichen Diskurse das disqualifizierte Wissen aus der Perspektive der Unterdrückungs-Praktiken der Subjekte selbst ins Spiel bringt, geht es vielmehr um die in den Kontexten wahrhaft gemachte Erfahrung mit Macht. Statt dem universalistischen Diskurs, der kontext- und machtfreie Wahrheit verteidigt, einen ebenso abstrakten Begriff einer Abhängigkeit der Wahrheit von Macht entgegenzusetzen, kommt es hingegen auf ein Insspielbringen der sich in den Macht- und Wissenskontexten erst bildenden Perspektiven der Subjekte an:

»In all dem liegt kein ›Szientismus‹ (das heißt keinerlei dogmatischer Glaube
an den Wert wissenschaftlichen Wissens), aber auch keine skeptische oder
relativistische Verweigerung jeglicher erwiesenen Wahrheit. Was in Frage steht,
ist die Weise, in der Wissen zirkuliert und funktioniert, seine Beziehungen
zur Macht.« (SM 246)

Machtverhältnisse legen dabei keinesfalls im Sinne der traditionellen
Subjektphilosophie die Erkenntnisrahmen möglicher Wahrheit fest,
auch wenn sie historisch bestimmte Erfahrungen in der Sozialwelt
durch ihren Einfluß auf geschichtliche Ereignisse mitbestimmen bzw.
erst ermöglichen. Ob jedoch die Darstellungen der Machtpraktiken
und Wissensverfahren der Wirklichkeit entsprechen, muß sich in der
Bewährung der entsprechenden Analysen am Material zeigen. Doch
dieses Material ist ja hier der in gesellschaftlichen Verhältnissen ge-
prägte Mensch selbst. Genau das ignoriert die von Habermas oben
eingeführte Unterscheidung einer Wahrheit des Objekts, die erst die
Handlungen des Subjekts als erfolgreiche ermöglicht und erklärt.
Wenn dieser Mensch nun – und das hat Foucault ja ausführlich
nachgewiesen – von Machtstrukturen mitkonstituiert ist, wenn also
das erkennende Subjekt nicht vom transzendentalen Himmel fällt,
sondern selbst schon in den zu erkennenden (und von Macht bestimmten) Sozialverhältnissen steht, dann müssen diese in die Analyse
der wahren Strukturen der Erfahrung einbezogen werden.
    Die Wahrheit dieser Analysen hängt also nicht davon ab, ob und
wie sie schließlich selbst Machtwirkungen erzielen, sondern vielmehr
davon, ob sie die Funktionsweise der Macht angemessen erfassen
– wobei es natürlich auch um die Befreiung von Unterdrückungsme-
chanismen und somit um einen Wandel in den Verhältnissen geht.
Das gerade läßt der traditionelle Begriff der Wahrheit nun per defi-
nitionem schon nicht zu, weil er die **Realkonstitution der Erfahrung**
ausklammert bzw. nur insoweit zuläßt, als sie sich ›verallgemeinern‹
läßt. Die Verallgemeinerung nun – und darin besteht der besondere
Wahrheitsstachel des Perspektivismus – bringt nun aber im Zuge ob-
jektivistischer ›Verwissenschaftlichungen‹ gerade jenes Kontextwissen
der Akteure zum Verschwinden, welches die eigentliche Wahrheit (und
das ist hier nicht ironisch gemeint) der Erfahrungen in den Kontexten
zum Ausdruck bringen würde.
    Foucaults Perspektivismus der Betroffenen, der Ausgegrenzten,
der Randgruppen und Minderheiten versucht somit, den Schein eines außerhalb der sozialen Realität stehenden Diskurses durch einen
komplexeren Wahrheitsbegriff zu überwinden. Dieser Wahrheitsbegriff
begreift Wahrheit nicht bloß – wie zum Beispiel in Habermas' eigener
Wahrheitstheorie – als eine notwendige Unterstellung und Eigenschaft

von Aussagen, die sich im machtfreien Raum reinen Argumentierens
durch (freilich immer widerrufbaren und so idealisiert unterstellten)
Konsens bestimmen läßt. Die Wahrheit der Diskurse ist für Foucault vielmehr in der Wahrheit der Erfahrungen begründet, die die
Subjekte wirklich machen. Es geht nun – das ist ja die Illusion des
Wissens-Imperativs objektiver Wahrheit – nicht darum, diese ›zu
verallgemeinern‹, also ihren Kontextbezug aufzuheben, sondern diese
konkreten Erfahrungen vielmehr in ihrer kontexterhellenden Kraft
zum Sprechen zu bringen. Es kommt also nicht auf die Gewinnung
von Einsichten an, die für jeden und in jedem Kontext gelten, sondern
auf eine Thematisierung der konkreten Erfahrung mit bestimmten
Machtmechanismen, die für Individuen in jeweiligen Situationen
Bedeutung haben.

Insofern verankert sich die dem universalisierenden Diskurs
entgegengesetzte Anti-Wissenschaft bewußt in dem Perspektivismus
der Subjekte, deren Erfahrungsstruktur selbst von Machtverhältnissen mitgeprägt ist und die deshalb auch am direktesten über deren
Mechanismen und Funktionsweisen Auskunft geben können:

»Die Behörden sprechen nur in Tabellen, Statistiken und Kurven; die Ge-
werkschaften sprechen von Arbeitsbedingungen, Bilanzen, Investitionen,
Beschäftigungszahlen. Hier wie dort will man das Übel nur ›an der Wurzel‹
packen, d. h. *dort, wo es niemand sieht und spürt – weit weg vom Ereignis, vom
Spiel der Kräfte und vom Akt der Beherrschung.*« (MM 29) (m. Hvhg.)

Nur wenn dem konkreten Blick und Gespür der Subjekte wieder
Aufmerksamkeit und Gehör geschenkt wird, dann, und nur dann,
kann die Wahrheit unserer gesellschaftlichen Praxis in angemessener
Weise zur Sprache kommen.

2. Daß diese Wahrheit immer mit gesellschaftlicher Macht zu tun hat,
bedeutet nun freilich nicht, daß diese Macht selbst als Konstitutions-
prinzip des Wissens bzw. als Wahrheitskriterium fungiert. Wie bereits
angedeutet, besteht dieses Kriterium vielmehr in einer angemessenen,
alle erfahrungskonstitutiven Momente miteinbeziehenden Analyse der
Wirklichkeit. Foucault redet also mit dem Imperativ einer Analyse von
Wissen-Macht-Beziehungen keinem Reduktionismus der Wahrheit
auf Macht das Wort, sondern versucht uns von einer Erweiterung des
bisherigen Wahrheitsbegriffs zu überzeugen. Weil Wahrheit letztlich in
den Erfahrungen gründet, und diese Erfahrungen in machtbestimmten
Kontexten entstehen und mit ihnen verknüpft sind, ist die Ausblendung dieser Dimension im Grunde, man erlaube das altmodische
Wort, Ideologie. Statt sich auf Wahrheits- oder Bedeutungstheorie zu

beschränken, geht es um eine komplexe Analyse der **in der Gesellschaft konstituierten Erfahrungsperspektiven** – um Sozial-Epistemologie also. Deren Aufgabe ist nicht die skeptische Zurückweisung von Wahrheit schlechthin, sondern vielmehr die – nach dem Abdanken des transzendentalen Erkenntnissubjekts unabdingbare – Analyse der geschichtlich begründeten Erkenntnisformen. Die Umbiegung des Willens zur Wahrheit, von der Foucault schon 1970 sprach, kann nur gelingen, wenn die Dimension der Macht in die Analyse von Erkenntnis und Wahrheit miteinbezogen wird.

Daß Foucault hier in der Tat eine tiefere Wahrheit – und nicht deren Abschaffung – im Auge hat, macht ein plastisches Beispiel des Vergleichs von traditioneller mit genealogischer Humanwissenschaft deutlich. Im Kontext eines Streiks von 1972 in der französischen Metallindustrie gegen unerträgliche Arbeitsbedingungen sind die Grenzen der herkömmlichen Medizin drastisch zu Bewußtsein gekommen. Der Arzt als Experte der objektiven Organfunktionen war gewissenmaßen diskursinstitutionell dazu gezwungen, die Krankheit nur am Einzelfall zu diagnostizieren und so die allgemeine Ursache der Krankheiten aller Arbeiter, die in der giftigen (bleihaltigen) Arbeitsumgebung bestand, strukturell zu ignorieren:

»Die Funktion des Arztes war es, die wirkliche Kausalität zu verleugnen, indem er sagte: ›es liegt an diesem Organ, an jener Verletzung, hieran und daran.‹ Man gestand den Ärzten das Recht zu, die zu reparierenden Objekte zu benennen, oder eher noch die Stellen der Dysfunktion dieser Objekte, niemals aber, die Bedingungen bekannt zu machen und zu denunzieren, unter denen man diese ›Objekte‹ zerbrach, zerriß, fertigmachte, beschädigte. Vor allem durften sie niemals sagen: ›Sie wissen genauso gut wie ich, daß es ihre Lebens- und Arbeitsbedingungen sind, die sie allmählich umbringen.‹« (MM 97)

Es ist offensichtlich, daß es hier nicht um einen modischen Relativismus oder um eine Reduktion von Wissen auf Macht geht, sondern vielmehr um die Erweiterung des Wahrheitsbegriffs, der reale soziale Funktionen und ihre Wirkungen auf die Subjekte miteinzubeziehen versucht. Traditionelle Diskurse, die in reiner Hingabe an das Objekt diese Dimension ausblenden, verfallen sozialer Macht und Unterdrückung nur umso rückhaltloser. Der erweiterte Wahrheitsbegriff löst Wahrheit also nicht auf, sondern, wie in unserem Beispiel, integriert die von den Medizinern ja korrekt festgestellten Schäden in den sozialen Kontext, der sie wirklich erzeugt hat. Das Wissen wendet sich also soweit auf sich zurück, bis es die wahren Ursachen, und damit den Ansatzpunkt ihrer Veränderung, zu fassen bekommt.

3. In der Tat ist nun dieser Ansatzpunkt kein anderer als die Erfahrung des Subjekts selbst. Denn in den perspektivischen und an den Macht-kämpfen bewußt teilnehmenden Gegen-Diskursen geht es ohnehin um nichts anderes als um die **Selbst-Ermächtigung der individuellen Subjekte.** Zunächst ist dies epistemologisch von Bedeutung, da sich die Machtpraktiken kontextspezifisch bilden und somit durch die Subjekte, die diese am eigenen Leib erfahren, auch am direktesten zum Ausdruck gebracht werden können. Zugleich wird mit diesem Perspektivismus auch versucht, der Tendenz des etablierten Diskurses vorzubauen, die Erfahrungen von ihren eigentlichen Entstehungskon-texten abzuschneiden, um sie gleichsam in kontextfreie Aussagen und Behauptungen zu verpacken – und damit wieder ins Spiel eines die etablierte Macht letztlich nur stützenden Diskursuniversums einzufü-gen. Auf diese Weise geschieht nämlich gerade jene Filterung von Erfahrung, die dann bewirkt, daß z.B. die von Frauen vorgebrachte Perspektive als emotional, unsachlich oder nicht prinzipiell genug erscheint, daß Schwarze als allein politisch motiviert gelten etc. Indem diese Perspektiven von ihren Erfahrungsherden abgetrennt und auf das diskursive Glatteis vermeintlich universaler Diskurse gelenkt wer-den, wird die Ressource ihrer Einsichten gerade nicht aufgenommen bzw. als marginal, interessenorieniert, befangen – in einem Wort: als ›perspektivisch‹ abgetan. Indem als unbefragtes Kriterium die Über-zeugung etablierter Wissenschaftlergenerationen gilt, deren Erfahrung sich zumeist bereits abgeschottet hat von direkten gesellschaftlichen Einflüssen, zugleich aber unter deren impliziter Beeinflussung bil-dete, wird eine kritische Einbeziehung dieser Erfahrungsdimension unmöglich gemacht.

Wenn hingegen erkannt wird, daß Erfahrung immer in bestimmten Perspektiven gründet, und daß es diese konkreten Erfahrungen sind, die den Aussagen ihren Wahrheitswert verleihen, dann kann das Wissen der anderen nicht mehr unter Berufung auf ein objektives Wissen dis-qualifiziert werden. Vielmehr muß sich jedes Wissen über die eigenen Erfahrungskontexte klar werden, es muß sich seinen regionalen Cha-rakter eingestehen, und es muß von hier aus sehen, inwieweit durch Interessenüberlappung, gemeinsame Praxis- und Erfahrungsformen voneinander gelernt und miteinander ein Konsens erreicht werden kann. Vor allem aber kann sich nur durch die Anerkennung der Perspektivität der Erfahrung, durch ihre Verankerung im gesellschaftlichen Leben selbst, jener Zusammenhang mit der Macht zu erkennen geben, den diese gerade mit allen Mitteln zu verschleiern sucht.

Am Beispiel seines Artikels »Die Rede von Toul« (MM 28 f.) macht Foucault diesen Aspekt des konkret erlebten und ausgesprochenen

Wissens im Kontext deutlich. Eine Psychiaterin, Frau Dr. Rose, hat hier zum ersten Mal konkrete Mißstände in einem Irrenhaus benannt. Der Ereignischarakter der konkreten Erfahrung, den das Subjekt selbst gemacht hat, bedeutet für Foucault den eigentlichen Wert dieser Aussage: »An diesem Tag, an diesem Ort war ich da und habe gesehen; in diesem Augenblick hat mir jemand gesagt [...] und ich habe ihn gehört; ich habe diesen Antrag gestellt, und der Direktor hat mir folgendes geantwortet, und ich bezeuge es unter Eid.« (MM 28) Foucault hebt hervor, daß die Information über Fessellungen, Mißhandlungen, Brachialmethoden der Behandlung etc. in der Presse und allgemein schnell ihres konkreten Erfahrungscharakters entkleidet wurde: Es wurden wieder ›nackte Tatsachen‹ daraus, deren Evidenz man aber nun gerade wieder anzweifeln konnte, deren Stichhaltigkeit ›wissenschaftlich‹ gar nicht belegt war, die wahrscheinlich nur Ausnahmen betreffen etc. Das Zerbrechen der Erfahrungseinheit ›konkretes Subjekt-erkanntes Wissen‹ ermöglicht also eine Marginalisierung und eine diskursive Auflösung gerade jener Einsichten, die den Machtapparat in Frage stellen könnten.

Worum es bei diesem Perspektivismus vor allem geht, ist die **Wiedereinsetzung des konkreten Erfahrungssubjekts in den Diskurs.** Die Entmündigung, die die objektivierenden ebenso wie die subjektivierenden Humanwissenschaften allesamt vornehmen, soll dadurch rückgängig gemacht werden. Stattdessen gilt es also, den Menschen als konkretes Erfahrungssubjekt wieder in den Diskurs über unser gesellschaftliches Sein aufzunehmen. Gerade weil der Diskurs unter Berufung auf objektive Wahrheit diesen konkreten Erfahrungen der Subjekte so wenig Beachtung schenkte – und deshalb auch die Analyse der wirklichen Machtverhältnisse unmöglich machte – geht es um seine Zurückweisung, oder besser, um eine perspektivische Reformulierung des wissenschaftlichen Diskurses. Statt also, um es ein letztes Mal zu sagen, Wahrheit auf Macht zu reduzieren, geht es um einen die konkreten Erfahrungen der Subjekte aufnehmenden Wahrheitsbegriff.

Man muß freilich zugeben, daß Foucault diesen Perspektivismus nur in äußerst groben Zügen entworfen und keineswegs systematisch entwickelt hat. In der Tat war er davon überzeugt, daß der Versuch einer kohärenten Darstellung selbst möglicherweise dem Anspruch des universalistischen Diskurses allzu weit entgegengekommen wäre. Wohl aus diesem Grund sind so auch verschiedene Fragen unbeantwortet geblieben: Wie verhalten sich die Perspektiven der Unterdrückten – der Frauen, der Schwarzen, der Juden, der Homosexuellen – zu den von der Archäologie entfalteten epistemischen Grundstrukturen? Stellen sie außerhalb dieser epistemischen Erkenntnisgitter völlig eigenständige Erfahrungsformen dar, oder gibt es nicht eine gewissermaßen durch die Epochen- oder Diskursstruktur gebrochene Erfahrung der Frauen in der Aufklärung, der Schwarzen im 19. Jahrhundert etc.? Wie verhalten sich schließlich diese Perspektiven der Unterdrückten zueinander? Gibt es diskursive Austauschmöglichkeiten, oder ist die eigentliche Erfahrung immer notwendig an den eigenen Leib – an das Frau-Sein, Schwarzer-Sein etc. – gebunden? Stellt sich damit nicht die Gefahr eines neuen ›Essentialismus‹, also der Verdinglichung der Subjekte gemäß ihrer im wahrsten Sinne des Wortes verkörperten Erfahrungsstruktur – statt nun von diesen Orten aus eine gesellschaftliche Widerstandspraxis der Veränderung und Überwindung entwerfen zu können? Bleiben durch diesen Perspektivismus, auch wenn wir den Zuwachs an Erfahrungsreichtum und Erkenntnisvielfalt in Rechnung stellen, die einzelnen Gruppen möglicherweise allein auf ihre eigenen Erfahrungen bezogen, sozusagen in Sinn- und Erfahrungsinseln eingeschlossen? Sind dann aber die für eine wirksame Infragestellung der ja alle diese Gruppen gleichermaßen mitprägenden Disziplinar- bzw. Bio-Macht notwendigen Solidaritäten zwischen den Gruppen überhaupt möglich?

Foucault hat diese Fragen, wir machen kein Hehl daraus, nicht beantwortet. In der klassischen Reihe der Philosophen und Gesellschaftstheoretiker der Moderne, die wie Friedrich Nietzsche, Ernst Cassirer, Maurice Merleau-Ponty oder Karl Mannheim den Perspektivismus gegen eine am Universalsubjekt orientierte Erkenntnistheorie stark zu machen suchten, nimmt er eine wichtige Stelle ein, ohne jedoch eine vollständige Theorie der perspektivischen Erkenntnis vorgelegt zu haben. Sein Interesse hat sich hingegen, dabei durchaus im Einklang mit dem Ton seiner Standpunkt-Epistemologie, in eine andere Richtung bewegt. Die beherrschende Frage in der letzten Phase seines kreativen Schaffens zielt vielmehr auf die **praktische Möglichkeit**, ob und wie der Macht ein ethischer, d. h. konkret gelebter Widerstand durch die Erzeugung selbstbestimmter Subjektivität entgegengesetzt werden kann. Als praktischer Imperativ im Angesicht der Macht formuliert lautet die von Foucault anvisierte Aufgabe: »Wir müssen neue Formen der Subjektivität zustande bringen, indem wir die Art von Individualität, die man uns jahrhundertelang auferlegt hat, zurückweisen.« (SM 250) Wie sich dieser negativen Formulierung ein positiver Inhalt verleihen läßt, hat Foucault mit seinen Überlegungen zu einer ›Ästhethik der Existenz‹ zu zeigen versucht. Bevor ich diese Thematik im dritten Hauptteil dieses Bandes aufnehme, soll aber die epistemologische Diskussion durch einen knappen Exkurs zur

Möglichkeit einer Foucaultschen Analyse der Naturwissenschaften abgeschlossen werden.

Exkurs 2: Foucault und die Naturwissenschaften

Die heutigen Naturwissenschaften galten Foucault immer als Beispiele erfolgreicher Wissenschaften. Anders als die Humanwissenschaften, denen er den Status von Wissenschaften bisweilen gänzlich abspricht, hegt er, was die physikalischen Disziplinen angeht, keine derartig grundlegenden Zweifel. Das entscheidende Kriterium für die Wissenschaftlichkeit eines Diskurses ist dabei, von Foucault in einem vierstufigen Modell der diskursiven Schwellen in der *Archäologie des Wissens* (1969) eingeführt, die Loslösung des Diskurses von kontingenten und nicht selbst erzeugten oder kontrollierten Bedingungen. Sofern ein Diskurs über eine gewisse innere Kohärenz verfügt, hat er die *Schwelle der Positivität* überschritten; wenn in diesem Diskurs bestimmte Aussagen Normen vorgeben und Modellfunktion annehmen, kann man von einer *Epistemologisierung* sprechen; wenn diese Regeln bestimmten formalen Kriterien gehorchen, ist die *Schwelle der Wissenschaftlichkeit* erreicht; und wenn der Diskurs sich schließlich völlig aufgrund selbsterzeugter Voraussetzungen wird definieren können, hat er die *Schwelle der Formalisierung* erlangt. In dem ebenfalls 1969 entstandenen Text »Was ist ein Autor?« konkretisiert Foucault diese Schwellentheorie in bezug auf den Unterschied, den ›Gründungsväter‹ wissenschaftlicher Disziplinen in den Human- und Naturwissenschaften spielen. Während sich in der Psychoanalyse und im Marxismus noch heute Theorien an den Texten der Diskursbegründer Freud oder Marx messen lassen müssen, haben sich die Naturwissenschaften völlig von einer inhaltlichen Anbindung ihrer Theorien an etwa Newton oder Mendel gelöst. Während also die Humanwissenschaften zwar einen bestimmten Diskurstyp begründeten, der sich aber nie von bestimmten Ursprungstexten lösen konnte, haben allein die Naturwissenschaften ein hinreichendes Niveau der Formalisierung erreicht, das allgemeine und methodische Forschung gestattet.

Diese implizit wertende Stufenfolge setzt dabei offenbar als Maßstab der Wissenschaftlichkeit eines Diskurses dessen Autonomie und Distanz zum ›individuellen‹ oder gesellschaftlichen Entstehungskontext an. Je mehr ein Diskurs sich vom vorwissenschaftlichen Niveau der Lebenswelt befreit und sich seine eigenen Regeln zu geben vermag, desto ›wahrer‹ wird dieser Diskurs als Wissenschaft – ganz wie in der Theorie des epistemologischen Bruchs zwischen lebensweltlicher und

wissenschaftlicher Erfahrung bei Bachelard. Foucault vertritt dieses
Modell freilich uneingeschränkt nur für die Naturwissenschaften, da
er die Gegenwissenschaften der marginalisierten Gruppen ja gerade in
deren konkreter Kontexterfahrung verankert wissen will. Falsch am
Anspruch der humanwissenschaftlichen Diskurse ist also die prätendierte
(Pseudo-) Objektivität, mit der diese Diskurse sich als ›wissenschaft-
liche‹ Disziplinen auszuweisen suchen, ohne sich doch wirklich vom
Perspektivismus sozialer Machtkämpfe befreien zu können.

In *Überwachen und Strafen* (1975), nunmehr gezielt die sozialen
Hintergrundpraktiken der Wissenschaften thematisierend, nimmt
Foucault das Problem der Wissenschaftlichkeit von Diskursen in diesem
Sinne wieder auf. Während er mit Husserl die Mathematik aus den
lebensweltlichen Meßtechniken im antiken Griechenland hervorgehen
läßt, verdanken sich die empirischen Wissenschaften den Praktiken
der Inquisition. Ende des Mittelalters hat diese juridische Praxis die
Entdeckung, Analyse und ›Untersuchung‹ der empirischen Umwelt
ermöglicht. Die inquisitorischen Verfahren haben dabei gleichsam
die lebensweltliche Vorstruktur für empirische Wissenschaftsanalysen
gebildet, ebenso wie Edmund Husserl in seiner Arbeit *Die Krisis der
europäischen Wissenschaften und die transzendentale Phänomenologie*
(1935/36) die vorwissenschaftliche Abmessung der Natur als Voraussetzung einer mathematisierenden Vergegenständlichung deutete. Was
nun die Inquisition für die Naturwissenschaften und die Meßtechnik
für die Mathematik, das sind die ›Disziplinen‹, also die auf Körper
und Selbstverständnis der Subjekte abzielenden modernen Praktiken
der Macht, für die Humanwissenschaften. Der entscheidende Unterschied, und damit schließt Foucault an seine frühere Kritik bezüglich
des Wissenschaftsstatus der Humanwissenschaften an, liegt freilich in
der seither erfolgten Befreiung der Naturwissenschaften von diesem
lebensweltlichen Hintergrund:

»Während sich nämlich die [einstmals inquisitorische, HHK] Untersuchung
aus ihrer historischen Verwurzelung im Inquisitionsverfahren gelöst hat, um
eine Technik der empirischen Wissenschaften zu werden, ist die Überprüfung
der Disziplinarmacht, in der sie sich ausgebildet hat, ganz nahe geblieben. Sie
ist immer noch ein Element der Disziplinen […] Die Untersuchung wurde
zum Ort der Naturwissenschaften, indem sie sich von ihrem politisch-juri-
stischen Modell löste. Die [in Tests, Gesprächen, Befragungen oder Analysen
der Psychiatrie oder Psychologie angewandte, HHK] Prüfung hingegen ist
immer noch in die Disziplinartechnologie integriert.« (ÜS 290, 291)

Plausibel ist diese Differenz zwischen Natur- und Humanwissenschaften
in bezug auf den machtbestimmten sozialen Hintergrund nun da-

durch zu erklären, daß es sich in dem einen Fall um eine Analyse von Naturobjekten handelt, die sich zunehmend objektiver und von sozialen Vorgaben unabhängiger beschreiben lassen, während im Fall der Humanwissenschaften die Analyse selbst notwendig an ein soziales Verhältnis zwischen Subjekten gebunden bleibt. Der späte Foucault hat in der Tat (neben der Ebene des Selbstverhältnisses und der Ebene der Zeichen bzw. Kommunikation) die **Dimension der sozialen Interaktion**, in der potentiell freie Subjekte miteinander umgehen, strikt von der **Ebene technischer Verfügung über Dinge** getrennt (vgl. TS). In diesem Sinne können die Naturwissenschaften, ganz wie beim frühen Habermas, als methodische Verlängerung und Intensivierung unseres Interesses an technischer Verfügungsgewalt über Naturprozesse gelten. Während wir ›Macht‹ nur im Verhältnis zu anderen Subjekten antreffen, geht es im Verhältnis zu Dingen um ›Fertigkeiten‹ (und im Verhältnis zu uns selbst um ein ästhetisch zu gestaltendes Verhältnis). Die Naturwissenschaften können sich also prinzipiell (und somit auch historisch) von sozialen Machtpraktiken befreien, da sie durch ihren Objektbereich ohnehin auf Phänomene gerichtet sind, die ursprünglich nicht dem Bereich sozialer Macht zugehören. Die Humanwissenschaften hingegen, die sich ja gerade auf das Begreifen anderer menschlicher Wesen und ihrer Sinnkontexte richten, bleiben notwendigerweise immer mit lebensweltlichen Machtstrukturen verschränkt: Als Wissenschaften anderer Subjekte stellen sie selbst eine soziale Interaktionsform und somit ein potentielles Machtverhältnis dar.

Diese plausible Unterscheidung, die Foucault allerdings nicht wie die phänomenologisch-hermeneutische Tradition in prinzipiell verschiedenen Erschließungsweisen der natürlichen oder kulturellen Objektbereiche begründet, darf nun aber dennoch nicht zu einer Machtblindheit bezüglich naturwissenschaftlicher Theorie und Praxis führen. Entschieden über die tentativen Ansichten des Meisters hinausgehend, haben so auch junge Wissenschaftsphilosophen die machttheoretischen Einsichten Foucaults auch auf die Naturwissenschaften bezogen. Ansatzpunkt einer im folgenden ausführlicher darzustellenden Analyse von Joseph Rouse (*Knowledge and Power. Toward a Political Theory of Science*, 1987) ist dabei zunächst die gegen traditionelle Ansätze stark gemachte These des praktischen Charakters wissenschaftlicher Theoriebildung. Naturwissenschaften werden in dieser von Heidegger und Thomas Kuhn beeinflußten Deutung wesentlich als eine durch Praktiken und Fertigkeiten ermöglichte Form der Welterschließung thematisiert. Naturwissenschaft funktioniert nur aufgrund der praktischen Einsozialisation der Wissenschaftler in die

Modellbildungen, Sichtweisen, Experimentiermethoden etc. in den entsprechenden Forschungskontexten. Statt direkt und unvermittelt allgemeines Wissen zu produzieren, geht es zunächst um den Erwerb ›lokalen Wissens‹, eben um die Erlangung von forschungsnotwendigen und somit theorieermöglichenden Fertigkeiten im konkreten Forschungsbetrieb. Eine entscheidende Konsequenz eines solchen ›pragmatic turn‹ der Wissenschaftstheorie liegt nun unter anderem darin, daß die Naturwissenschaften nicht mehr als Instanzen der objektiven Beschreibung an sich vorhandener Natursachverhalte begriffen werden. Vielmehr erweist sich die als Natur erklärte Wirklichkeit als zunehmend von diesen Disziplinen im Labor selbst erzeugt: Statt also Realität schlicht theoretisch zu repräsentieren, wird sie konstruktiv und praktisch in der »Mikrowelt des Laboratoriums« (Hacking) selber geschaffen. Die Übereinstimmungen der Forscher verdanken sich dieser Sicht gemäß dann nicht mehr der Annäherung an eine (einzige) Welt an sich, sondern vielmehr der immer perfekteren Standardisierung der Phänomene nach gemeinsamen Richtlinien.

Den machttheoretischen Biß gewinnt eine solche Konzeption der Naturwissenschaften nun zunächst dadurch, daß die soziale Erzeugung der ›Naturwirklichkeit‹ im Labor überraschend auffällige und wesentliche Parallelen mit Foucaults Beschreibung der disziplinierenden Machtpraktiken aufweist. Tatsächlich erweist sich, so Rouse, das Labor als ein ähnlich strukturierter ›Machtblock‹, also als ähnlich aufgebaut wie die von Foucault untersuchten Institutionen der Kaserne, Schule, des Gefängnisses oder der psychiatrischen Anstalt. Ebenso wie die Disziplinen sich dem Individuum, seinen Gesten, Details, besonderen Charakterzügen etc. zuwenden, verschiebt sich in den Naturwissenschaften im Kontext des Siegeszugs des Labors der Blick zunehmend aufs Detail: in der Biologie z. B. vom ganzen Organismus zu Zellen und deren innerer Struktur und schließlich zu biochemischen Prozessen, doch Ähnliches gilt für Chemie und Physik. Diese ›Individualisierung‹ der Naturerklärung vollzieht sich nun in machtbestimmten Bahnen, die allesamt an der Struktur des Laboratoriums entfaltet werden können: Ebenso wie die Disziplinen stellt das Labor einen ganz besonders aufgeteilten Raum dar, durch den überhaupt erst die ›objektiv‹ zu erfassende Natur gewissermaßen panoptisch ins Visier der Beobachtung rückt. Weiterhin ist die permanent überwachende und aufzeichnende Kontrolle der Experimente und Tests zu nennen, welcher ebenfalls ganz wie im Panoptikum nichts entgehen darf. So wie die Disziplinen ihre Herrschaft über die Subjekte vermittels dauernder Benennungen, Befragungen und Einordnungen ausüben, wird die Labor-Natur gleichfalls durch

Klassifikation im Verbund mit den entsprechenden Experimentier-Techniken und Test-Verfahren selbst erzeugt: Die ›Natur‹ im Labor besteht vollständig aus Substanzen, die dort selbst aufgrund früherer Analysen und Praktiken geschaffen wurden.

Was Foucault nun die mit den Disziplinarmethoden einhergehende ›Normalisierung‹ nennt, hat auch ihr Äquivalent im Labor: Die so erzeugte Realität wird nämlich, für die Verwertung der Resultate im Kommunikationsbetrieb der Forschergemeinschaft, nach standardisierten Regeln und Verfahren vereinheitlicht. Dabei werden zum einen kontextspezifische Faktoren gewissermaßen aussortiert und interpretativ homogenisiert; zum andern werden die Verfahren selbst, d. h. die Versuchsanordnungen etc., nach möglichst einheitlichen Maßstäben eingerichtet. Auf diese Weise – und hier sieht Rouse das vielleicht wichtigste Analogie-Merkmal – wird Natur nun praktisch zu vorschematisierten ›Geständnissen‹ gezwungen. Foucaults Einsicht, daß die Aussagen der Subjekte im humanwissenschaftlichen Kontext als Zeichen einer Wahrheit nur dann fungieren, wenn ein Experte sie als solche gemäß eines theoretischen Rasters deuten kann, findet ihr Analogon in der experimentellen Befragung der Natur im Labor: Praktiken wie z. B. Röntgenbestrahlung zwingen die Natur zu Aussagen, deren Bedeutung sich allein im Kontext der naturwissenschaftlich erzeugten symbolischen Ordnung des Labors erschließt.

Betrachtet man diese von Rouse angestellten Vergleiche zwischen sozialen Machtpraktiken und naturwissenschaftlichen Praktiken, drängt sich die von Foucault und den Hermeneutikern ebenso vertretene **Differenz zwischen Natur- und Humanwissenschaften** zunächst umso deutlicher in den Vordergrund. Denn es scheint ja etwas im Wesen anderes zu sein, potentiell freie Subjekte einer disziplinierenden Normalisierung zu unterwerfen oder bloße Dinge nach gemeinsamen Standards und Techniken – z. B. zum Zwecke technischer Verfügung – zu vereinheitlichen. Obwohl Rouse nun eine solche Unterscheidung aufgrund bestimmter postmoderner Argumentationsfiguren nicht für tragfähig hält, weisen seine Analysen freilich wie von selbst in die richtige Richtung. Tatsächlich erweisen sich die Laboratoriumsverfahren nämlich nur deshalb als machtrelevant, da sie – so Rouse im einem zweiten Schritt – zu einer normalisierenden Umgestaltung der sozialen Lebenswelt beitragen. In erhellenden Ausführungen kann Rouse deutlich machen, daß die im Labor zugerichtete naturwissenschaftliche Wahrheit nur dann als Wahrheit eine relevante Anwendung haben kann, wenn die Wirklichkeit außerhalb des Labors selbst analog der Laborwirklichkeit eingerichtet wird. Die auf den französischen Wissenschaftssoziologen Bruno Latour zurückgehende These besagt, daß die Anwendung und soziale Geltung naturwissenschaftlicher Theorien nur dann gesichert ist, wenn der soziale Kontext ähnlichen Bedingungen wie den zum Gelingen der Experimente notwendigen Laborstrukturen unterworfen wird. Die Einführung der ›grünen Revolution‹ in der Landwirtschaft fordert beispielsweise eine weitaus genauere, ›wissenschaftlichere‹ Kontrolle und Sorgfalt des Bauern, es fordert den Einsatz von Pestiziden und ein weitaus kontrollierteres und organisierteres Verhältnis zur Natur.

Der entscheidende Punkt nun dieses ›Ausschwärmens‹ (Rouse) der normalisierten Labor-Natur in die natürlich-soziale Lebenswelt ist dabei freilich, daß das Verhalten der in dieser Lebenswelt existierenden Subjekte selbst wesentlich zu Normalisierung und kontrollierter Verhaltensweise gezwungen wird. Bereits ein Blick auf die geforderte Verhaltensroutine in der Mikrowelt des Labors zeigt, daß sich die Subjekte hier ganz und gar den Anforderungen einer Foucaultschen Disziplinierung unterwerfen müssen. Nur bei absoluter Anpassung an die standardisierten Zeitrhythmen der Experimente, ihrer Aufzeichnung und Einordnung kann der Test Erfolg haben. Wird die außerwissenschaftliche Lebenswelt nun, um das im Labor gewonnene Wissen dort effektiv werden zu lassen, der naturwissenschaftlichen Welt ähnlicher, müssen auch die Subjekte dieser Lebenswelt zunehmend dem Anpassungszwang einer durchorganisierten und permanent kontrollierten Weltstruktur gehorchen. Wenn die Welt, so Rouse mit Verweis auf den späten Heidegger, zunehmend mehr der Struktur der Mikrowelt des Labors ähnelt, wird unsere gesamte Erfahrungsweise von der im Labor dominanten Erfahrung der Natur als konstruierbarem Phänomen, als Ressource für Theorien und Experimente bestimmt. Es setzt sich damit ein allgemeines Verständnis von Natur überhaupt und damit auch von Menschen als bloßer Ressource für bessere Nutzung und gezielteren Einsatz durch.

Naturwissenschaftliche Welterschließung muß also, mit Foucault gegen Foucault argumentiert, auch im Zusammenhang moderner Macht begriffen werden. Die Sicht der **Naturwissenschaft als sozialer Praxis** erlaubt dabei eine Analyse dieser Praxis als selbst von elementaren Machtstrukturen durchherrscht. Rouse täuscht sich freilich beharrlich über die für seine eigene Analyse doch notwendige, obgleich von ihm geleugnete Wesensdifferenz zwischen Naturphänomenen und dem Begriff der Macht in bezug auf menschliche Subjekte. Die Analyse ist überaus erfolgreich im Nachweis, daß Naturwissenschaften als soziale Praxis an der machtbestimmten Konstitution unserer modernen Lebenwelt einen bislang oft vernachlässigten Anteil haben. Aber er macht sich nicht hinreichend klar, daß seine eigenen

Analysen diesen Machtaspekt der Naturwissenschaften letztlich nur wiederum in Rekurs auf die Verdinglichung und Normalisierung der vorwissenschaftlichen Lebenswelt und ihrer Subjekte plausibel machen kann. Die Naturwissenschaften sind Machtzusammenhänge deshalb, weil sie zu einer normalisierten Lebenswirklichkeit beitragen und damit das freie Entwicklungspotential der Individuen notwendig einschränken. Eine solche Sicht und Kritik setzt aber in Wahrheit einen Begriff der Freiheit der Subjekte angesichts objektiv gegebener Schranken voraus statt diesen zu unterminieren. Rouse plädiert so auch nicht für eine Befreiung der Natur selbst von den Zwängen der naturwissenschaftlichen Erschließung, sondern eher für einen kritischen Umgang mit den von den Naturwissenschaften bereitgestellten Wissensbeständen und den damit einhergehenden Handlungsmöglichkeiten.

Während Rouse dabei untersucht, wie eine normalisierte Mikro-Wirklichkeit aus dem Labor heraus auf andere Lebensbereiche übergreift – und diesen so den ihr eigenen normalisierenden Charakter aufzwingt – eröffnet die Thematisierung der Naturwissenschaften als sozialer Praxis aber auch in der umgekehrten Richtung neue Einsichten. Wie verschiedene Untersuchungen zum Einfluß vorwissenschaftlicher Verständnisformen auf die wissenschaftliche Sinn- und Kategorienbildung nahelegen, hat sich der Diskurs über die Natur keinesfalls so trennscharf, wie Foucault selbst geglaubt haben mag, von der machtgetränkten Lebenswelt ausdifferenziert. Tatsächlich ist es immer wieder vorgekommen, daß spezifische Erfahrungen und Objektivierungen innerhalb der naturwissenschaftlichen Erkenntnispraxis in Schemata und Kategorien vorgenommen wurden, die ihre eigentliche Entstehung gesellschaftlichen Machtinteressen verdankten. Ohne dabei Foucaults Überzeugung der Loslösung der Naturwissenschaften nun schlicht umzustülpen und eine ebenso innige Abhängigkeit wie bei den objektivierenden Humanwissenschaften anzunehmen, sollte man die im folgenden stellvertretend für viele andere mögliche Studien eingeführten Beispiele als Anregungen zur konkreten Analyse möglicher Machteinflüsse auf eine vermeintlich unabhängige Wissenschaftserfahrung verstehen.

Wie Ian Hacking in seinem Buch *The Taming of Chance* (1990) zeigen konnte, hat sich die mathematische Theorie des Zufalls nicht aus einer internen Entwicklung der Mathematik oder theoretischen Physik entwickelt. Vielmehr ist das Problem des Zufalls und seiner theoretischen Meisterung im Kontext sozialer Ordnungsprobleme zuerst aufgetaucht. Von einer laienhaften ›Theorie‹ des Zufalls und der Bewertung statistischer Häufigkeiten führt der Weg über eine – direkt auf Foucaults Theorie der Bio-Politik hinweisende und diese durch

mehr Daten untermauernde – von Staats wegen eingeleitete Welle
der Statistik, die schließlich zu einer begrifflichen Umstrukturierung
des gängigen, rein kausalen Denkens geführt hat. Wichtig in unserem
Kontext ist dabei, daß ein Interesse an der besseren Kontrolle und Regulierung der Bevölkerung neue Verfahren der Erhebung und Deutung
nach sich zogen, die dann wiederum auch auf naturwissenschaftlich-
mathematische Denkformen Einfluß zu nehmen vermochten. Man hat
es hier, wie ich meine, mit einem Beispiel externer Kategorienbildung
zu tun, die erst durch ihre soziale Etablierung schließlich auch und
gerade in den Naturwissenschaften Platz greifen konnten.

Am Grenzbereich zwischen Natur- und Humanwissenschaften
befindet sich die Biologie, da sie das Kulturwesen Mensch einer
naturwissenschaftlichen Perspektive unterwirft. Stephen J. Gould
hat in seiner in den USA vielbeachteten Studie über die rassistischen
Anfänge der modernen Biologie *The Mismeasure of Man* (1981) anschaulich belegt, wie hierbei der soziokulturelle Hintergrund einer
durch Rassismus geprägten Gesellschaft bei führenden Biologen wie
Louis Agassiz oder Samuel G. Morton die Selektion, Messung und Interpretation der Daten unbemerkt zu steuern vermochte. Interessiert an
›objektiven‹ Aufschlüssen über rassenbedingte Intelligenzunterschiede,
wurden Schädel auf feststellbare Größen- und Gewichtsunterschiede
hin untersucht. Gröbste Schnitzer in der Auswahl der Vergleichsdaten
(oft wurden Männerschädel einer Rasse mit denen von Frauen einer
anderen verglichen), Meßfehler ausschließlich zugunsten der (wie
selbstverständlich unterstellten) Annahme der Überlegenheit der
weißen Rasse sowie die Aussortierung unerwünschter Daten, sofern
sie die Grundhypothese gefährdeten, legen allesamt den Schluß nahe,
daß hier ein historisches bzw. kulturelles Apriori im Sinne Foucaults
am Werke war: »Morton made no attempt to cover his tracks and I
must presume that he was unaware he had left them. He explained all
his procedures and published all his raw data. All I can discern is an a
priori conviction about racial ranking so powerful that it directed his
tabulations along preestablished lines.« (ebd. 69) Das Rätsel, wie eine
solche implizite Beeinflussung objektiv messender und argumentierender
Wissenschaftler überhaupt möglich sein kann, gibt sein Geheimnis
schnell Preis, hat man erst einmal mit dem Modell der rein theoretisch
beobachtenden Wissenschaft gebrochen und diese als soziale Praxis
begriffen, die mit anderen sozialen Praktiken verknüpft und durch
die Sozialisation ihrer Wissenschaftssubjekte auch verbunden bleibt.
Die Foucaultschen Überlegungen der Konstitution des Subjekts betreffen somit auch die Erfahrungsstruktur des Wissenschaftlers, der
zu einem gewissen Grade immer von lebensweltlichen Einflüssen, die

in sein implizites Hintergrundwissen eingehen, beeinflußbar bleibt (vgl. Kögler 1992).

All diese Analysen zeigen, daß der Foucaultsche Ansatz mit seinen analytischen Beschreibungsqualitäten auch für die Praxis der naturwissenschaftlichen Forschung fruchtbar gemacht werden kann. Wiederum geht es hier nicht um eine Reduktion von Wahrheit auf Macht, sondern um das Verständnis der Erschließung bestimmter Realitätsbereiche, die durch Machtpraktiken vermittelt ist. Die eingangs skizzierte Unterscheidung Foucaults in machtbestimmte Sozialverhältnisse auf der einen und die auf Fertigkeiten beruhende Beziehung zu Naturdingen auf der anderen Seite legt dabei zwar nahe, daß wir der Objektivierung der Natur hier insoweit zustimmen können, als diese uns zu einer besseren Kontrolle und Verfügbarkeit über Naturprozesse instandsetzt. Diese Verfügbarkeit ist an sich nichts unbedingt Schlechtes, ja sie erweist sich in gewissem Maße sogar als notwendig. Zugleich aber machen diese Überlegungen deutlich, wie die Objektivierung der Natur als ›objektiver Natur‹ selbst mit der abzulehnenden Objektivierung der Subjekte in den etablierten Humanwissenschaften einhergeht bzw. daß sie analoge Strukturmerkmale aufweist. Diese schlagen dann, insofern sie die Lebenswelt mitbestimmen, wiederum auf die Subjekte selbst zurück. Nicht nur gegenüber den objektivierenden und subjektivierenden Humanwissenschaften, so lassen sich die bisherigen Ergebnisse der an Foucault anschließenden Wissenschaftsphilosophie resümieren, muß der Mensch also auf der Hut sein, sondern ebenso in bezug auf die normalisierende Wirklichkeitsbeeinflussung durch naturwissenschaftliches Wissen. Die archäologischen und genealogischen Kategorien, die wir in den bisherigen Kapiteln entfaltet haben, können einer solchen Wissenschaftskritik dabei als Leitfäden dienen.

III. Ethik und Politik:
Für eine Ästhetik der Existenz

1. Auf der Suche nach einem Jenseits der Macht im Diesseits

Moderne ›Bio-Macht‹ verdinglicht den Menschen, indem sie durch körperliche Konditionierung und Verinnerlichungspraktiken Individualtypen und Bevölkerungsklassen schafft. Diese sind systemfunktional statt freie Selbstverwirklichung zu ermöglichen. Die Kritik der Macht verbindet die Perspektive der Unterdrückten mit einer genealogischen Analyse der Herkunft solcher Machtmechanismen. Foucault hat freilich diese nur in Grundzügen angedeutete Verbindung der genealogischen Geschichtsschreibung mit der Erfahrungsperspektive der Betroffenen selbst nicht zu einer epistemologischen Theorie ausgebaut. Das Problem der Macht, so läßt sich die in der zweiten Hälfte der siebziger Jahre anbahnende erneute Umorientierung verstehen, verlangt vielmehr dringlicher nach einer praktischen Antwort. Nicht die Ausarbeitung einer Erkenntnistheorie, die den Ansprüchen des ohnehin skeptisch beurteilten philosophischen Diskurses genügen würde, ist die Aufgabe, sondern die konkrete und reale Thematisierung von Widerstandsmöglichkeiten. Wie ist angesichts der pervasiven Kraft moderner Machtpraktiken Widerstand praktisch realisierbar und (an welchen Punkten) konkret durchführbar? Wie kann der auf Körper und ›Seele‹ konzentrierten Bio-Macht – trotz und gerade wegen ihrer scheinbaren Allmacht in der modernen Gesellschaft – effektiv getrotzt werden?

Worauf es Foucault freilich bei der Suche nach Widerstandsmöglichkeiten gegenüber der Macht vor allem ankommt, ist die Verankerung solcher Widerstandspraktiken im realen gesellschaftlichen und individuellen Leben. Foucaults späte ›ethische Wende‹, um die es im folgenden geht, steht keinesfalls allein im Zeichen der moralphilosophisch erhobenen Forderung, doch endlich normative Maßstäbe für die Kritik der Macht und daran anschließend für ein gutes und gerechtes Leben auszuweisen. Was Foucault vor allem interessiert, ist die Möglichkeit realen Anderslebens. Es ist die ontologische, d. h. die Seinsbedingungen menschlichen Lebens in der Moderne betreffende Frage nach den Bedingungen freier Selbstgestaltung des Lebens. Foucault sucht keine über der Realität schwebende Theorie universaler Normen der Moral oder der Vernunft einzuführen, sondern auf dem Boden der genealogisch enttarnten Tatsachen über realisierbare Formen des Widerstandes und der Freiheit nachzudenken: Statt im kontrafaktischen Jenseits allgemeiner Vernunftmoralen nach Antworten auf die Frage nach dem Widerstand der Macht zu suchen, geht es um die Entfaltung von alternativen Praktiken und Lebensformen im Diesseits unserer modernen Lebensverhältnisse.

Wie ein erfolgversprechender Ansatz für eine Thematisierung von Widerstandsformen gefunden werden kann, war zunächst für Foucault keineswegs ausgemacht. Klar schien nur, daß angesichts einer zugleich individualisierenden, also auf den individuellen Körper der Subjekte zielenden, und totalisierenden, d. h. die Gesamtbevölkerung einbeziehenden Macht neue Formen des Verhältnisses von Subjektivität und Gesellschaft gefunden werden müssen. Da es deshalb nicht einfach darum gehen kann, ›das Individuum‹ gegen ›die Macht‹ auszuspielen, kommt es vielmehr auf eine komplexe und vielsträngige Analyse und Ausarbeitung neuer Selbst- und Sozialverhältnisformen an. Tatsächlich läßt sich diese Suche in drei Dimensionen beschreiben. Auf einer ersten Erfahrungsschiene geht es um konkrete, sozusagen am eigenen Leib erfahrene Erlebnisse, die sich als widerständig und befreiend bezeichnen lassen; auf einer zweiten Ebene handelt es sich um den politischen Kampf gegen besondere Praktiken und Institutionen, die freie Selbstentfaltung unmöglich machen; und auf einer dritten (erst im nächsten Abschnitt entfalteten) Schiene schließlich stellt sich die im Anschluß an die existentielle und politische Erfahrungsdimension auftretende Problematik einer angemessenen Begriffsbildung, die nun die geforderte konkrete Autonomie positiv auf den Begriff bringen kann.

Auf der ersten Erfahrungsschiene, die ich als existentiell bezeichnet habe und die durchaus persönliche Erfahrungen Foucaults in entscheidender Weise einschließt, lassen sich verschiedene Momente von Erfahrungen und Praktiken bestimmen, die allesamt der habitualisierenden Kraft moderner Macht zu trotzen vermögen. Die nunmehr angeführten Beispiele sind direkt an biographische Erfahrungen geknüpft, die Foucault in den späten siebziger und Anfang der achtziger Jahre gemacht hat. Ihnen kommt somit ein exemplarischer, keineswegs ein notwendig ausschöpfender oder vollständiger Charakter bezüglich machtwiderständiger Selbsterfahrungen zu.

Sadomasochismus. Da moderne Macht sich gleichermaßen durch körperliche Disziplinierung und durch Verinnerlichung von auf Sexualverhalten gerichteten Normen in das Subjekt eingräbt, kann

die gezielte Überschreitung solcher Normen und Verhaltensweisen in
radikalen Sexualpraktiken einen Befreiungseffekt haben. Entscheidend
ist dabei freilich weniger der rein negative Überschreitungscharakter als
solcher. Vielmehr nehmen die von Foucault in Kalifornien entdeckten
sadomasochistischen Praktiken die Körper der Beteiligten derart in
Regie, daß bisherige, scheinbar unumstößliche Identitäts- und Verhaltensmuster – zumindest zunächst einmal für die Zeit der Praktiken
selbst – gleichsam aufgebrochen werden. Zum einen dramatisieren
Verfahrensweisen wie Auspeitschen, Fesseln und ›Fist-Fucking‹ den
sexuellen Genuß derart, daß in der Verschmelzung von Schmerz und
Lust bisherige Kriterien des Lustempfindens – und somit bisherige
Verhaltens- und Empfindungsstrukturen – erfolgreich überschritten
werden können. Zum andern aber ist für diese Sexform entscheidend,
daß die subjektiv-emotionale Beteiligung im Sinne von sich bindenden
Ich-Identitäten keine wesentliche Rolle spielt. Diese Praktiken können
ebenso gut (wenn nicht besser) mit Fremden ausgeübt werden. Sie
vollziehen sich – für Foucault ein Zeichen der Befreiung von der In-
nerlichkeits-Identität – in der Anonymität sich begegnender Körper,
befreit von den Zwängen sich subjektiv bindender, auf Geständnis
und Identitätszwang ausgerichteter normierter Verhaltensformen.
    Man muß freilich betonen, nicht allein um geläufigen Miß-
verständnissen vorzubeugen, daß für Foucault ebenso wie für die
sadomasochistische Subkultur die Ausübung solcher Praktiken an
den Konsens der Beteiligten gebunden ist (vgl. Miller 1993). Tatsächlich ist es sogar entscheidend für den Effekt und Erfolg dieser
Sexualform, daß sie mit Bewußtsein und Willen vollzogen wird. In
der Überschreitung der herrschenden Sexualnormen werden nämlich
hier, gewissermaßen mit spielerischem Ernst, Machtpraktiken in den
Dienst der Lusterzeugung gestellt. Anders gesagt, die gesellschaftliche
Existenz von Machtstrukturen wird in den – übrigens zum Großteil
von Heterosexuellen praktizierten Techniken – gewissermaßen aufgenommen und ›nachgestellt‹. Im Rollenspiel von Herr oder Domina
und Sklave spiegeln sich die real herrschenden, aber gemeinhin über-
tünchten Verhältnisse, die nun gemeinsam in sexueller Ekstase derart
auf die Spitze getrieben werden, daß Erniedrigung in (gemeinsame!)
Befreiung, Schmerz in Lust, Unterdrückung in Herrschaft umschlägt.
Statt sich verliebt in die Augen zu sehen und gefühlvoll zu umarmen,
werden die real existierenden Machtverhältnisse nicht romantisch ne-
giert, sondern zum Teil der lusterzeugenden Sexbeziehung selbst
erhoben. In diesem Kontext – Foucault hat dies aber meines Wissens
nie wirklich systematisch aufgenommen – könnte sich dann die von
Deleuze und Guattari erhoffte ›Desexualisierung des Sexes‹ vollziehen,

d. h. die Erotisierung des gesamten Körpers als Lustzone in bewußter Abkehr vom bisher dominanten Genitalsex.

Harte Drogen. Ebenfalls in Kalifornien macht Foucault die normalitätstranszendierende Erfahrung harter Drogen, vor allem von LSD. Seit seiner Zeit in Tunis (1966–68) einem guten Haschisch-Joint nicht abhold (Foucault ließ sich einmal sein Honorar für eine Fernseh-Debatte mit Noam Chomsky in Holland in Haschisch auszahlen), entdeckt er nun die transzendierende Kraft chemischer Drogen. Die Erfahrung des ›Trips‹ hat hier eine freisetzende und intensivierende Wirkung, die Foucault vor allem frühkindliche Erfahrungen und Erlebnisse in neuem Licht erscheinen ließen (Miller 1993, 245 f.) Ohne diese Erfahrung nun als »Epiphanie Foucaults«, wie Miller es etwa tut, in fast grotesker Weise überbewerten zu wollen, ist doch die relative Bedeutsamkeit dieser Erlebnisse für die Suche nach Freiheitsräumen nicht zu ignorieren. In dem von der Droge ermöglichten Erlebnisspielraum vollzieht sich, darin analog zu den radikalen Sexpraktiken, eine von den Identitätszwängen des wachen Bewußtseins und der reflektierten Handlungsnorm freigesetzte Erfahrungsweise. Diese Freisetzung wird nun nicht, das ist in diesem Kontext wichtig, von Foucault als bloßer Lustrausch subjektiv oder ästhetisch abgewertet. In dem Erlebnis der Drogenerfahrung zeigen sich vielmehr Dinge in bislang ungekannter Klarheit, es werden Denk- und Erlebnisschranken aufgebrochen, und es wird der Zugang zu bislang verschütteten Ereignissen wiedereröffnet.

Wiederum ist freilich Vorsicht geboten beim richtigen Verständnis dieser nur scheinbar ungehemmten Proklamierung harten Drogengenusses. In der Tat handelt es sich hier um eine sehr bewußte, gezielte Verwendung der Droge, die – Foucault befindet sich in bester Gesellschaft – Intellektuelle, Künstler und Schriftsteller wie Walter Benjamin, Klaus Mann, William Burroughs, Henri Michaux, Witkacy u. a. ohnehin seit ehedem praktizierten. Wichtig ist hier, daß die Droge in Selbstregie und kontrolliert eingenommen und ›eingesetzt‹ wird – wodurch sich der Unterschied zum zwanghaften Drogenkonsum der unterdrückten Massen von selbst zu erkennen gibt. Foucault hat das allgemeine Drogenproblem einmal indirekt in bezug auf die Verankerung des Alkoholismus in der Arbeiterklasse im 19. Jahrhundert angesprochen: »Alcoholism was literally implanted in the French working-class milieu in the nineteenth century, through the opening of the bistros by decree.« (PPC 174) Analog kann die Einführung von Heroin und Kokain in die schwarzen Ghettos Amerikas in den dreißiger Jahren unseres Jahrhunderts (und jüngst des Crack)

als Machtstrategie verstanden werden. Der Effekt war (und ist) ein
weitgehender Zerfall von subkultureller, ökonomischer und politischer
Autonomie, die gesellschaftliche Verankerung von Kriminalisierung
des Milieus angesichts der herrschenden Drogengesetze und der daraus
ebenfalls hervorgehenden Selbstzerfleischung dieser Gruppen. Bereits
hier wird klar, daß die Entfaltung befreiender Selbstpraktiken nie
ohne Blick auf die gesellschaftlichen Voraussetzungen der Subjekte
geschehen darf.

Befreiende Kulturschocks. Bereits in den fünfziger und sechziger
Jahren befand sich Foucault für einen französischen Intellektuellen
unvergleichbar häufig im Ausland. Aufenthalte in Uppsala, Warschau
und Hamburg, schließlich für zwei Jahre in Tunis haben sicherlich für
eine gewisse Distanz zum herrschenden Klima in Frankreich gesorgt.
Erst die Reisen nach Japan und Kalifornien jedoch scheinen jenen
Bruch mit dem französischen Kontext erzeugt zu haben, der Foucault
schließlich sogar das Verlassen Frankreichs (für eine Professur in Ber-
keley) erwägen ließ. Daß sich nun ein stärkerer Distanzierungsprozeß
einstellte, mag auch daran gelegen haben, daß Foucault nun nicht
mehr, wie in den früheren Fällen, gewissermaßen als Kulturbot-
schafter (er leitete seinerzeit französische Kulturinstitute oder lehrte
an der französischsprachigen Universität in Tunis) unterwegs war.
Begibt man sich nämlich wirklich offen in einen fremden Kontext,
kann ein solcher Standortwechsel selbst schon einen erstaunlichen
Dehabitualisierungsprozeß in Gang setzen: Durch die Verpflanzung
in einen Kontext, in dem die eigenen Gewohnheiten, Gewißheiten
und Erwartungen nichts gelten, wird notwendigerweise die Kontingenz der eigenen Verhaltensweisen bewußt. An dieser Erschütterung
der eigenen Identität kann dann eine weitergehende Befreiung von
den herrschenden Verhaltensnormen ansetzen.
     Zugleich haben aber wohl die spezifischen Kulturen Japans und
Kaliforniens – die Foucault in den siebziger Jahren für längere Zeit
besuchte – insbesondere befreiende Kulturschocks bewirkt. Japan
hatte bereits Foucaults Freund Roland Barthes als post-strukturali-
stisches Traumland verstanden, in dem Zeichenkonfigurationen alles
bedeuten. Ohne dieser allzu ethnozentrischen Stilisierung folgen zu
müssen, ist freilich richtig, daß der japanischen Kultur das westliche
Innerlichkeits-Denken weitgehend fremd ist. Für Foucault mag dies
zusammen mit den meditativen Praktiken des Zen, für die er sich
stark interessierte, eine ausgesprochen anziehende Wirkung besessen
haben. Kalifornien schließlich muß in der Tat jedem, der für eine
Pluralisierung der Lebensstile und Ausdrucksformen eintritt, als

kulturelles Paradies erscheinen. Das ungehemmte Ausleben der aus den sechziger Jahren stammenden Visionen kann als exemplarische Verwirklichung einer Lebens- und Kulturgemeinschaft gelten, in denen nicht *ein* Normalitätsmuster *allen* vorschreibt, was sie zu tun und zu lassen haben, sondern in der vielmehr die Gruppen jeweils ihre eigenen Identitäten und Lebenformen gleichsam experimentell finden und erfinden.

Erotische Männerfreundschaften. Unmittelbar an diesen multi- und subkulturellen Aspekt Kaliforniens schließt der letzte Punkt der existentiellen, von Foucault durchlebten Erfahrungen an: die Entdeckung der positiven Selbstverwirklichung des Homosexuellen in der Gesellschaft. Statt sich, wie in Frankreich, nie offen zur eigenen Homosexualität bekennen zu können, trifft Foucault in Kalifornien nun auf die größte und vielleicht selbstbewußteste Homosexuellenkultur der Welt. Während die Entdeckung der bereits diskutierten sadomasochistischen Praktiken ebenso wie die sexuelle Freizügigkeit in den berüchtigten (seit Aids freilich geschlossenen) Badehäusern San Franciscos der Macht auf der Ebene der Befreiung des Körpers trotzt, stellt sich hier aber eine neues Problem, oder besser: eine neue Möglichkeit. Foucault wird nämlich klar, daß Homosexualität als positive Chance, als bestimmte Option für ein selbstgewähltes Leben betrachtet werden kann und sollte. Statt sich in den medizinisch-psychoanalytischen Kategorien objektivierender Pathologisierung zu begreifen, sollte man lieber dazu voranschreiten, sich selbst eine positive und lebenswerte Daseinsform zu schaffen. In diesem Kontext tritt nun weniger, wie in den anderen Beispielen, der eher destruktive Charakter der existentiellen Erfahrungsweisen hervor. Vielmehr wird hier die Grenzlinie zu positiver, selbstbestimmter Lebensgestaltung überschritten, weil diese Praxis nicht einfach in der Überschreitung fremdgesetzter Normgrenzen besteht, indem sie die habitualisierten und internalisierten Zwangsgehäuse der Macht momentan zerbricht, sondern weil hier das eigene Leben bewußt und gestalterisch in die eigenen Hände zu nehmen versucht wird.

Foucault hat diese Erfahrung freilich erst allmählich dahingehend verarbeitet, daß er selbst seine Homosexualität öffentlich eingestand und sich zu ihr als positiver Lebensform bekannte. Sein Zögern hat freilich einen – im Lichte seiner Machttheorie gesehen – guten Grund: Denn das ›Outing‹ – bei dem eine Person ihre Homosexualität öffentlich entweder selbst bekanntgibt oder von einem anderen ›geoutet‹ wird – vollzieht sich ja zunächst als *Eingeständnis* der eigenen Sexualität. Folgt man damit jedoch nicht dem Geständniszwang des modernen

Machtdispositivs und gibt die eigene Natur als in Sex gegründet zu
erkennen? Das wäre dann aber keine Befreiung, sondern vielmehr eine
Selbsteinschließung in die Kategorien und Verständnispraktiken moderner Macht. Für Foucault kommt also alles darauf an, das ›Bekenntnis‹
zur Homosexualität nicht in den Begriffen der sexuellen Natur und
des öffentlichen Geständnisses zu formulieren, sondern als eine von
bestimmten Subjekten ergriffene Chance und Option ihres Lebens.
In diesem Sinne hat er zunehmend Homosexuellen-Zeitschriften Interviews gegebenen, und er hat die Gay-Culture in ihrem Bemühen
um Anerkennung in der Gesamtkultur aktiv unterstützt.

Anhand dieser Beispiele wird eigentlich selbst schon deutlich, daß
die auf den individuellen Körper und das eigene Leben gerichteten
Befreiungspraktiken direkt auf die Schaffung von Realisierungschancen
– also auf den politischen Kampf für diese Lebensformen – bezogen und
auch angewiesen sind. Es kommt also darauf an, im Kontext politischer
Kämpfe für die Realisierung von Lebenschancen und Selbstbestimmung
einzutreten. Foucault unterscheidet drei Typen von Kämpfen, »die
gegen Formen der (ethnischen, sozialen und religiösen) Herrschaft; die
gegen Formen der Ausbeutung, die das Individuum von dem trennen,
was es produziert; die gegen all das, was das Individuum an es selber
fesselt und dadurch anderen unterwirft (Kämpfe gegen Subjektivierung, gegen Formen von Subjektivität und Unterwerfung).« (SM 247)
Während in Feudalgesellschaften soziale und religiös motivierte Kämpfe
dominierten, und das 19. Jahrhundert vom Kampf gegen Ausbeutung
bestimmt war, treten heute – in den neuen Sozialbewegungen – die
Kämpfe gegen die spezifischen Machtpraktiken des modernen Staats
und der Bio-Macht in den Vordergrund. Statt ausschließlich gegen
Formen der Unterdrückung und Ausbeutung zu kämpfen, müssen
hier – auf der Ebene der individuellen Erfahrungen – neue Formen
von Subjektivität ins Spiel gebracht werden, um so der im Individuum
verankerten modernen Macht Widerstand zu leisten. Man muß also
gewissermaßen mit dem Erfahrungsperspektivismus der Individuen
ethischen Ernst machen und das Recht auf konkrete Autonomie und
individuelle Selbstverwirklichung realpolitisch einklagen.

Wie dieser Widerstandsprozeß, der sich immer konkret an be-
stimmten Institutionen und Praktiken in der modernen Gesellschaft
zu orientieren hat, aussehen kann, hat Foucault in einem ausführlichen
Interview zum Problem der Sozialversicherung verdeutlicht (vgl. »Social
Security« in PPC). Es geht hier zunächst in gewohnt machtkritischer
Weise um die Feststellung, daß das herrschende Versicherungssystem
nicht schlicht soziale Sicherheit schafft, sondern dabei zugleich eine
Machtfunktion ausübt: »Our systems of social security impose a par-

ticular way of life to which individuals are subjected and any person or group that, for one reason or another, will not or cannot embrace that way of life is marginalized by the very operation of the institution.« (PPC 165) Foucault bündelt hier die zuvor durchgeführte Analyse, nach der die Sozialversicherung Macht gewissermaßen zweischneidig ausübt: Entweder durch **Integration**, die den Subjekten die Anpassung an einen verordneten Lebensstil abverlangt, oder durch **Marginalisierung**, die beim Ausbleiben der Anpassung die Individuen aus dem sozialen Netz ausschließt. Gegen beide Formen der Macht, das ist der entscheidende Punkt, muß angekämpft werden, um eine gerechte Verteilung der Selbstverwirklichungschancen bei gleichzeitiger Freiheit ihrer Form zu erreichen. Was in den Kämpfen um eine Reform der Sozialversicherung (Anfang der achtziger Jahre in Frankreich Thema) nämlich wirklich im Zentrum steht, ist die gegen die herrschende Macht gerichtete Forderung nach konkreter, den Subjekten wirklich selbst überantworteter Autonomie. In diesem Kampf, so Foucault, gibt es tatsächlich eine wichtige und positive Forderung: »That for a security that opens the way to richer, more numerous, more diverse, and more flexible relations with oneself and with one's environment, while guaranteeing to each individual a real autonomy.« (PPC 161) Diese ›Forderung nach Autonomie‹ ist in der Tat ein wesentliches, wenn nicht das wesentlichste Motiv aller wichtigen sozialen Bewegungen, die subkulturellen Kämpfe miteingeschlossen.

Politisch gesehen kommt es dabei vor allem auf die Etablierung basisdemokratischer Praktiken und Institutionen an. Statt der bislang geübten planerischen Verwaltung sozialen Lebens müssen die Akteure selbst die Entscheidungen, sozusagen vor Ort und in eigener Regie, durchführen.

»We have to transform the field of social institutions into a vast experimental field [...] we certainly need to undertake a process of decentralization, for example, to bring the decision-making centers and those who depend on them closer and to bring together the decision-making processes, thus avoiding the kind of grand totalizing integration that leaves people in complete ignorance of what is involved in this or that regulation.« (PPC 165)

In einer Formulierung, die Habermas nicht hätte anders wählen können, fordert Foucault, daß »the decisions made ought to be the effect of a kind of ethical consensus so that the individual may recognize himself in the decisions made and in the values inspired by them.« (PPC 174) Für Foucault geht es dabei freilich nicht in erster Linie um die Etablierung universal gültiger Normen, denen alle zuzustimmen hätten (vgl. unsere diesbezügliche Diskussion in Teil 4.). Es geht vielmehr um die Selbstbestimmung der betroffenen Subjekte in den konkreten Kontexten, also um eine regionale, spezifische und kontextbezogene Ausübung der politischen Selbstbestimmung.

Eine solche Entscheidungsautonomie verlangt freilich zugleich die Zugänglichkeit der Information bezüglich der in Frage stehenden Prozesse. Es geht also um die Kombination des politischen Kampfes mit Kategorien, die gleichermaßen eine Analyse der sozialen Machtstrukturen und ihres Funktionierens ermöglicht und die – in wie programmatischer Weise auch immer – die vom Widerstand in Anspruch genommenen Gegen-Werte zu denken erlaubt. Das dem politischen Kampf inhärente Problem der Angemessenheit der politisch-praktischen Grundbegriffe führt somit auf eine dritte Ebene der politischen Begriffsbildung. Dabei geht es zum einen um die Schaffung adäquater Begriffe zur Analyse der Macht. Hier kann Foucault, wenn auch mit einigen wesentlichen Modifikationen, auf seinen genealogischen Ansatz zurückgreifen. Zugleich aber muß nun näher herausgearbeitet werden, wie diese **konkrete Autonomie im Kontext politischer Praxis** überhaupt gedacht werden kann. Foucault vollzieht seit Mitte der siebziger Jahre im Zuge des Durchdenkens dieser Problematik nun in der Tat eine begriffliche Wende, die zu einer zunächst für viele überraschenden Aufwertung der selbstbestimmten Individualität führt. Diese begriffliche Neubestimmung, die gewissermaßen ein gemeinsames Resultat der existentiellen Widerstandsphänomene und der Anforderungen moderner Machtkämpfe darstellt, werden wir nun genauer beleuchten.

2. Die Wiederentdeckung der subjektiven Erfahrungsdimension: Gouvernementalität und Staatsräson

Wir haben gesehen, daß Foucault seit seiner bahnbrechenden Analyse der Bio-Macht an praktisch realisierbaren Widerstandserfahrungen – sozusagen an einem praktischen Jenseits der Macht im sozialen Diesseits – besonders interessiert ist. Die Skepsis und Ablehnung, die Foucault normativen Moral- und Utopiemodellen dabei entgegenbringt, darf nun freilich nicht als blind aktivistischer Theorieverzicht schlechthin mißdeutet werden. Foucault ist sich vielmehr der Notwendigkeit bewußt, die in individuell-körperlicher und sozial-politischer Weise gemachten Erfahrungen auch begrifflich einholen zu können. In der Tat beginnt er, unmittelbar in Anschluß an die Veröffentlichung des ersten Bandes seiner ›Geschichte der Sexualität‹ (*Der Wille zum Wissen. Sexualität und Wahrheit 1* 1976), mit der Reflexion der theoretischen Voraussetzungen eines derart praktisch gedachten Widerstandsbegriffs. Die konsequente Ausarbeitung dieser Prämissen wird Foucault freilich zu der vielleicht bislang radikalsten Wende seiner Philosophie führen: Im Zuge eines Durchdenkens von Macht und Widerstand, so stellt es sich Foucault schon bald unabweisbar dar, kommt man nämlich nicht um eine Aufwertung des Subjekts herum. Nur wenn der Gegenpol zur Macht als ein eigenes Erfahrungszentrum gedacht wird, nur wenn die zweistellige Relation Macht-Widerstand zu einer dreistelligen Relation Macht-Widerstand-Subjekt ausgebaut wird, können die im praktischen Widerstandsbegriff mitschwingenden Intuitionen begrifflich entwickelt werden. Wie wir nun in einer drei gedankliche Etappen umfassenden Nachkonstruktion dieser Foucaultschen Denkbewegung sehen werden, treibt der Widerstandsbegriff – vor allem auch in Foucaults eigener Sicht – notwendig über den von der Machtanalyse zunächst vorgegebenen theoretischen Rahmen hinaus.

1. 1977 bis 1979 hat sich Foucault, wie er selbst in den an der Stanford University gehaltenen Tanner-Lectures *Omnes et Singulatim – Zur Kritik der politischen Vernunft* (1979) angibt, vor allem der Frage des Ursprungs des modernen Staats und seiner Machtform zugewandt. Jetzt interessiert dabei freilich weniger die Freilegung des modernen Machttyps als solchen – das wurde ja bereits in *Überwachen und Strafen* und in der allerdings nie diesbezüglich vollendeten Sexualitätsgeschichte (Band 1) im Ansatz geleistet. Vielmehr kommt es nun darauf an, auf den geschichtlichen Ursprung der sich im modernen Staat entfaltenden Rationalität zurückzugehen. Foucault geht es gewissermaßen, im Zuge der vom ersten Band der Geschichte der Sexualität entfalteten Konzeption der Pastoralmacht, um den Rückgang auf den Punkt Null dieser Verinnerlichungsmacht, also um die Freilegung der historischen Herkunft dieser Machtpraxis und ihrer Karriere im modernen Staatswesen. Wird deren geschichtlicher Herkunftsort bestimmbar, so bedeutet das zum einen den verstärkten Nachweis der Kontingenz der modernen Machtpraktiken; zum andern wird dadurch aber auch ein innerhalb unserer Geschichte gelegener Punkt sichtbar, von dem aus möglicherweise ein anderes Verhältnis zur Macht gedacht werden kann.

Entscheidend für die gesamte weitere Entwicklung Foucaults wird nun, daß die Anfänge der Pastoralmacht bis in die Antike zurückreichen. Es zeigt sich – und damit bildet sich bereits ein für die spätere Fortsetzung der Geschichte der Sexualität wichtiges Vergleichspaar –, daß die Struktur der individualisierenden Macht auf die *jüdisch-christliche* Form der Seelenführung zurückzuführen ist, die dann zunehmend das *griechische* Modell des Regierens und Führens verdrängt. In ausgesuchten und zugleich ausführlichen Interpretationen hebräischer und frühchristlicher Texte zeigt Foucault, daß hier die wesentlichen Momente pastoraler Macht im sozialpolitischen Modell des Hirten-Führers, der sich um seine Herde zu kümmern hat, vorgebildet sind. Anders als das griechische Denken, das diesem Modell praktisch keine Bedeutung beimißt, ist das hebräische Modell des Regierens durch eine ganz besondere, auf das individuelle Heil aller Mitglieder der Herde gerichtete Verpflichtung zur Fürsorge gekennzeichnet. Sorge um die Herde, Sichkümmern um die einzelnen Individuen, andauernde und individualisierende Zuneigung, die absolute Pflicht der konkreten Fürsorge, die ein dauerndes Aufpassen einschließt, machen zusammengenommen die individualisierende Macht über jedes einzelne »Schaf« aus: »The shepherd's power implies individual attention paid to each member of the flock.« (PPC 63)

All dies sind nun Momente, die die christliche Reflexion in wenigstens vier wesentlichen Punkten entscheidend weitertreibt. Erstens wird die **Verantwortlichkeit des Hirten** für die Herde in extremer Weise ausgeweitet. Jede Handlung der ›Schafe‹ wird nun einer bewertenden Prüfung unterzogen, der Hirte wird zugleich der Seelenverwalter und Moralrichter des Verhaltens aller Individuen. Diese sind zweitens zu **absolutem Gehorsam** verpflichtet. Das Verhältnis zum Hirten und Führer wird eines der gnadenlosen Unterordnung, eine Beziehung totaler Abhängigkeit. Drittens zeichnet sich diese Beziehung auch durch ein **besonderes Wissensverhältnis** aus. Der Seelenzustand jedes ›Schafes‹ muß genau bekannt sein: Dieses hat sich deshalb zuvor so nicht gekannten Selbst-Prüfungen und einer vom Pastor kontrollierten Seelenführung zu unterziehen. Es entsteht hier somit ein für die griechisch-römische Welt ausgesprochen sonderbares Phänomen: »The organization of a link between total obedience, knowledge of oneself, and confession to someone else.« (PPC 70) Viertens gehören in diesen Kontext noch die **Praktiken der Selbstzüchtigung**. Wie Foucault in einer andernorts durchgeführten Interpretation wesentlicher Texte von Johannes Cassian nachweist, ist die kontrollierte Seelenführung mitsamt den Praktiken der Selbstkasteiung, des Fastens, des Zölibats etc. auf vollkommene Reinheit der Seele gerichtet. Die Abkehr von weltlichen Lüsten, die sich freilich im Hirtenmodell als Unterwerfungsritus unter eine pastorale Autorität gestaltet, zielt auf eine jenseitig orientierte Reinigung der Seele (vgl. »The Battle for Chastity« in PPC).

Im Kontext der Tanner-Lectures geht es freilich noch nicht um die Bedeutung dieser Praktiken für die individuelle Selbstgestaltung als solcher, sondern zunächst um ihre Bedeutung für das politische Problem des Regierens. Foucault greift nämlich auf die jüdisch-christliche Pastoral-Führung bloß zurück, um durch den Vergleich mit der griechischen Idee des Regierens die Genese des modernen Staats bzw. von dessen Regierungsform erhellen zu können. Im griechischen Modell ist nämlich nicht der Hirte und die daran gebundene Sorge um den Einzelnen das Thema, sondern vielmehr der kollektive Zusammenhalt aller in einer Bürgergemeinschaft. Während der Hirte sich um jedes Schaf fürsorgend zu kümmern hat, muß der Politiker vielmehr »verbinden«: »binding different virtues; binding contrary temperaments (either impetuous or moderate), using the «shuttle» of popular opinion. The royal art of ruling consisted in gathering lives together «into a community based upon concord and friendship, and so he wove »the finest of fabrics«. (PPC 66) Das von Platon klassisch formulierte Problem der politischen Regierung reagiert also imgrunde auf eine andere Problemstellung als die pastorale Sorge: »the political problem is that of the relation between the one and the many in the framework of the city. The pastoral problem concerns the lives of the individuals.« (PPC 67)

Der Kontrast zwischen dem griechischen Regierungsmodell und der christlichen Seelenführung ist aber selbst nun wiederum nur deshalb von Bedeutung – und damit kommt Foucault nun zu seiner eigentlichen These – weil beide im modernen Staat, eben in Form der Pastoralmacht, strategisch und effektiv miteinander verknüpft worden sind. In der zweiten Tanner-Vorlesung widmet sich Foucault so auch der ausführlichen Deutung der in der Aufklärungszeit entstehenden ›Staatsräson‹, der politischen Reflexionsform der Neuzeit auf die beste Art des Regierens. Tatsächlich geben die Analysen vor allem italienischer und deutscher Autoren weitverbreiteter politischer Handbücher (Turquet de Mayenne, Delamare, Huhenthal, Willebrand, von Justi) Aufschluß über die von Foucault bereits zuvor festgestellte Verknüpfung von totalisierenden, also die gesamte Bevölkerung betreffenden Maßnahmen mit der neuerwachten – und für Foucault nunmehr aus der christlichen Pastoraltradition erklärbaren – Fürsorge um das individuelle Wohlbefinden. Vor allem die Analyse der Entfaltung der Polizeiwissenschaft zeigt den durchdringenden Charakter dieser neuen Form des Regierens: Justiz, Finanzen und das Militär gehören in deren Aufgabenbereich ebenso wie die Überwachung und Kontrolle des individuellen Lebens der Bürger im ganzen. Platons Problem, wie die Einzelnen in einer Gemeinschaft zusammengehalten werden können, und die christliche Sorge um jedes einzelne Mitglied in seinen innersten und individuellsten Regungen verschmelzen hier zu einer neuen Form der Regierungstechnologie. Das heutige Problem des Wohlfahrtsstaats stellt somit – von Foucault als erhellendes Beispiel angeführt – nur eines der unzähligen Kreuzungspunkte dieser beiden im modernen Staat kombinierten Problemdimsionen dar; es ist »one of the extremly numerous reappearances of the tricky adjustment between political power wielded over legal subjects and pastoral power wielded over live individuals.« (PPC 67) Foucault hat diese doppelschienige Dimension des modernen Regierens in den Begriff der **Gouvernementalität** gefaßt, wobei die Regierung des Staates sich der gesamten Subjekte und ihrer ›Mentalitäten‹ zu bemächtigen hat.

2. Wichtiger jedoch als die Entdeckung des historischen Ursprungs der Pastoralmacht und das damit einhergehende bessere Verständnis der modernen ›Staatsräson‹ ist der begriffliche Gewinn dieser Denkanstrengung. Der Begriff der ›**Führung**‹, der in diesem Kontext als Problem politischer Regierung fast unbemerkt eingeführt wurde, erlaubt nämlich eine zuvor von der Machttheorie so nicht vorgesehene Differenzierung. Man kann nun zwanglos unterscheiden zwischen den Einwirkungen anderer auf einen selbst und der Idee der ›Selbst-Führung‹, bei der man sich gewissermaßen selbst konstituiert und so einen realen Gegenpol zur herrschenden Macht schafft. Foucault hat die in seinen politiktheoretischen Reflexionen angelegten begrifflichen Konsequenzen bereits zwei Jahre später in seinem Aufsatz *Das Subjekt und die Macht* (1981) in aller wünschenswerten Klarheit gezogen. Statt Macht nun durch die Praktiken der habitualisierenden Disziplinen und der verinnerlichenden Seelenbildung schon beispielhaft verkörpert zu sehen, verstärkt er den bereits im früheren Machtbegriff angelegten Zug der Relationalität des Machtverhältnisses (vgl. Kap. II, 2.Teil). Macht wird nun als ein weder durch schiere Gewalt noch durch Konsense (bzw. dem Fehlen von Konsensen) bestimmbares, vielmehr als in einem ›agonistischen‹ Kräftespiel eigener Art bestehendes Verhältnis zwischen individuellen oder sozialen Akteuren definiert. Das Ziel der ausgeübten Macht, so Foucault, besteht dabei immer in Strategien der Überwindung oder Dominierung von Handlungsmöglichkeiten des Anderen:

»Sie (die Macht, HHK) ist ein Ensemble von Handlungen in Hinsicht auf mögliche Handlungen; sie operiert auf dem Möglichkeitsfeld, in das sich das Verhalten der handelnden Subjekte eingeschrieben hat [...] stets handelt es sich um eine Weise des Einwirkens auf ein oder mehrere Subjekte, und dies, sofern sie handeln oder zum Handeln fähig sind.« (SM 255)

In dieser Definition wird der frühere Bezug zu den habitualisierenden Strukturen von Macht nicht etwa aufgegeben: Das Handeln der Subjekte, das auf das Handeln anderer einwirkt (oder sich dieser Einwirkung widersetzt!), ist auch hier immer schon in ein Möglichkeitsfeld ›eingeschrieben‹. Von der realen Situation aus muß Macht und Widerstand also weiterhin gedacht werden. Insofern die Konfliktsituation dabei zugleich von objektiven, den Akteuren vorgeordneten ökonomischen, politischen oder sozialen Strukturen vorbestimmt ist, spricht Foucault von ›Herrschaft‹. Zugleich aber dürfen diese kristallisierten Strukturen – das wird hier nun besonders betont – als solche nicht verewigt oder als unverrückbar angesehen werden. Vielmehr handelt es sich dabei in Wahrheit immer um flexible ›Blöcke‹, um Kräfteverhältnisse, die permanent auf Stabilisierung und völlige Herrschaft zielen und dennoch in ihrem Wesen stets von Umsturz oder Veränderung bedroht sind. Foucault unterscheidet von nun an zwischen ›Herrschaft‹, also strukturellen (und ungleichen) Bedingungen im sozialen Feld, ›Macht‹, das auf Bestimmung und ›Fremdführung‹ zielende Handeln von Subjekten, und ›Selbstpraktiken‹, in denen das Subjekt sich auf sich selbst bezieht.

Das besondere, prekäre Verhältnis zwischen machtausübenden Subjekten innerhalb sozialer Herrschaftsstrukturen kann nun aber – und hier macht sich Foucault nun die in den Tanner-Lectures entfalteten Einsichten systematisch zunutze – weitaus besser mit dem Begriff der Führung erfaßt werden. Im Ausüben von Macht geht es ja nicht um ungebrochene Dominanz oder um einhelligen Konsens, sondern um das Lenken, Bestimmen und Beeinflussen von an sich freien und selbst zum Handeln fähigen Individuen:

»Vielleicht eignet sich ein Begriff wie *Führung* gerade kraft seines Doppelsinns gut dazu, das Spezifische an den Machtverhältnissen zu erfassen. ›Führung‹ ist zugleich die Tätigkeit des ›Anführens‹ anderer (vermöge mehr oder weniger strikter Zwangsmechanismen) und die Weise des Sich-Verhaltens in einem mehr oder weniger offenen Feld von Möglichkeiten. Machtausübung besteht im ›Führen von Führungen‹.« (SM 255)

– also in dem Einwirken auf an sich freie Subjekte. Mit dem Führungsbegriff gelingt somit auch die Wiedereinführung des Begriffs der Freiheit ins Feld der genealogischen Analyse.

Nachdem die konzeptuellen Weichen derart gestellt sind, kann Foucault – was zuvor so im Kontext seiner Analysen nicht ohne weiteres plausibel gewesen wäre – wie selbstverständlich erklären: »Macht wird nur auf ›freie Subjekte‹ ausgeübt und nur insofern diese ›frei‹ sind. Hierunter wollen wir individuelle oder kollektive Subjekte verstehen, vor denen ein Feld von Möglichkeiten liegt, in dem mehrere «Führungen», mehrere Reaktionen und verschiedene Verhaltensweisen statthaben können.« (SM 255) Der Begriff der Führung erlaubt nun nämlich – und das ist für Foucaults weitere Arbeit von entscheidender Bedeutung – die Differenzierung zwischen einerseits Fremd-Führung, also der machtbestimmten Einwirkung auf das Handeln anderer zum Zwecke ihrer Unterwerfung unter eigene Zielsetzungen; in diesem Sinne kann die moderne Bio-Macht des Staates, die sich zwecks absoluter Herrschaftserrichtung des Staatswesens der Individuen in der Lebenswelt ›polizeilich‹ bemächtigt, als Versuch und Methode der Fremdstrukturierung von Lebensentwürfen und Existenzformen begriffen werden. Auf der anderen Seite läßt sich nun der Begriff der Selbst-Führung denken, bei der die Subjekte sich selbst zu dem Feld von (freilich vorgegebenen) Möglichkeiten reflexiv und frei verhalten und auf dieses in autonomer Weise reagieren. Was sich im Begriffspaar Fremdführung/Selbstführung in der Tat ankündigt, ist die Beschreibung eines bipolaren Verhältnisses zwischen Macht oder Herrschaft (im Sinne von direkter oder struktureller Dominanz, von Zwang und Unterdrückung) auf der einen Seite, und Selbstbestimmung (im Sinne von eigenständigen Reaktionsweisen, Verhaltensformen und Lebensentwürfen) auf der anderen Seite – wobei allerdings auch durch Herrschaftszustände und damit einhergehende Machtpraktiken Realitätsbereiche und Interpretationsschemata erzeugt werden. Während Foucault dabei das Ziel sozialen Kampfes in der Abschaffung von ungleichen Chancen innerhalb unfairer ›Herrschaftsstrukturen‹ sieht, hält er den Antagonismus konkurierender und auf Beeinflussung von anderen zielenden Interessengruppen für eine unüberwindliche Realität der ›Macht‹. Die im Führungsbegriff jedoch zugleich anvisierte Wiederentdeckung der subjektiven Erfahrung als einer Form von Selbstbestimmung – und als dem eigentlichen Ort des Widerstands gegen strukturelle Herrschaft oder gegen die Macht konkreter anderer – hat Foucault freilich erst, wie ich nun zeigen möchte, in der Einleitung zur Fortsetzung der Geschichte der Sexualität, *Der Gebrauch der Lüste* (Band 2), wirklich explizit gemacht.

3. Der Begriff der Führung läßt in bezug auf das Subjekt zwei Möglichkeiten offen: Entweder ich werde geführt oder ich führe mich selbst. Der entscheidende, im Begriff der Selbstführung liegende Gewinn dieses Konzepts ist dabei aber selbst noch insofern unvollständig (bzw. unvollständig entfaltet), als der Begriff der Selbstführung den Begriff des Selbst notwendig beinhaltet. In den erst wenige Tage vor seinem Tod erschienenen Bänden 2 und 3 der Geschichte der Sexualität, *Der*

Gebrauch der Lüste und *Die Sorge um sich* (1984) hat Foucault nun
diese letzte Folgerung der sich seit den Tanner-Lectures vollziehenden
Denkbewegung gezogen. Statt wie in der Archäologie allein diskursive
Regeln als Gegenstand der Analyse gelten zu lassen, und statt wie in
der Genealogie den Machtpraktiken einen unbestreitbaren Vorrang
bezüglich der Erfahrungsbildung einzuräumen, betont Foucault nun
das Unzureichende dieser Perspektiven für die Analyse subjektiver
Erfahrungen. Diese hatten sich von selbst als Thema bereits in der
genealogischen Perspektive insofern aufgedrängt, als die Bio-Macht
wesentlich über die Verinnerlichung bestimmter Machtprozeduren,
also über eine das Subjekt in seinem Selbstverständnis betreffende
Erfahrungsdimension wirkte. In der Einleitung der – nunmehr freilich
theoretisch völlig umgestalteten – Fortsetzung der Geschichte der Sexualität bekennt Foucault nun offenherzig, daß nur eine ›begriffliche
Verschiebung‹ – so wie bereits von der Ideengeschichte zur Archäologie
und von dort zur Genealogie – dem neu entdeckten Gegenstandsbereich
des individuellen Selbstverhältnisses gerecht werden könnte: »Jetzt
schien es nötig, eine dritte Verschiebung vorzunehmen, um das zu
analysieren, was als ›das Subjekt‹ bezeichnet wird; es sollte untersucht
werden, welches die Formen und die Modalitäten des Verhältnisses
zu sich sind, durch die sich das Individuum als Subjekt erkennt und
konstituiert.« (GL 12)

Das unbestreitbar Überraschende dieser Formulierung ist das Eingeständnis, daß nur eine theoretische Perspektivenverschiebung eine
adäquate Analyse des Subjekts zustande bringen kann. Bislang hatte
Foucault ja immer den Anschein erweckt, mit der archäologischen und
genealogischen Destruktion von Subjektphilosophie und Humanismus
alles Wesentliche zum Thema ›Subjektivität‹ gesagt zu haben. Nun aber,
im Zuge der von uns nachgezeichneten Denkschritte, ergibt sich aus
Foucaults eigener Fragestellung der Bestimmung des Widerstandsortes
gegen Macht die Frage, wie sich Selbstführung überhaupt von Fremd-
führung begrifflich abgrenzen läßt. Und diese Frage – daran kann kein
Zweifel bestehen – führt wie von selbst auf eine Thematisierung eines
gewissermaßen autonomen bzw. selbstbestimmten Selbstverhältnisses
zurück. Statt also die subjektive Erfahrungsdimension schlicht auf
Diskursregeln oder Machtproduktion zu reduzieren, wird sie nun
als dritte, wie Foucault sagt, »Erfahrungsachse« gleichwertig in den
Analysekatalog aufgenommen. Neben Diskurspraktiken, die mit der
Konstitution von Wahrheitsregeln in wissenschaftlichen Diskursen
beschäftigt sind, und Machtpraktiken, die durch Normierung und
Ausgrenzung Herrschaft über andere auszuüben versuchen, ist die
Ebene der Selbstpraktiken genauer ins Visier zu nehmen. Denn nur

durch die Analyse dieser Ebene kann wirklich verstanden werden, wie Individuen sich selbst in Herrschaft nehmen – also statt fremdbestimmt selbstbestimmt handeln – und wie sie auf diese Weise eine gewisse Unabhängigkeit von den herrschenden Diskurspraktiken oder Sozialpraktiken der Macht erreichen können.

Es geht in einer vollständigen »Geschichte der Wahrheit« also nicht schlechterdings um Diskurse oder Praktiken, sondern vielmehr um »die *Problematisierungen*, in denen sich das Sein gibt als eines, das gedacht werden kann und muß, sowie (um) die *Praktiken*, von denen aus sie sich bilden.« (GL 19) Methodologisch gesehen wird es dabei immer eine archäologische Analysedimension geben, die die Regeln der Problematisierung in Diskursen (ob wissenschaftlich, lebenspraktisch, ästhetisch etc.) untersucht, und eine genealogische Ebene, die die wirklichen Entstehungsherde, also die soziopraktischen Kontexte, miteinbezieht. Ontologisch aber, so behauptet Foucault nun, muß man dreidimensional denken:

»Drei Gebiete von Genealogie sind möglich: Erstens eine historische Ontologie unserer selbst im Verhältnis zur Wahrheit, durch das wir uns als Subjekte des Wissens konstituieren. Zweitens eine historische Ontologie unserer selbst im Verhältnis zu einem Machtfeld, durch das wir uns als Subjekte konstituieren, die auf andere einwirken; drittens eine historische Ontologie im Verhältnis zur Ethik, durch das wir uns als moralisch Handelnde konstituieren.« (GE 275)

Während in *Wahnsinn und Gesellschaft* alle drei Dimensionen miteinander verwoben waren, haben sich die späteren Arbeiten der sechziger Jahre der diskursiven Wahrheitsdimension, die der siebziger Jahre der Machtkonstitution zugewandt. Nun aber kommt es, in den letzen von Foucault veröffentlichten Arbeiten, auf die energische Entfaltung der ›ethischen Achse‹ an.

Mit der Einführung eines weder auf Diskurse noch auf Macht reduzierbaren Selbstverhältnisses hat Foucault nun endlich begrifflich jenen Gegenpol zur Macht erreicht, den er implizit schon in *Überwachen und Strafen* und im späteren Begriff der Macht als Führung in Anspruch nahm. Die Wiedereinführung einer subjektiven Erfahrungsdimension, daran sollte kein Zweifel bestehen, hat jedoch nichts zu tun mit einer Rückkehr zu den früher kritisierten Positionen der Humanwissenschaften oder Subjektphilosophie. Denn mit dem ethischen Selbstverhältnis wird ›dem Subjekt‹ nun nicht die gesamte epistemische Arbeit, die Synthesis-Leistung des Kantisch-Husserlschen Subjekts, erneut aufgebürdet. Das *ethische Subjekt* der Lebenspraxis, das sich in vorgefundenen Verhältnissen konkret, durch praktische Arbeit an sich selbst, zu entwickeln versucht, ist nicht mit dem *epistemischen Subjekt* der Bewußtseinsphilosophie identisch:

»Hier muß man unterscheiden. Zunächst denke ich allerdings, daß es kein souveränes und konstitutives Subjekt gibt, keine universelle Form des Subjekts, die man überall wiederfinden könnte. Einer solchen Konzeption vom Subjekt stehe ich sehr skeptisch, ja feindlich gegenüber. Ich denke hingegen, daß das Subjekt sich (entweder) über Praktiken der Unterwerfung konstituiert (oder) bzw. – auf autonome Art und Weise – über Praktiken der Befreiung und Freiheit [...]« (VdF 137, 138)

Hier wird das reale Subjekt zugleich vom transzendentalen Subjekt unterschieden und – mittels des Begriffs der ›Befreiungspraktiken‹ – eine Unterscheidung des realen Existierens des Subjekts als entweder durch Machtpraktiken fremdbestimmt oder durch Selbstpraktiken selbstbestimmt eingeführt.

Foucault gelingt so eine im Diesseits, in der realen gesellschaftlichen Praxis verortete Bestimmung des Kampfes zwischen Macht und Freiheit – des Widerstandskampfes also –, ohne auf eine transzendentale oder universalphilosophische Denkfigur Bezug nehmen zu müssen. Wie diese am konkreten Lebensvollzug orientierte und mithin ›lebensethische‹ Dimension nun tatsächlich praktisch auszufüllen und begrifflich zu denken ist, hat Foucault im Rückgang auf die griechische, gewissermaßen ›vorpastorale‹ Lebensform entfaltet.

3. Die Selbstkonstitution des Moralsubjekts: Foucaults Genealogie der Ethik

Tatsächlich liegt das Entscheidende der durch den Begriff der Führung ermöglichten Wiederentdeckung des Subjekts darin, daß ein bloßer ›Soziologismus‹, also die Reduktion aller Vorschriften und Handlungen auf gesellschaftliche Faktoren, nun überwunden wird zugunsten einer ethischen Perspektive, die dem selbstbestimmten Handeln des Subjekts eine zentrale Rolle einräumt. Statt sich bezüglich herrschender Normen und Macht allein an körperlich ekstatischer Überschreitung (wie im Sadomasochismus z. B.) oder an politischen Revolten gegen das herrschende System (wie in subkulturellen Befreiungsbewegungen) orientieren zu müssen, kann nun auch die autonome Arbeit des Individuums an sich selbst ins thematische Blickfeld rücken. Mit dem Begriff der Selbstführung wird demnach eine existentiell-ethische Sicht eröffnet, da nunmehr die Seinsweise des Subjekts als eine von

diesem selbst zu etablierende Realität, als eine dem Subjekt selbst
sich stellende Aufgabe begriffen werden kann und muß. Während
in der Thematisierung der Moral gemeinhin immer entweder auf
die Normen oder Vorschriften als solche geachtet wird oder aber
die tatsächlichen Verhaltensweisen und Praktiken der Menschen
untersucht werden, geht es für Foucault in der ethischen Dimension
gerade um **das Verhältnis der Subjekte zu sich selbst** angesichts der
präskriptiven Realität von Normen auf der einen und den faktischen
Verhaltensformen auf der anderen Seite:

>»Ein Drittes (neben Normen und Handlungen, HHK) ist die Art und
>Weise, wie man sich führen und halten – wie man sich konstituieren soll
>als Moralsubjekt [...] Ist ein Handlungscode sowie ein bestimmter Typ von
>Handlungen gegeben [...] so gibt es verschiedene Arten, moralisch ›sich zu
>führen‹, verschiedene Arten für das handelnde Individuum, nicht bloß als
>Agent, sondern als Moralsubjekt jener Aktion zu operieren.« (GL 37)

Für Foucault ist dies sogar die eigentlich grundlegende Dimension
moralischer Erfahrung. Nur indem sich das Subjekt als ein Moralsubjekt, also als die bewußte und selbstbestimmte Instanz seiner
sittlichen Handlungen im realen Leben praktisch konstitutiert,
kann der Zusammenhang von Normen und Handlungen überhaupt
begriffen werden:

>»Es gibt keine einzelne moralische Handlung, die sich nicht auf die Einheit
>einer moralischen Lebensführung bezieht; keine moralische Lebensführung,
>die nicht die Konstitution des Moralsubjekts erfordert; keine Konsti-
>tution des Moralsubjekts ohne ›Subjektivierungsweisen‹ und ohne ›Asketik‹
>oder ›Selbstpraktiken‹, die sie stützen. Die moralische Handlung ist nicht zu
>trennen von diesen Formen der Einwirkung auf sich selber.« (GL 40)

Für Foucault gilt nun als ausgemacht, daß das Befolgen von Normen
in praktischen Lebenskontexten nur über ein Verhältnis zu sich selbst
als Subjekt dieser Handlungen möglich ist. Wenn aber neben den
Normen, die in einer Kultur als Vorschriften gelten, und den Praktiken, in die man notwendig einsozialisiert wird, eine dritte, sogar
fundamentalere Realität des Verhältnisses zu sich – bzw. des über das
Selbstverhältnis vermittelte Verhältnis zu Normen und Handlungen
– besteht, dann kann diese auch dem Widerstand gegenüber etablierten Normen und Praktiken als Ausgangspunkt und Operationsbasis
dienen. Indem sozusagen diese vor-normative und vor-praktische
Dimension des Selbstverhältnisses gezielt in Selbstregie genommen
wird, läßt sich ein aktiver, nicht bloß reaktiver Widerstand gegen die
Macht aufrichten.

Foucaults späte ›Lebensethik‹ hat also zum erklärten Ziel die gedankliche Ausarbeitung der Möglichkeiten solcher Selbstbeziehungsformen, wenn man den Kontext der existentiellen Ausbruchsversuche und sozialen Revolten gegenüber Macht, in die auch diese Überlegungen noch eingebettet bleiben, nicht willkürlich ausblendet. Es geht um die Stärkung und um die Entfaltung des Potentials, das in diesem irreduziblen ethischen Verhältnis zu sich selbst steckt. In der Natur der Sache liegt dabei, daß es sich nicht um einen neuen Normenkatalog, um eine neue Form von Universalethik oder eine Vorschriftenlehre handeln kann; vielmehr soll ja das genuine, eben nicht auf Normen oder Verhaltensmuster reduzierbare Selbstverhältnis genauer bestimmt und so als ethische Realität gegen Macht eingeführt werden. Foucault bleibt somit seiner genealogischen Fragestellung konsequenterweise auch im ethischen Kontext treu. Durch den Rückgang auf jene Formen von Selbstverhältnis, die noch nicht unter die moderne Pastoralmacht geraten sind, lassen sich womöglich ethische Weisen der Selbstkonstitution aufdecken, die Hinweise auf ein am Subjekt und seinem Selbstverhältnis orientierten Widerstand denkbar werden lassen. Indem Foucault so im Kontext einer Geschichte der westlichen, nunmehr auf die Antike zurückgreifenden Kultur bleibt, zugleich aber den in den Tanner-Lectures entdeckten Punkt Null der Bio-Macht in den griechischen Lebensverhältnissen zum Ausgangspunkt einer Analyse ethischer Selbstverhältnisse macht, versucht er in der Tat, eine gewisse ethische Alternative zu modernen Konzepten des Selbstbezuges plausibel zu machen. Wir werden im abschließenden Teil des Kapitels die Relevanz der Foucaultschen Genealogie der Ethik, die wir hier in ihren Grundzügen darstellen, gezielt zum Thema machen.

Die klassisch-griechische Ästhetik der Existenz. Der erste Fortsetzungsband der Geschichte der Sexualität, *Der Gebrauch der Lüste*, bezieht sich auf das Verhältnis des Subjekts zur Lust im klassischen Griechenland des vierten Jahrhunderts vor Christus. Im Rahmen von vier Erfahrungsdimensionen stellt sich dabei für die Griechen – wie übrigens auch ohne nennenswerte thematische Modifikation für die folgende Geschichte – das Problem der Lust: Als Problem des Körpers, bei dem es um Gesundheit und Vitalität geht; als Problem der Institution der Heirat, bei dem die Fragen des Geschlechterverhältnisses, des Status' der Ehefrau und der familiären Bande eine Rolle spielen; als Problem des Verhältnisses zum eigenen Geschlecht, bei dem die Frage der Relation von Sexualbeziehung und Machtverhältnis (besonders in bezug auf die Liebe mit später zu Männern werdenden Knaben) im Zentrum steht; und schließlich als Problem der Weisheit, bei dem

es sich um die Frage des angemessenen und möglichen Zugangs zur
Wahrheit dreht.

Vor allem anhand der Texte von Platon, Aristoteles und Xenophon entfaltet Foucault die für diese Kultur charakteristische ›Ethik
der Selbstbeherrschung bzw. Selbstkontrolle‹, in der sich die freie,
männliche, politische Elite ein eigenes Modell der souveränen Selbstbeziehung erarbeitet.

Zugang verschafft sich Foucault zu dieser ›Lebensethik‹ durch
ein heuristisch gemeintes Erkenntnisraster, welches die Beziehung
des Subjekts auf die zuvor angesprochenen Erfahrungsdimensionen
erfassen kann. Demnach ist bei der ethischen Selbstwahl und Selbstkonstitution generell zu unterscheiden zwischen dem Gegenstand der
Problematisierung (der ›ethischen Substanz‹), der Art der Beziehung
zu moralischen Werten oder Vorschriften (der ›Unterwerfungswei-
se‹), den Mitteln der Selbstbearbeitung zwecks Erreichung des Status eines Moralsubjekts (der ›ethischen Arbeit‹ oder ›Ausarbeitung‹),
und schließlich dem Ziel der moralischen Vervollkommnung (der
›Teleologie‹). Bereits die Bestimmung der ethischen Substanz bei
den alten Griechen zeigt freilich die Distanz dieser Lebensform zu
unserem Vorverständnis bezüglich Sexualität. Hier geht es nämlich
um ein maßvolles, beherrschtes Verhältnis zur *Aphrodisia*, womit
das Lustempfinden selbst, die Begierde danach und die ausführende
sexuelle Handlung gleichermaßen gemeint sind. Der klassische freie
Grieche sieht Erlebnis, Verlangen und Genuß nach Lust und Sex nicht
als etwas Widernatürliches oder Böses oder unsere tiefste Wahrheit
Beinhaltendes an, sondern als ein von der Natur gegebenes Problem,
gegebenenfalls als Gefahr, insofern es Exzess, Schwächung, Dekadenz
und Verfall bedeuten kann.

Der Gefahrcharakter der Aphrodisia bedeutet nun freilich weder
symbolische Verteufelung noch praktische Abstinenz, sondern stellt
vielmehr die Aufgabe eines kontrollierten, bewußten und souveränen
Umgangs mit der Lust. Die Gefahr beinhaltet so das Potential der
Selbstbildung. An der Aufgabe der Herstellung eines bewußten Verhältnisses – praktisch und theoretisch – zur ›Sexualität‹ bildet sich der
Grieche also zum Subjekt seiner selbst. Die Art der Unterwerfung ist
immer eine Art Selbstunterwerfung, denn es geht nicht um die haar-
kleine Befolgung gestanzter Vorschriften, sondern um die jeweils auf
die richtigen Zeiten, Umstände und Partnerqualitäten achthabende
Selbstführung in Sachen Lust. Um hierin ein Meister seiner selbst
zu werden, ist – das betrifft die Frage nach der Ausarbeitung dieser
Lebensethik des sexuellen Maßhaltens – beständige Übung und
praktische Selbstdisziplin notwendig; die Askese dient hier nicht der

Weltflucht (oder einer Transzendenzerfahrung), sondern vielmehr der Errichtung unbedingter Selbstkontrolle über sich im jetzigen Leben. Nur auf diese praktische Weise erreicht man das eigentliche Ziel der Ethik: die Vervollkommnung der Herrschaft über sich selbst.

Der klassische (männliche, freie, gebildete) Grieche erschafft sich selbst als selbstbestimmtes Moralsubjekt. Keinesfalls ist dies aber als eine egoistische oder individualistische Selbstgestaltung im Sinne einer Abschottung des Selbst vom sozialen Leben zu verstehen. Der eigentliche Wert dieser Praxis bleibt vielmehr eingebunden in die gesellschaftliche Welt. Die Konzentration auf sich selbst, die Errichtung einer ›Selbstherrschaft über sich‹, ist vielmehr zugleich Voraussetzung für die Herrschaft über andere. Das Verhältnis zu Sklaven, Frauen und Knaben in der Liebe ist zwar asymmetrisch; es bleibt dennoch ein soziales Verhältnis, bei dem die Selbstbeherrschung letztlich dem Zweck der Rechtfertigung und praktischen Ermöglichung der Herrschaft über andere dient. Eigentliches Ziel ist also nicht eine ego-zentrierte Selbstbeziehung, sondern vielmehr die souveräne Realisierung seiner selbst im öffentlichen Leben – die eben nur möglich ist aufgrund gelungener Selbstkontrolle. Im Grunde zielt die Selbstvervollkommnung somit auf eine ›Ästhetik der Existenz‹, in der den Momenten sozialer Anerkennung, ästhetischer Stimmigkeit/Ausgewogenheit und der wahrhaften Befolgung des Vernünftigen gleichermaßen Genüge geleistet wird. Unter ›Ästhetik der Existenz‹ ist somit

»eine Lebensweise zu verstehen, deren moralischer Wert [...] auf gewissen Formen oder vielmehr auf gewissen formellen Prinzipien im Gebrauch der Lüste, auf ihrer Aufteilung, Begrenzung und Hierarchisierung [...] beruht. Durch den *lógos*, durch die Vernunft und durch das Verhältnis zum Wahren, von dem es sich bestimmen läßt, fügt sich so ein Leben in die Erhaltung oder die Reproduktion einer ontologischen Ordnung ein; andererseits empfängt es den Glanz einer Schönheit in den Augen derer, die es betrachten oder in ihrer Erinnerung bewahren können. Über diese mäßigende Existenz, in der Wahrheit begründetes Maß gleichzeitig Respekt einer ontologischen Struktur und Profil einer sichtbaren Schönheit ist, haben sich Xenophon, Platon und Aristoteles wiederholt geäußert.« (GL 118)

Die Ethik des Maßhaltens, die Selbstkonstitution als souveränes Subjekt ist also kein ›Subjektivismus‹, sondern die Selbsteinordnung in ein höheres, umgreifendes Ganzes, das zugleich Wahrheit, Sittlichkeit und Schönheit bedeutet.

Die hellenistisch-römische Sorge um sich. Im zweiten Fortsetzungsband, *Die Sorge um sich*, untersucht Foucault nun die Veränderungen, die sich in bezug auf diese Selbstethik in den ersten drei nachchristlichen Jahrhunderten in der antiken – griechischen und römischen – Welt feststellen lassen. Zunächst hat sich weder der Gegenstand der sexuellen Sorge geändert noch ist der allgemeine Rahmen einer Ethik der Selbstbeherrschung bereits, wie später im Christentum, verlassen. Doch der Zerfall des politischen Zentralismus und die oft in Zusammenhang damit festgestellte ›Individualisierung‹ und ›Privatisierung‹ im Hellenismus bewirken dennoch eine – wenngleich bislang nicht hinreichend beschriebene – Neugestaltung der Selbstethik. Das neuerwachte und allgemein bekannte Interesse an persönlicher Ethik ist nämlich nicht durch Dekadenz, politische Frustration oder den vielbeschworenen ›Rückzug ins Private‹ (ohnehin nur tautologisch) zu erklären, sondern muß als positive Antwort der damaligen Elite verstanden werden, sich eine neue ›Stilistik der Existenz‹ zu schaffen. Der Wandel der allgemeinen sozialen Strukturen bewirkt ein Aufbrechen der harmonischen Ordnung der Antike, auf das die hellenistischen Bürger – keineswegs nur Reflex objektiver Verhältnisse – auf selbstbestimmte und originelle Weise reagieren. Ihre Antwort besteht in der Kreation einer ›Kultur des Selbst‹, in der nunmehr das notwendige Band zwischen politischer Herrschaft und Selbstherrschaft gelockert und die auf das eigene Selbst konzentrierten Praktiken und Übungen einen ganz besonderen Stellenwert einnehmen.

Man darf freilich nicht aus den Augen verlieren, daß sich diese Persönlichkeitsethik – für die Foucault vor allem die stoischen Autoren Seneca, Epiktet und Marc Aurel heranzieht – durchaus noch mit Bezug auf das Allgemeine, auf die Vernunft schlechthin vollzieht. Während sich die auf Sexualität bezogenen Verbote und Vorschriften kaum (bis auf einige unbedeutende Verschärfungen) geändert haben, öffnet sich gewissermaßen die Schere zwischen dem Subjekt als solchem und seiner sozialen Rolle beträchtlich – was wiederum die Einstellung zum Sex verändert und sich an dieser Veränderung ablesen läßt. Zum einen geht aus der Autonomisierung des Subjekts (die politisch-soziale Ursachen haben mag) eine Befreiung bezüglich des sozialen Status und die Ermöglichung reziproker Beziehungen zu anderen hervor. Das sexuelle Verhalten und die darin ausgeübte Selbstbeherrschung hat der Vernunft als solcher zu folgen, sie ist weniger auf die konkreten Standespflichten herrschender freier Bürger bezogen. Zugleich lockert sich das hierarchische Band zwischen Männern und Frauen: die Ehe wird eher als Beziehung gleichwertiger Partner in Liebe betrachtet denn als wesentlich ökonomisches Verhältnis wie zu Zeiten Platons. Das Subjekt schafft sich so einen gewissen Freiraum gegenüber der klassisch-antiken Ordnung, auch wenn, um es nochmals zu betonen, der Stoiker die Freiheit bekanntlich nur durch eine Erkenntnis der Naturordnung und durch ein Eindringen in das Wesen der Dinge erlangen zu können glaubt. Wichtig ist aber vor allem, daß die hellenistische Selbstsorge das Schwergewicht auf den Aspekt der *Selbstbearbeitung* legt. Das Sich-um-sich-selbst-kümmern wird nun geradezu zum Zentrum, fast zum Selbstzweck der ethischen Arbeit. In diesem, so Foucault, »goldenen Zeitalter der Selbstkultur« werden unzählige Praktiken erfunden und erprobt, die das Selbst zu souveräner Selbstbeherrschung führen sollen – und so die Selbstführung überhaupt erst möglich und wirklich machen. Übungen dieser Art sind, um nur einige Beispiele zu nennen, Zurückhaltung in Speise und Trank bei gleichzeitigem Anschauen üppigster Tafeln, Selbstkontrolle der Begierde bei visuellem Kontakt zu attraktiven möglichen Geschlechtspartnern, die berühmte stoische Regel, stets zu prüfen, was in der eigenen Macht liegt und was nicht, um daran anschließend unnützen Ärger und Aufregung zu sparen, das ›Bilanzieren‹ am Ende des Tages, um die gelungenen von den mißglückten und zu tadelnden Handlungen zu unterscheiden. In alldem – und das ist Foucault wichtig – kommt es wiederum nicht auf die Konformität zu einem herrschenden Kode an, sondern vielmehr auf eine auf die konkrete eigene Existenz bezogene Selbstgestaltung. Die Selbstpraktiken haben nicht zur Aufgabe, objektiv gut oder böse zu bestimmen oder die Wahrheit über die eigene Natur ans Licht zu fördern, sondern sie machen nur Sinn als Momente einer Arbeit an sich selbst, die zu höherer Selbstvervollkommnung und zu einer harmonisch selbstbestimmten Existenz befähigen soll.

Die christlich-mittelalterliche Hermeneutik des Begehrens. Die Bedeutung der im Hellenismus, vor allem von den Stoikern entwik-kelten »Technologien des Selbst« (Foucault) ändert sich nun freilich beträchtlich im Kontext der christlichen Seelsorge. Zunächst ist freilich von dieser, von Foucault in einem vierten, bislang unveröffentlichten Band *Die Geständnisse des Fleisches* analysierten Ethikform zu sagen, daß sie keinen absoluten Einschnitt, keinen klar gezeichneten Bruch mit der hellenistischen Praxis darstellt. Vielmehr vollzieht sich langsam und in vielen Überlappungen eine Verschiebung in der Art des Selbstverhältnisses, das sich nun nicht mehr auf die Aphrodisia bezieht und nicht mehr an persönlicher Selbstbeherrschung interessiert ist, sondern dem es um eine über die Sexualität vermittelte Erfahrung der Transzendenz geht.

Foucault hat das christliche Modell zum Vergleich in den früheren Büchern oft angeführt, er hat sich in Interviews darauf bezogen, und

es liegt die (wohl in den vierten, unveröffentlicht gebliebenen Band
über das Christentum gehörende) bereits erwähnte Interpretation
der christlichen Heilssorge bei Johannes Cassian »The Battle for
Chastity« (in PPC) vor. Dennoch bleibt der genaue Übergang vom
Hellenismus zur christlichen Form der Selbstpraktik in wesentlichen
Punkten im Dunkeln. Was sich freilich mit Sicherheit feststellen läßt,
ist die vermutlich durch den Platonismus/Neuplatonismus ermöglichte
Verschiebung hin zur Transzendenz. Die in der antiken und hellenistischen Selbstpraktik durchaus angelegte Beziehung zur Wahrheit
wird nun derart radikalisiert und umgedeutet, daß die Sexualität
selbst als ein Zeichen, als Ausdruck der sich in uns offenbarenden
göttlichen Wahrheit begriffen werden muß. Gegenstand der Sorge ist
nun nicht mehr die gewollte und erlebte Lust, sondern allein schon
das Begehren nach derselben, das zugleich als Zeichen des Bösen, des
Sinnlichen, des rein Weltlichen verstanden wird. Das Weltliche aber,
das sich in der verspürten Fleischeslust zu erkennen gibt, ist zugleich
das Unwahre, um dessen Überwindung es geht. Anhand des Textes
›Institutiones‹ von Cassian hat Foucault näher analysiert, wie diese
Art der Selbstpraktik strukturiert ist. Auffallend ist zunächst, daß das
Begehren selbst fast ausschließlich Thema der ethischen Selbstbeziehung ist: Wirkliche Akte oder die erlebte Lust kommen bei Cassian
so gut wie gar nicht vor. Das Verhalten zu diesem Begehren ist nun
aber das der totalen Unterwürfigkeit: Es geht um die Entdeckung
der göttlichen Gnade in einem selbst, um eine totale Selbst-Dechif-
frierung, deren Aufgabe die Feststellung der eigenen Reinheit – und
so auch der moralischen Werthaftigkeit – ist. Daraus folgt, daß die
Selbstpraktiken (zum Teil diesselben des Hellenismus) nun nicht zur
Selbststeigerung des Subjekts im Diesseits eingesetzt werden, sondern
zu einer Art Selbstauslöschung, zu einer Negation des Selbst, um so
zur göttlichen Wahrheit in Reinheit aufzusteigen. Das wesentliche
Ziel dieser Lebensethik ist also das Erlangen der Reinheit, und zu
diesem Zweck muß die eigene Seele einem dauernden Verhör und
einer ständigen Selbstkontrolle ausgesetzt werden.

   Mit dieser letzten Stufe seiner Genealogie der Selbstethiken hat
Foucault nun den Anschluß an die Gegenwartsdiagnose gewonnen.
Die christliche Selbstpraktik der Hermeneutik des Begehrens vollzieht
sich nämlich im Modus des Geständnisses – jener besonderen Praktik
also, die in der modernen Macht ihres theologischen Kontextes entkleidet, beibehalten und sogar verstärkt wurde. Die subjektivierenden
Humanwissenschaften – auch wenn die Zwischenstufen hier natürlich viel genauer zu untersuchen wären – lassen sich als letztes und
zeitgenössisches Glied jener Geschichte der Selbstethiken verstehen,

die das Verhältnis des Subjekts zu sich selbst zugleich thematisieren und bilden. Mit diesem historischen Bezug wird freilich auch der eigentlich theoretische Stachel des Rückgangs auf antike Praktiken der Selbstbeziehung wieder ins Bewußtsein gerückt: Die akribische Analyse griechischer, römischer und christlicher Autoren war ja keineswegs gelehrter Selbstzweck, sondern unterstand vielmehr dem Ziel einer Suche nach anderen Möglichkeiten des Selbstbezuges. Es ging darum, die Objektivierung des Subjekts in subjektivierenden und disziplinierenden Macht-Wissen-Verfahren ihres kontingenten Charakters zu überführen und – ohne dabei unsere eigene Geschichte und Tradition zu verlassen – alternative Möglichkeiten der Selbstkonstitution des Moralsubjekts aufzuzeigen.

Heißt das nun freilich, daß die griechische Ästhetik der Existenz (bzw. die hellenistische Selbstsorge) an sich schon eine konkrete Alternative zum modernen Selbstbezug darstellt? Läßt sich von der antiken Lebenskunst aus tatsächlich ein plausibler Widerstandshort gegen moderne Macht aufbauen?

4. Ästhetik der Existenz – ein modernes Ethos des Widerstands und der Freiheit?

Foucault hat – gut archäologisch – jeden unvermittelten Bezug der antiken Lebensethik auf moderne Verhältnisse abgelehnt: Man kann die Begriffe und Praktiken, die als Problemlösungen in bestimmten historischen und kulturellen Kontexten entwickelt wurden, nicht einfach in andere verpflanzen. Trotz der angebrachten Skepsis gegenüber der Idee exemplarischer Vergangenheiten hat er freilich dennoch keinen Zweifel daran gelassen, daß die griechische Ästhetik der Existenz eine große Attraktivität für uns Moderne haben kann. Es besteht, so Foucault, seit Ende der sechziger Jahre eine gewisse Familienähnlichkeit in den Verhältnissen gegenüber uns selbst, der Moral und der Gesellschaft zwischen Aspekten der klassischen Lebensethik und der Gegenwart. Die sozialen Befreiungsbewegungen ebenso wie der philosophische Diskurs tragen nach Foucault der Einsicht Rechnung, daß ein gutes Leben nur in eigener Regie, als selbstbestimmte Existenz – und nicht durch rigide Unterwerfung unter einen allgemeinen und für alle gültigen Normenkode – möglich und realisierbar ist: »Es scheint mir, daß man den Leuten die Möglichkeit gibt, sich selbst zu bestimmen, ihnen somit die Wahl ihrer Lebensweise angesichts all dessen (d. h. angesichts der realen Machtverhältnisse, HHK) selbst überläßt.«

(PPC 50) Diese in der konkreten Selbstbestimmung der Lebensführung begründete Anziehungskraft der Ästhetik der Existenz für uns Moderne läßt sich in den folgenden **fünf Aspekten** – die Foucault in Interviews ganz deutlich auf die gegenwärtige Situation bezogen hat – zusammenfassend darstellen:

1. Attraktiv ist die antike Lebensethik zunächst dadurch, daß hier die Lebensführung wirklich in die Hände der Subjekte selbst gelegt ist. Es gibt keine öffentliche oder soziale Institution, von der die Erlangung der Selbstbeherrschung, die Bestimmung des rechten Maßes für einen selbst und die Intensität sowie die besondere Art der ›Selbsttechniken‹ in bezug auf sexuelles Verhalten abhängt. Gewiß, der Wert der Mäßigung oder Selbstbeherrschung ist ein allgemeiner und geteilter Wert – doch ist die lebendige Erfüllung desselben in der konkreten Praxis allein den Subjekten selbst überlassen. Faszinierend für Foucault ist »die Vorstellung, daß die Ethik der Existenz eine sehr starke Struktur geben kann, ohne sich auf ein Rechtswesen, ein Autoritätssystem oder eine Disziplinstruktur beziehen zu müssen.« (GE 272) Statt auf einem institutionellen Mechanismus beruht die antike Ethik – und das ist hier ein durchaus tragfähiges Fundament – auf der **persönlichen Entscheidung**.

2. Die Verankerung in subjektiver Wahl statt in sozial-objektiven Regeln kommt zweitens darin zum Ausdruck, daß jeder Bezug auf eine transzendente, normativ legitimierende Instanz ausgeschlossen ist. Das Subjekt ist in der antiken Ästhetik der Existenz mit sich selbst um seiner selbst willen beschäftigt – es ist nicht auf ein Jenseits, auf eine ›höhere‹ (Christentum) oder ›tiefergelegene‹ (moderne Humanwissenschaft, Psychoanalyse) Wahrheit in ihm selbst ausgerichtet. Das bedeutet wiederum einen wesentlichen Zuwachs an Freiheit und Selbstbestimmung, denn nun ist das Gelingen der eigenen Lebensweise nicht von einem autoritativen Gesetzeskode abhängig, dem man Folge zu leisten hätte. Es existieren keine absolut anzuerkennenden Wahrheiten und Normen gewissermaßen ›über‹ oder ›außerhalb‹ der konkreten Lebenspraxis, sondern nur Anweisungen, praktische Ratschläge und mögliche Fingerzeige, die man sich bei Bedarf zunutze machen kann. Die praktische und analytische Beziehung zu sich selbst ist so der eigenen Autorität unterstellt statt fremdbestimmt: »Die Bewegung der Analyse und die Bewertungsverfahren gehen nicht vom Akt zu einem Bereich, etwa dem der Sexualität oder dem des Fleisches, in welchem göttliche, bürgerliche oder natürliche Gesetze die erlaubten Formen bezeichnen; sie gehen vom Subjekt als sexuellem Akteur zu den anderen Bereichen des Lebens, in denen es aktiv ist.« (Sus 50) Statt Gesetzesgehorsam gegenüber übergeordneten

Normen also die **praktische Lebensaktivität ausgehend von einem selbst.**

3. Im Vergleich zur modernen Abhängigkeit des Individuums vom humanwissenschaftlichen Experten kehrt sich hier in der antiken Lebensethik, aufgrund der Privilegierung des Subjektstandpunkts, nun auch das Verhältnis von Lebensweise und Wahrheit – oder von Ethik und Wissenschaft – gewissermaßen um: Nicht hat die Lebensführung sich gnadenlos den Richtlinien objektiv wahrer Befunde zu unterwerfen, sondern vielmehr kommt es auf eine selbstbestimmte Wahl und eine souveräne Verwendung des wissenschaftlichen Wissens von seiten der Subjekte an. Subjekte sind in der antiken Existenzkunst nie bloße Objekte der Wissenschaft, sie bleiben immer, auch und gerade sofern ihre Leiden und Bedürfnisse Gegenstand von genaueren Analysen sind, die partnerschaftlichen Ko-Subjekte und die letzte Instanz der Entscheidung. Foucault geht sogar so weit, die ethische Dimension als unabhängig und gewissermaßen primär gegenüber der Ebene wissenschaftlicher Wahrheiten anzusetzen: »Meiner Ansicht nach ist es keineswegs notwendig, ethische Probleme auf wissenschaftliches Wissen zu beziehen.« (GE 273) Die Griechen praktizierten den **Primat der Ethik gegenüber der Wissenschaft,** während heute das ethische Leben der Subjekte von ›wissenschaftlich‹ qualifizierten Experten verwaltet wird. Die Befreiung von humanwissenschaftlicher Wahrheit heute – ganz im Sinne der Existenzästhetik – wäre so ein Rückgewinn praktischer Freiheit.

4. Besonders wichtig im Zusammenhang mit der immer mitschwingenden Problematik des Widerstands ist nun weiterhin der lebenspraktische Zug der antiken Ethik. Der Gegenstand der Ethik ist hier kein allgemeines Vernunftsubjekt, das sich – darin dem Erkenntnissubjekt der Moderne analog – in Selbstgesetzgebung des freien und reinen Willens unter allgemeine Moralprinzipien stellt. Dieser Schritt war erst, so Foucault, durch Descartes möglich geworden. In seinen *Meditationen* (deren Titel freilich noch einen Bezug zur Technik der Selbstpraktiken anzeigt) befreit er die Selbsterkenntnis von ihrer seit der Antike herrschenden Beziehung zur praktischen Selbstsorge. Jeder kann nun die Wahrheit erkennen, und zwar allein aufgrund seines Status als Subjekt, ohne notwendige ›Selbstbearbeitung‹. Dies ermöglicht dann wiederum Kants Schritt zum universalen Sittengesetz, das jedes Subjekt als solches schon in sich tragen soll. Was hier jedoch unter den Tisch fällt, ist die für die antike Ethik wesentliche Form der Selbstpraktiken oder ›Selbsttechnologien‹. Durch diese erzeugt sich das Subjekt nämlich überhaupt erst als gutes, tugendhaftes, sozusagen real existierendes Moralsubjekt:

»Dieses ist nicht einfach ›Selbstbewußtsein‹, sondern Konstitution seiner selbst
als ›Moralsubjekt‹, in der das Individuum den Teil seiner selber umschreibt,
der den Gegenstand dieser moralischen Praktik bildet, in der es seine Stellung
zu der von ihm befolgten Vorschrift definiert, in der es sich eine bestimmte
Seinsweise fixiert [...]; und um das zu tun, wirkt es auf sich selber ein, geht
es daran, sich zu erkennen, kontrolliert sich, erprobt sich, vervollkommnet
sich, transformiert sich [...] Die moralische Handlung ist nicht zu trennen
von diesen Formen der Einwirkung auf sich selber.« (GL 40)

Die praktische Selbstbearbeitung ist nun deshalb so attraktiv für uns
Moderne, weil, wie Foucaults Machtanalyse ergab, Machtstrukturen
selbst auf wesentlich praktische Weise wirken. Widerstand – doch ich
werde darauf zurückkommen – muß also über die **praktische Schiene
der Selbsttechniken** laufen, statt sich mit abstrakten Moralappellen
an das Gewissens- oder Willenssubjekt zu begnügen.

5. Das eigentliche Ziel und die vielleicht wesentlichste Faszination der Ästhetik der Existenz – die Namensgebung verrät es schon
– liegt nun aber für Foucault in der Betonung der gestalterischen,
schöpferischen und kreativen Sichtweise auf das menschliche Leben.
Statt es fixen Regeln zu unterjochen oder universaler Bevormundung
anheimzugeben, haben die Griechen **das Leben als ein zu formen-
des Kunstwerk** betrachtet; sie haben das schöpferische Potential der
Menschen nicht auf Gegenstände beschränkt, sondern sich selbst
als erhabensten Gegenstand der Lebens-Kunst betrachtet. Mit nost-
algischer Wehmut bemerkt Foucault, daß seit der Antike allein in
der Renaissance und im späten 19. Jahrhundert, von Baudelaire,
Wilde, Beardsley, also im Dandysmus das Ideal der schönen Existenz
ernstgenommen wurde: »Aber das waren nur Episoden.« (GE 283)
In der griechischen Kultur hingegen nahm die Ästhetik der Existenz
einen zentralen Stellenwert ein. Sie bildete das ethische Rückgrat,
auf dem das Verhältnis zu Normen und Institutionen, zum Körper,
zu Frauen und Knaben, schließlich zur Wahrheit und zu sich selbst
ausgebildet wurde. Der **Wille zur selbstbestimmten, bewußten und
schönen Selbstgestaltung,** durch den man die eigene Handlungs- und
Lebensweise einer gezielten Formungsarbeit unterwirft, durchdrang
das Leben der herrschenden Elite in einer Weise, die heute in Foucaults Augen eine unverminderte Anziehungskraft ausübt. Seit den
sechziger Jahren stellt die ›Ästhetik der Existenz‹ zudem, davon ist
er überzeugt, zunehmend eine reale Lebensmöglichkeit dar – freilich
nunmehr als eine für jeden offenstehende Praktik.

Tatsächlich versteht Foucault den Befreiungskampf der marginalisierten Gruppen ebenso wie das in diesem Kontext für ihn
entscheidende Ringen um alternative Formen von Subjektivität als

Kampf für souveräne Selbstgestaltungsmöglichkeiten. Es ist vor allem
dieser Sinn der freien Lebensführung, der den ethischen Impuls des
Widerstands gegen Macht ausmacht. Inwieweit dieser Vorschlag eine
tragfähige Alternative – oder auch Ergänzung – zu bestehenden Moral-
modellen abgeben kann, soll nun anhand einiger Schwerpunkte in
der modernen Diskussion behandelt werden.

1. Zunächst zum Problem der **Universalität von moralischen Urteilen.**
Obwohl Foucault bereits als Genealoge Bewertungen bewußt in die
eigene Sicht eingelassen hat und trotz seiner nunmehr offenkundigen
Parteinahme für ein ästhetisch selbstgestaltetes Leben, lehnt er dennoch
jede universalistische Position in der Ethik ab. In wenig zweideutiger
Sprache schließt er ein derartiges Vorhaben auf der Ebene der Moral-
konstitution aus: »Die Suche nach einer Form der Moral, die insofern
von jedem akzeptiert würde, als sich jeder ihr zu unterwerfen hätte,
erscheint mir katastrophal.« (RM 144) Ebensowenig vermag das
philosophische Denken in Foucaults Sicht eine derartig verbindliche
Grundlage in moralischen Fragen überhaupt bereitzustellen: »Es ist
immer etwas Lächerliches im philosophischen Diskurs, wenn er von
außen den andern vorschreiben und vorsagen will, wo ihre Wahrheit
liegt und wie sie zu finden ist.« (GL 16) Mit der Absage an universalistische Begründungsprogramme, so jedenfalls muß es sich in den
Augen früherer Kritiker darstellen, gelingt Foucault mit der späten
ethisch-ästhetischen Wende wiederum nicht, was seine Machtanalytik
doch so dringend nötig hätte: Eine moralphilosophische Explikation jener ethischen Intuitionen, die die Kritik der Macht aus ihrer
normativen Beliebigkeit befreien und damit allererst den ansonsten
der Irrationalität und dem Relativismus anheimgegebenen »Krypto-
Normativismus« (Habermas) derselben aufheben würde.

Aus Foucaults Sicht freilich haftet dem Anspruch auf ›normative
Verbindlichkeit‹ selbst etwas ausgesprochen Kontingentes und Zwang-
haftes an. Die Suche nach allgemeinen Regelungen widersetzt sich
ja zuinnerst jenem Pathos der Selbsterzeugung, das sich – ganz im
Sinne genieästhetischer Denkfiguren – die Regeln selbst gibt, statt
allgemeinen Regeln bloß zu folgen. So sieht Foucault auch in der
Forderung, seine ethischen Maßstäbe universal auszuweisen, einen
an der eigentlichen Problematik der Sache – nämlich wie praktisch
die Macht analysiert, der Macht getrotzt und ein selbstbestimmtes
Leben gelebt werden kann – vorbeizielendes ›Erpressungsmanöver‹
(vgl. die Einleitung). Dogmatisch einer bestimmten Vernunftlehre
verpflichtete Aufklärungsapologeten wollen demzufolge jedem, der
sich nicht auf ihr Spiel ›Für-oder-gegen-die-Aufklärung‹ (will sagen:

Für oder gegen universalistische Vernunftphilosophien) einläßt, die moralistische Pistole auf die relativistische Brust setzen: Ein falsches Wort, und der Universalphilosoph drückt ab und befördert einen ins irrationalistische Jenseits des philosophisch akzeptablen Diskurses. Foucault möchte diese Schere des ›Dafür oder Dagegen‹ hingegen durch eine konkrete Analytik der Verhältnisse und die dadurch ermöglichte Selbstbestimmung der Subjekte ersetzen: Statt also auf der Ebene einer allgemeinen Moraltheorie zu denken oder bloß ›ideologisch‹ bzw. rein wertbezogen zu moralisieren, sollten wir lieber konkrete Analysen betreiben und die Entscheidung, was zu tun ist, den Subjekten selbst überlassen.

Habermas, der zweifellos der Intuition der Selbstbestimmung der Subjekte durchaus folgen kann, hält nun eine universalistische Position dennoch für ebenso unausweichlich wie philosophisch möglich. In einer komplexen Argumentation zu einem diskursethischen Begründungsprogramm (vgl. Jürgen Habermas: *Moralbewußtsein und kommunikatives Handeln*, 1983) will er in folgenden Schritten zeigen, daß eine universalistische Moraltheorie philosophisch begründbar ist:

— Moralische Gefühle sind, das zeigen Analysen derselben unabweisbar, ihrem Wesen nach kognitiv und somit rational orientiert.

— Der Kern dieser Rationalität besteht in der Unterstellung universaler Rechtfertigbarkeit für gültig befundene Normen.

— Die Einlösung der universalen Gültigkeit muß logisch die tatsächliche Teilnahme der von den Normen und ihren Konsequenzen betroffenen Subjekte in ›praktischen‹, d. h. zur Aushandlung der Normen angesetzten, Diskursen beinhalten.

— Die in Diskursen vollzogene Argumentation enthält dabei selbst schon ethische Prinzipien wie das der Anerkennung der anderen Person als Subjekt, ihrer Rechte und ihrer Gleichwertigkeit.

— Da wissenschaftlich-theoretische oder moralisch-praktische Diskurse wiederum nur reflexive Formen von alltags-praktischer Kommunikation darstellen, kann das ethische Potential als in der kommunikativen Lebenswelt verankert angesehen werden.

Der universalistische Moralphilosoph holt also gewissermaßen ein in der sprachlich strukturierten Alltagswelt angelegtes Rationalitätspotential nur in den gehobenen philosophischen Diskurs ein. Foucaults asketischer Verzicht auf jede philosophische Moralbegründung scheint also zum einen undurchführbar: Als Angehöriger der Lebenswelt ist Foucault immer schon in moralische Bewertungen und Streitigkeiten eingelassen, und diese haben schon in der Lebenswelt einen kontextranszendierenden (und in praktischen Diskursen gewissermaßen nur betont gepflegten) Sinn. Zum andern läßt sich durch eine allgemeine Argumentationstheorie (auf die Habermas hier allerdings bloß programmatisch verweist) wohl zeigen, daß universale Werte – wie z. B. die reziproke Anerkennung des Andern als Vernunftsubjekt – in die allgemeine Kommunikation eingelassen sind.

Foucault freilich bestreitet nun nicht die Praktiken der Bewertung in unserer lebensweltlichen Praxis, aber er bestreitet den notwendigen Zusammenhang einer Analyse dieser Wertungen mit einer bestimmten universalistischen Moraltheorie. In bezug auf Wertungen – darin steht er Weber näher als Habermas – ist er Skeptiker: Werturteile spiegeln bestimmte kulturelle und lebenspraktische Präferenzen, sie lassen sich nicht ›wissenschaftlich‹ begründen oder ausweisen. Doch selbst wenn universalistische Ansprüche aufgrund der Struktur unserer Kommunikation, wie Habermas annimmt, immer notwendig erhoben würden, so zeigt dies noch lange nicht, daß auch die anschließende Explikation von Grundsätzen selber universal gültig sein muß oder kann. Foucault mag den Willen zum Konsens – ob nun strukturelles Kommunikationsschicksal unserer Existenz oder nicht – durchaus anerkennen. Aus zwei Gründen verhält er sich gegenüber dieser universalistischen Position dennoch zurückhaltend:

Erstens sieht Foucault in der philosophisch vorgebrachten Emphase des notwendig anzustrebenden Konsenses einen **schlechten Utopismus:**

»Die Vorstellung, daß es einen Zustand der Kommunikation geben kann, worin die Wahrheitsspiele ohne Hindernisse, Beschränkungen und Zwangseffekte zirkulieren können, scheint mir zur Ordnung der Utopie zu gehören. Das heißt gerade nicht zu sehen, daß die Machtbeziehungen nicht etwas an sich Schlechtes sind, wovon man sich frei machen müßte; ich glaube, daß es keine Gesellschaft ohne Machtbeziehungen geben kann, sofern man darunter Strategien begreift, mit denen Individuen das Verhalten der anderen zu lenken und zu bestimmen versuchen. Das Problem ist also nicht, sie in der Utopie einer vollkommen transparenten Kommunikation aufzulösen zu versuchen, sondern sich die Rechtsregeln, die Führungstechniken und auch die Moral zu geben, das Ethos, die Praxis des Selbst, die es gestatten, innerhalb der Machtspiele mit dem geringsten Aufwand an Herrschaft zu spielen.« (FS 25)

Habermas würde dem natürlich entgegenhalten, daß es sich bei der Unterstellung eines möglichen Konsenses gar nicht um den Entwurf einer konkret zu realisierenden Utopie handelt (auch wenn er das selbst früher einmal so formulierte), sondern allein um eine notwendige Unterstellung in bezug auf die Gültigkeit von Normen. Die Frage ist dann, welche Bedeutung einem solchen nach Habermas unvermeidbaren Ideal diskursiver Kommunikation zukommen soll und kann. Denn das Ziel praktischer Diskurse, daran läßt Habermas dennoch keinen Zweifel, bleibt ja durchaus die Festsetzung von universal gültigen Normen.

Foucault kann nun aber mit Recht beweifeln, daß der ›kontrafaktisch‹ am universalen Konsens orientierte Diskurs jemals die faktisch gegebenen Verhältnisse – und das heißt auch: die lebensweltlich gesetzten Differenzen in Wertmaßstäben und Bewertungsperspektiven und somit den Antagonismus von Interessenkonflikten – hinter sich lassen kann. Wie selbst Thomas McCarthy, dem eine Habermas-skeptische Position kaum nachgesagt werden kann, zugesteht, bringen die Beteiligten im praktischen Diskurs, in dem sich diese Unterstellung doch moralisch soll einlösen lassen, ihre lebensweltlich heterogen geprägten Wertungen und Perspektiven notwendig mit ein (vgl. McCarthy 1991). Würden diese beim Eintritt in den Diskurs gleichsam abgestreift, fielen die Intuitionen, die moralische Wertungen überhaupt ermöglichen, ebenfalls aus. Diese Bewertungshintergründe aber sind in modernen pluralistischen Gesellschaften (worauf auch Habermas selbst immer wieder verweist) nun derart komplex und antagonistisch verfaßt, daß die ›Utopie des machtfreien Konsenses‹ als ›moralischer Regulativ‹ für real existierende Interessenkonflikte zu kurz zu greifen scheint. Foucault hätte sich vielleicht eher in McCarthys Plädoyer für ein – durchaus rationales – Aushandeln vernünftiger Kompromisse wiedererkannt, in denen die konkurrierenden Gesellschaftsgruppen und Individuen ihre Interessen, bei allen gegebenen Konflikten, miteinander zu vermitteln versuchen. Eine solche an Fairneß orientierte Praxis würde den antagonistischen Sozialverhältnissen eine produktive und positive Funktion zuerkennen, wobei Foucault mit seiner Unterscheidung von ›Herrschaft‹ als abzulehnender struktureller Benachteiligung bestimmter Personen oder Gruppen und ›Macht‹ als ebenso produktivem wie unausweichlichem Konflikt derselben die Intuition von *fairer* Konfrontation gegenüber *ungerechter* Benachteiligung und Ausgrenzung einholen könnte.

Zweitens aber liegt in dieser Konsensutopie aufgrund ihrer universalistischen Ansprüche, wie Foucault freilich fälschlich mutmaßt, auch die **Gefahr einer Bervormundung** der Subjekte durch den moralphilosophischen Experten. Allzuoft haben sich die vermeintlich allgemeinen Normen, die doch von Moralphilosophen oder Humanwissenschaftlern objektiv festgesetzt wurden, nur als versteckte Partikularperspektiven bestimmter herrschender Gruppen oder Vorstellungen erwiesen. Habermas' Diskursethik freilich ist dieser Vorwurf (den Foucault an der christlichen Ethik des Gesetzesgehorsams skizzenhaft entfaltet hat, zugleich aber auf Kant oder humanwissenschaftliche Führungsmodelle ausdehnt) gerade nicht zu machen. Deren entscheidendes – hierin genau wie Foucault gegenüber Kant (und der neueren Variante Rawls) kritisches – Motiv besteht ja in der Plazierung praktischer Diskurse im Herz der Normbildung selbst. Damit werden nun die Subjekte selbst diejenigen, die über Gültigkeit der Normen zu befinden haben; sie nehmen ihr ›normatives Schicksal‹ sozusagen selbst in die Hand, statt es moralphilosophischen Expertenkulturen zu überantworten.

In diesem Punkt also ein Konsens zwischen Foucault und Habermas? Die Betonung der ›Selbstermächtigung der Subjekte‹ durch beide Philosophen sollte dennoch das unterschiedliche Profil beider Ansätze nicht verdunkeln. Habermas geht es letztlich in seiner Konzeption des praktischen Diskurses darum, die partikularen Perspektiven der lebensweltlichen Wertbezüge in Hinblick auf von allen akzeptierbare Normen *zu überwinden*. Erst derart allgemeinverbindliche Normen machen unser gesellschaftliches Zusammenleben – für Habermas immer das zentrale moralische Problem – ›rational‹. Foucault hingegen sieht die Funktion derart überkontextuell etablierter Normen in eher kritischem Licht, auch wenn er sich Anfang der achtziger Jahre entgegen seiner früheren Position wieder zu ›Rechten‹ positiv äußert: Haben die in bestimmten Menschenbildern ›begründeten‹ Menschenrechte nicht oftmals bloß die Herrschaft bestimmter Gruppen ideologisch legitimiert, indem sie deren substantielles Weltbild zur Norm erhoben, statt marginalisierten Gruppen wirklich zur Anerkennung zu verhelfen? Zusätzlich zu verbürgten Freiheitsrechten und ausgehandelten, immer prekär bleibenden Konsensen zwischen individuellen und sozialen Akteuren muß es also eine Ethik des Selbst geben, die das Subjekt zu souveräner Selbstbestimmung noch vor rechtlich oder staatlich garantierten Regelungen befähigt. Die ›Arbeit an sich selbst‹ soll reale Freiheit und Selbstverwirklichung ermöglichen, ohne daß das Leben von der zweifelhaften Universalität ›selbstgegebener‹ Regeln abhängig gemacht werden darf.

Natürlich – das ist aus Foucaults Sicht trivial – dürfen dem Subjekt keine Normen und Verhaltensweisen aufgezwungen werden, denen es nicht freiheitlich zustimmen würde. Aber der Konsens ist nicht deshalb richtig, weil ihm alle Betroffenen zustimmen können, sondern weil ihm das bestimmte Subjekt in dieser oder jener Situation *aus freien Stücken* seine Zustimmung gibt. Gewiß, für unser soziales Zusammenleben brauchen wir gewisse ›Minimalnormen‹. Doch diese sollten in eher negativer Form die Freiheit der Subjekte garantieren; sie beinhalten nicht den eigentlichen Kern der ethischen Lebenspraxis. Im Gegenteil: In der durchaus von praktischen Diskursen im Habermasschen Sinne zu leistenden Minimalarbeit der allgemeinen

Regelgebung müssen vielmehr bereits Subjekte teilnehmen können, die bereits über Autonomie und Selbstbestimmung verfügen. Während Habermas diese Problematik zu lösen versuchen könnte mit seiner Unterscheidung von ›moralischen‹ Fragen, bei denen es um Gerechtigkeit und universale Gültigkeit von Normen geht, und ›ethischen‹ Problemen, denen das gute Leben und konkrete Werte am Herzen liegen, pocht Foucault auf den Primat der konkret gelebten Existenz als gleichsam existentieller Basis sozialer Diskurse. Das Maß der vom konkreten Individuum erreichten Freiheit und Selbstbestimmung wird als unhintergehbare Basis der Diskurse immer deren geheimes Rationalitätsniveau im Voraus festlegen und abstecken. Ein praktischer Diskurs, an dem machtkonditionierte Subjekte teilnehmen und Normvorschlägen zustimmen würden, wäre wohl auch in den Augen von Habermas eine Farce.

2. Ein weiteres Problem stellt sich in bezug auf das **ethische Verhältnis zu anderen in sozialen Gemeinschaften.** Handelt es sich in der Foucaultschen Ästhetik der Existenz nicht um eine extrem individualistische, nur am Selbst orientierte und somit gewissermaßen neo-existentialistische Ethik? Kann eine solche Position überhaupt Verpflichtungen und Werte gegenüber anderen denken oder begründen? Passen soziale, d. h. intersubjektiv bindende Normen oder Verpflichtungen in den Wertekataolg einer solchen, offensichtlich nur am Eigenwohl des Subjekts orientierten Position? Gehört diese Ethik damit nicht eher zum Problemfeld der Moderne, die – wie die Kommunitaristen (z. B. Alasdair MacIntyre oder Charles Taylor) in der Ethikdebatte beharrlich behaupten – gerade unter einer überstarken Individualisierung, einer kulturellen Fragmentarisierung und dem Verlust von Gemeinschaftswerten und Solidaritätsbewußtsein leidet?

Zunächst könnte Foucault freilich darauf hinweisen, daß die Ästhetik der Existenz, so wie bei den Griechen entfaltet, ja keineswegs eine egozentrische Verabsolutierung des individuellen Selbstbezugs darstellt. Vielmehr gehört das Verhältnis zu sich in eine symbolische und soziale Ordnung, in der man sich der allgemeinen Wahrheit durch tugendhaftes Verhalten anzunähern sucht und in der man allein durch die Selbstbeherrschung zu einem respektablen und tüchtigen Sozialmitglied wird. Noch bei den Stoikern spielt die Eingebundenheit in die kosmische Ordnung, die Entsprechung zwischen der subjektiven Lebensweise und den objektiven Naturläufen eine wesentliche Rolle im ethischen Prozeß der Selbstgestaltung, obwohl Foucault, wie ihm Kritiker vorwarfen, gerade diesen Bezug zu einer höheren Ordnung zugunsten der Analyse von Selbstverhältnissen im engeren Sinne gerade zurücktreten läßt (vgl. Hadot 1991 und Behr 1993). Man kann ohnehin schnell sehen, daß der Verweis auf die Eingebundenheit in ein Allgemeines für Foucaults aktualistische Aneignung der Existenzkunst nicht in Frage kommen kann. In der Moderne steht eine allgemein verbindliche Ordnung, in die sich das ästhetische Leben durch Selbsttraining harmonisch einfach einfügen könnte, gar nicht mehr zur Verfügung. Statt diesem Sachverhalt jedoch – wie die an Aristoteles und dem Wert der Gemeinschaft orientierten Philosophen – nostalgisch nachzutrauern, sieht Foucault hier gerade die Chance für ein größeres Feld von Möglichkeiten. Die Erschaffung individueller Lebensstile (Dandysmus, Baudelaire), der soziale Kampf für die konkrete Selbstgestaltung des eigenen Lebens, schließlich die existentiellen Grenzerfahrungen der Überschreitung habitueller Verhaltens- und Erlebnisweisen – all das gehört für Foucault in einen nicht mehr zu missenden Wertekatalog der Moderne selbst. Unter den – insgesamt als positiv und befreiend einzuschätzenden – Bedingungen der Moderne muß die ›Ästhetik der Existenz‹ ohne das Haltungsgitter einer kosmologischen Ordnung auskommen. Die Ordnung der Natur und die Ordnung der Gemeinschaft spiegeln sich nicht mehr notwendig in der individuellen Lebensweise.

Also doch ein Individualismus? Nun, der Abschied von einem starken Gemeinschaftsbegriff bedeutet ja noch nicht die Absage an intersubjektive Werte wie dem der Anerkennung der anderen Person als Subjekt oder der Akzeptanz von gleichen Rechten und allgemeinen Interessen. Genau dafür macht sich Foucault ja im Kontext seiner politischen Aktivitäten (freilich ohne von einer universalistischen Moralphilosophie hier allzu viel zu erhoffen) auch stark. Zudem will die moderne Ästhetik der Existenz gerade der Intuition Ausdruck verleihen, daß jedes Subjekt über das eigene Leben selbst zu verfügen habe. Thomas McCarthy hat Foucault dennoch vorgeworfen, Intersubjektivität – also das zwanglose und nicht auf Machtmomente reduzierbare Verhältnis zwischen sich reziprok anerkennenden Subjekten – nicht angemessen denken zu können (vgl. McCarthy 1991). Indem er Foucaults Macht- und Führungsbegriff an der Habermasschen Unterscheidung von kommunikativen (also auf zwanglose Einigung und Verständigung via reziproker Anerkennung zielenden) Handlungen und strategischen (also auf die Durchsetzung eigener Interessen ausgerichteten) Handlungen mißt, scheint Foucaults Konzeption des Sozialverhältnisses eindeutig auf die strategische Seite zu gehören. Angesichts der vom Führungsmodell vorgegebenen Alternativen: Entweder ich führe andere, werde von ihnen geführt oder ich führe mich selbst, liegt Foucaults ethisches Ziel offensichtlich in *Selbstfüh-*

rung, also in selbstzentrierter Bestimmung eigener Interessen. Die Selbstführung bildet dann – Foucault hat dies ja selbst im Kontext der griechischen Lebensform immer wieder betont – die Voraussetzung für die gelungene Führung anderer bzw. für die selbstbestimmte Artikulation eigener Interessen im sozialen Kampf. Dabei scheint nun aber dennoch die ethische und die Subjekte miteinander verbindende Ebene von genuin intersubjektiven Verhältnissen, die nicht allesamt und notwendig in strategischer Einflußnahme – der Einwirkung auf das Handelns anderer – bestehen, ausgeblendet zu bleiben.

Foucault stünde freilich einer derartig einfachen Entgegensetzung von kommunikativen Handlungen auf der einen Seite und strategischen Verhaltensweisen auf der anderen Seite zweifellos sehr skeptisch gegenüber. Das Verhältnis zu anderen besteht ja seiner Definition von intersubjektiver Macht (im Gegensatz zu struktureller Herrschaft) zufolge weder aus konsensueller Einhelligkeit noch aus konkretem Zwang oder direkter Gewalt, sondern aus einem auf Freiheit und Selbstbestimmung der Subjekte basierenden ›Agonismus‹ verschiedener Interessen. Dieser Agonismus – der von einem schroffen ›Antagonismus‹ unterschieden werden sollte (vgl. SM 256) – gilt Foucault als zugleich unüberbrückbar und produktiv. Der soziale Kampf selbst richtet sich gerade gegen jene verkrusteten Herrschaftsstrukturen, die das freie Spiel agonaler Kräfte stillstellen und somit den produktiven Aufeinanderprall der individuellen und sozialen Akteure von vornherein gemäß ungleicher, unfairer Regeln bzw. ›Teilnahmechancen‹ vorstrukturieren. Insofern verweist der späte, intersubjektive Machtbegriff selbst schon auf die Anerkennung des anderen als ebenbürtigem Subjekt im politischen Kräftefeld – wobei ich mich zwar dem anderen gegenüber in Konfrontation befinde, diesen jedoch zugleich als Ko-Subjekt anerkenne.

Es stellt sich freilich dennoch die Frage, ob mit einer derartigen Erweiterung der Idee von Macht als intersubjektivem Kräftespiel begrifflich bereits ein Moment von intersubjektiver Anerkennung eingeführt wurde, das sich aus der vorgegebenen Definition von Macht als einer »Weise des Einwirkens auf ein oder mehrere handelnde Subjekte« (SM 255) nicht vollständig gewinnen läßt. McCarthys Kritik berührt den wichtigen Punkt, daß die Machtanalyse auch jenem Moment von moralischer Anerkennung zwischen Subjekten gerecht werden muß, die nicht mit Projekten der Einflußnahme und Steuerung – ob von einem selbst oder von anderen – identisch sind. Foucault hat in Interviews die Notwendigkeit, auch konsensuelle Aspekte in die Analytik der Intersubjektivität einzubeziehen, selbst hervorgehoben (vgl. PPC, 159ff., und PPP). Keineswegs existieren nur strategische

oder vornehmlich strategische Sozialbeziehungen, wenn auch eine
reine kommunikative Handlung, also eine Beziehung frei von jeden
Interessen- oder Machtverflechtungen, für Foucault ein utopisches
Unding ist. Vor allem am Phänomen des an der Sache orientierten
Dialogs hat Foucault sich, fast in der Sprache Gadamers, klargemacht,
daß eine Ethik intersubjektiver Verhältnisse in unsere Kommunika-
tionspraktiken eingebaut ist:

> »In the serious play of questions and answers, in the work of reciprocal elucida-
> tion, the rights of each person are in some sense immanent in the discussion.
> They depend only on the dialogue situation [...] Questions and answers
> depend on a game – a game that is at once pleasant and difficult – in which
> each of the two partners takes pains to use only the rights given him by the
> other and by the accepted form of the dialogue.« (PPP 381,382)

Nicht allein ein Begriff des Rechts wird hier zumindest intuitiv als in
der kommunikativen Grundsituation angelegt angedeutet, zu deren
›Spielregel‹ es offenbar gehört, den anderen als ebenbürtiges Subjekt
anzuerkennen. Es scheint auch deutlich, daß sich die Subjekte hier
gemeinsam auf die – freilich konfrontative und agonistische – Dia-
logsituation in offener und reziproker Weise beziehen, statt allein an
der Durchsetzung eigener Interessen mittels der Strukturierung und
Beeinflussung des Handlungsfeldes des Andern orientiert zu sein.
Die Selbstgestaltung des Subjekts kann, in diesem Kontext einer
Einbeziehung der dialogischen Ethik in die Ästhetik der Existenz, als
Voraussetzung gelingender Dialoge betrachtet werden, insofern hier
selbstbestimmte Subjekte sich souverän auf das offene Spiel unge-
schützter Rede und Gegenrede einlassen. Dieses Spiel freilich lebt von
dem produktiven Pluralismus der widerständigen Perspektiven – und
läßt sich demnach nicht auf das Habermassche Telos des Konsenses
festlegen. Dialogische Praktiken bilden dabei ohnehin, wie Foucault
in einem Aufsatz zur »Schrift seiner selbst« herausgearbeitet hat, selbst
einen unentbehrlichen Bestandteil bei der Selbstbestimmung des
Individuums im konkreten Leben (vgl. Exkurs 1). Die aufs Subjekt
konzentrierte Existenzästhetik und die auf den anderen gerichtete
Dialogethik schließen sich also nicht aus, sondern bilden vielmehr
ergänzende Momente eines guten und widerständigen Lebens.

3. Der letzte Problemschwerpunkt, der sich in bezug auf die Foucaultsche Ethik unmittelbar aufdrängt, besteht in dem **realen Zugang für
alle** zu einer selbstgestalteten Ästhetik der Existenz. Die Problematik,
die man auch die des Elitismus-Verdachts nennen könnte, berührt
dabei die Frage der tatsächlichen Chancen der Durchführbarkeit des

durch Selbstpraktiken in die Wege geleiteten Widerstands. Foucaults Ethik tritt ja bewußt in der Doppelrolle auf, zugleich eine Wertorientierung gegenüber den durch Macht bestimmten Formen normalisierter Lebensweise anzubieten und einen praktischen Weg des Widerstands – nämlich durch Selbstbearbeitung, durch Auto-Transformation der eigenen Sicht- und Verhaltensweisen – zu weisen. Kann aber dieser praktische Widerstand von allen in gleicher Weise geleistet werden? Haben alle den nämlichen Zugang zu den Ressourcen der Persönlichkeits- und Verhaltensbildung, die eine zunächst widerständige und schließlich schöne Existenz ausmachen soll? Ist die Praktikabilität der Existenzästhetik nicht an konkrete Lebensbedingungen gebunden, die selbst wiederum aufgrund existierender Machtstrukturen gerade dort nur unzureichend zugänglich sind, wo es am nötigsten wäre – in den ausgegrenzten und unterdrückten Randgruppen nämlich?

Dieser Einwand gewinnt nicht zuletzt eine gewisse Plausibiltät dadurch, daß die historische Form der Ästhetik der Existenz im klassischen Griechenland – Foucault macht kein Hehl daraus – an die männliche, freie, herrschende Elite gebunden ist. Er beeilt sich so auch mit dem Hinweis, daß *dieser* Zug der antiken Ethik unseren moralischen Intuitionen zutiefst widerspricht: »Die griechische Ethik der Lust ist an eine männliche Gesellschaft, an Asymmetrie, Ausschluß des anderen, Penetrationszwang, Furcht, um die eigene Energie gebracht zu werden usw. gebunden. All das ist wenig verlockend.« (GE 270) Will man die Existenzästhetik nun demokratisieren, so muß zunächst geklärt werden, wie der Zug der Herrschaftsausübung, der für die Griechen so wesentlich war, in einer auf Reziprozität und intersubjektiver Anerkennung gegründeten Basis gedacht werden kann. Die hellenistische Praxis der Selbstsorge freilich gibt hier bereits den entscheidenden Hinweis: In der spätrömischen Kultur sind ja, wie wir sahen, gleichwertige Beziehungen zwischen den Ehepartnern durchaus möglich. Selbstbeherrschung kann also Foucault zufolge durchaus so gedacht werden, daß es mit einem agonistischen und doch den anderen respektierenden Sozialverhalten kompatibel ist.

Wesentlicher ist aber das eigentliche Problem, ob überhaupt die verschiedenen sozialen und kulturellen Gruppen in gleicher Weise praktisch in der Lage sind, eine Ethik der Selbstbeherrschung unter den Bedingungen der vorhandenen Herrschaftsstrukturen auszubilden. Foucault betont in schroffer Ablehnung universalistischer Normmodelle, daß die ethische Entscheidung eine persönliche Entscheidung, eine allein von der Kompetenz und Selbstführung der Subjekte abhängige Wahl ist. Das Subjekt selbst ist aber, Foucaults frühere Machtanalysen ließen hieran keinen Zweifel, zumal in der Moderne in wesentlichen

Charakterzügen selbst ein Produkt der Herrschaftsverhältnisse. Wie sollen sich die Subjekte, insofern sie selbst durch Machtpraktiken erzeugt wurden, zu einer freien, selbstbestimmten und an schöner Vervollkommnung orientierten Lebensführung aufschwingen können? Bleibt diese dann nicht doch bestimmten privilegierten Sozialgruppen vorbehalten – etwa wirtschaftlich und intellektuell gutgestellten Homosexuellen – während andere Randgruppen – Obdachlose, illegale Einwanderer, drogenabhängige Prostituierte – meilenweit von einer ›Ästhetik‹ der Existenz entfernt bleiben müssen?

Man muß hier freilich vorsichtig sein und zwei Dinge von vornherein unterscheiden. Zum einen kann man nämlich die Existenzethik als individuelle Arbeit derart mißverstehen, daß man nun einen von der sozialen Konstitution unabhängigen Subjektbegriff einführt und die Arbeit an sich selbst als gewissermaßen private Vervollkommnungsaktivität ansieht. Wenn auch die Foucaultschen Formulierungen nicht immer die gewünschte (ablehnende!) Klarheit dieser Deutung bezüglich aufweisen, so kommt das doch eher der Vision des Neo-Pragmatikers Richard Rorty nahe, der öffentliches Engagement von privater Lebenserfüllung (im Geiste suburbaner Eliten) trennt. Foucault hingegen sieht im Gegensatz hierzu die Selbstbearbeitung als eine direkte Konfrontation mit der im eigenen Körper und Denken anwesenden Bio-Macht: An die Stelle der Lust, gegenüber der sich der antike Grieche selbstbeherrscht behaupten muß, tritt nun gewissermaßen die moderne Macht, gegenüber der man ein selbstbestimmtes und, sofern sie ›in einem sitzt‹, gegen sich selbst gerichtetes Selbstverhältnis einzurichten hat.

Worum es in dieser Selbstkonfrontation geht, macht ein Begriffsvergleich mit Bourdieus Konzept des sozialen Habitus klar (vgl. Pierre Bourdieu: *Entwurf einer Theorie der Praxis*, Frankfurt 1979). Während der ›Habitus‹ (bei Bourdieu) die durch Sozialisation eingeimpften und habitualisierten Schemata des Denkens, Sprechens und Handelns bezeichnet, die das Subjekt in objektive Herrschaftsverhältnisse einspannen, begreift der Begriff des ›Ethos‹ (den Foucault einführt) die zu diesen verinnerlichten und habitualisierten Strukturen bewußt eingenommene Haltung der Distanz, der Kritik und des gewollten Überwindens. Das Selbstverhältnis, das Foucault im Zuge seiner letzten Denkbewegung als elementare und irreduzible Erfahrungsdimension ausweisen konnte, etabliert sich nicht in einer vom Sozialen abgetrennten Privatsphäre, sondern vielmehr im Verhältnis des Subjekts zu den in ihm wirkenden sozialen Strukturen und Mechanismen selbst.

Dennoch bleibt die Frage, ob nicht diese über das eigene Körperverhalten und Denken laufende Dialektik zwischen Selbstbestimmung

und Fremdbestimmung nun wiederum selbst von gewissen objektiven
Voraussetzungen abhängt. Anders gesagt, die Selbstpraktiken, die eine
wirkliche Dialektik zwischen sozialem Habitus und selbstbestimmtem
Ethos in Gang setzen könnten, sind wohl zum großen Teil selbst von
der Plazierung im sozialen Feld abhängig. Ich denke, Foucault hätte
dieser naheliegenden Überlegung zugestimmt und darauf verwiesen,
daß die Ästhetik der Existenz – neben ihrer Funktion als Wertorientierung und ihrem Wert als lokaler Gegenmacht – nicht ausschließlich
die Bürde des erfolgreichen Widerstands gegen Macht tragen kann,
sondern nur ein (wenn auch wesentliches) Moment im Kampf für
bessere und gerechtere Gesellschaftsverhältnisse darstellt. In der Tat
weist die späte und wichtige Unterscheidung von ›Herrschaft‹ und
›Macht‹ in genau diese Richtung: Im Herrschaftsbegriff werden
genau jene den konkreten Subjekten vorgeordneten Strukturvoraus-
setzungen sozialer, politischer und ökonomischer Art greifbar, die ein
agonal faires Kräftespiel zwischen Akteuren verhindern, während der
Machtbegriff dieses Verhältnis pluraler Perspektiven im Widerstreit
erfaßt (vgl. oben, 148–150 und FS 11ff.). Indem Foucault parallel
zu autozentrierten Selbstpraktiken den Kampf gegen soziale Herrschaftsstrukturen in die ›Ontologie der Gegenwart‹ aufnimmt, wird
er diesem Problem im Ansatz gerecht. Nur wenn gleichzeitig mit der
Betonung selbstgestalterischer Lebensführung und der Arbeit an sich
selbst auch die gerechtere Verteilung von Bildungschancen, von ökonomischen Ressourcen und von politischen und rechtlichen Ansprüchen
einhergeht, kann sich die ästhetische Lebensethik überhaupt auf den
gesamten Gesellschaftskörper ausbreiten. Der kritische Sozialphilosoph
Foucault vergißt nicht – worauf übrigens auch Habermas am Ende
seines Diskursethik-Aufsatzes mit Horkheimer verweist –, daß Ethik
ohne kritische Gesellschaftstheorie letztlich auf eine individualistische
Ideologie des Kleinbürgertums hinausläuft: Ethik ohne Ideologiekritik
ist selbst Ideologie. Die an Selbstgestaltung und Freiheit orientierte
Ästhetik der Existenz kann so nur die ethische Kehrseite einer ge-
sellschaftskritischen Praxis sein, die den gleichen Zugang für alle zu
den Ressourcen und die objektive Verteilung von Bildungschancen
für selbstbestimmtes Leben im Auge zu behalten hat.

Exkurs 3: Die feministische Rezeption Foucaults (USA)

Foucaults Analytik der Macht hat – vor allem in den USA – eine
überaus starke Faszination auf feministische Sozialwissenschaftlerinnen
und Philosophinnen ausgeübt. Foucaults Einsichten in den produktiven

Charakter von Machtpraktiken, sein ›sozialer Konstruktivismus‹ in bezug auf Identität und Subjektivität sowie seine Analysen bezüglich der körperzentrierten Funktionsweise der Macht im Zusammenhang mit Identitätsbildung haben feministischen Ansätzen eine begriffliche Handhabe gegeben, die spezifische Funktionsweise patriarchalischer Herrschaftsformen zu untersuchen. Die Konzeption einer realitätsbildenden Macht, die dem Körper eine strategische Funktion in der Ausbildung von Identitäten einräumt, hat sich dabei als überaus fruchtbar für die Analyse der Konstitution weiblicher Identitäten erwiesen. Zugleich hat Foucaults Kritik am traditionellen abendländischen Theorie- und Philosophiemodell die Reflexion auf neue, andere Formen des Widerstandes gegenüber Macht und Herrschaft gelenkt. Jana Sawicki hat so auch in einer plausiblen Unterscheidung vorgeschlagen, die feministische Foucault-Rezeption, sofern sie einen affirmativen und produktiven Anschluß an dessen Analysen und Begriffe sucht, nach einer mehr analytisch orientierten Beschreibung der Macht und nach einer eher politisch orientierten Reflexion auf die Überwindung von Macht hin zu unterteilen (Sawicki 1992). Während die eine Seite Foucaults Ansatz vor allem zu einem besseren Verständnis der Funktionsweise von Macht in bezug auf Frauen nutzt und weiterentwickelt, geht es der anderen vornehmlich um Anregungen für effektiveren Widerstand gegenüber Machtstrukturen.

Ein schon klassisches Beispiel für eine **Foucaultsche Analyse weiblicher Identitätsbildung** ist Sandra Bartkys Untersuchung zum »Mode/Schönheits-Komplex«. Bartky zeigt hier wie in späteren Arbeiten in empirisch-analytischer Weise (Inhaltsanalyse von Modezeitschriften u.ä.), wie die Frau durch Mode-Industrie und alltägliche Verhaltensanweisungen ›von jedermann‹ zu einer permanenten Selbstkontrolle, zu pausenloser Selbstdisziplinierung und Körperzüchtigung angeleitet wird. Das Ideal des weiblichen Körpers, dem Anstrengung, Alter, Erfahrung oder Spuren tiefen Nachdenkens nicht angesehen werden dürfen, verlangt eine komplexe Vielzahl feinster Praktiken der Selbsteinwirkung, die von Haarentfernung, Auftragen der Cremes und Einstudieren perfekter Make-up-Formen über die Kontrolle von Eß- und Schlafgewohnheiten bis hin zu Fitness-Training reichen. Die Frau hat sich einem lückenlosen Regime der Körperkontrolle zu unterwerfen, um dem fremdbestimmten Schönheitsideal Genüge zu leisten. Dabei ist aufschlußreich, daß der zeitlich ebenso wie ästhetisch unerreichbar intensive und hohe Anspruch für die überragende Mehrzahl der Frauen ein notwendiges Scheitern vorprogrammiert, was wiederum zu Schuld- und Schamgefühlen und so zur weiteren Beeinträchtigung selbstbestimmter Lebensführung führt. Die derart von der sexuellen

Attraktivität für den Mann bis ins feinste Körperdetail bestimmte
weibliche Identität erzeugt damit durch ›äußerliche‹ Praktiken ein
›inneres‹ Selbstverhältnis. Die damit einhergehende Einübung passi-
ver Einstellungen läßt sich am manifesten Körperverhalten von den
weitaus befangeneren Frauen im Gegensatz zu den freieren Verhaltensformen der Männer ablesen, wie Iris Young in ihrem Aufsatz
»Throwing like a girl« nachwies und Bartky selbst im Verweis auf
die photographischen Studien von Marianne Wex betont. Wichtig ist
dabei auch, daß der Erwerb der durchaus subtilen Fertigkeiten und
Kompetenzen, die die Frau im Laufe ihrer ästhetischen Sozialisation
ins »moderne Patriarchat« (Bartky) erhält, diese wiederum von einer
Aufgabe und Kritik dieses Schönheitsideals abhält: Die vorgegebene
Machtstruktur schenkt der Frau in einem abgesteckten Feld einen nur
von ihr kompetent beherrschten Handlungsspielraum. Dieser freilich
– ein Blick auf die standardisierten und völlig unkreativen Formen
gesellschaftlich akzeptablen Make-ups beweisen es – ist in Wahrheit
von den herrschenden Normen vollständig kontrolliert.

Keineswegs entgegengesetzt zu diesen analytischen Resultaten,
vielmehr auf sie aufbauend und reagierend, ist nun die feministische
Reflexion auf mögliche Formen des Widerstands gegen Macht. So-
zialphilosophinnen wie Sawicki selbst, Judith Butler, Iris Young oder
Susan Heckman treten dabei für eine Foucault abgeschaute Konzeption
lokalen Widerstands – eine »Politik der Differenz« (Sawicki) – ein,
die sich an den kontextspezifischen Strukturen der Macht orientiert
statt auf allgemeine Vernunftmodelle bzw. Erkentnnisprivilegien einer
›weiblichen Natur‹ zu bauen:

»The politics of difference operates without modernist appeals to a revolu-
tionary subject (for instance, women as a class) which represents universal
human interests. It does not seek to ground its truth claims once and for all (in
›womens's experience‹ or a feminist epistemology). Neither does it formulate a
theory of history or of patriarchy (a legitimizing metanarrative which transcends
history) to justify its critique of the present.« (Sawicki 1992, 45)

Ebenso wie Foucault selbst seine späte Ethik weniger auf die Frage
normativer Rechtfertigung als vielmehr auf das Problem möglichen
realen Widerstands ausrichtet, wollen diese Feministinnen die praktisch
nicht sonderlich relevanten ›Begründungen‹ von Widerstand durch
eine Politik »of specific women in specific situations« ersetzen. Der
Widerstand, der sich einer kapillarisch in den Institutionen ebenso
wie in der Lebenswelt, in den Köpfen ebenso wie in den Körpern verankerten Macht entgegensetzt, muß multidimensional, konkret und
flexibel sein. Effektiver Widerstand bedarf eines spontanen Erfindungs-

reichtums, er muß an vielen lokalen Punkten Macht destabilisieren, parodieren, transformieren, invertieren. Wie Iris Young bemerkt:

> »A liberating politics should conceive of the social process in which we move as a multiplicity of actions which cohere and which contradict, some of them exploitive and some of them liberating[...] If institutional change is possible at all, it must begin from intervening in the contradictions and tensions of existing society.« (Young, in: Nicholson 1990, 315)

Der feministische Widerstand, derart konzipiert, stellt den vielfältigen Machtformen nicht eine wahre oppositionelle Identität gegenüber, sondern sucht diese vielmehr durch offenes und flexibles Infragestellen aus spezifischen Erfahrungen und Situationen heraus zu destabilisieren.

Trotz dieser konstruktiven Anschlüsse an Foucault darf jedoch nicht der Eindruck entstehen, daß die feministische Rezeption in ungeteilter Zustimmung an dessen Genealogie der Macht anknüpft. Neben weniger grundlegenden Kritikpunkten wie die Vernachlässigung geschlechtsspezifischer Macht bei Foucault selbst (die ja gewissermaßen durch Feministinnen im Foucaultschen Begriffsrahmen nachgeholt worden ist), stehen vor allem zwei fundamentale Probleme im Vordergrund. Zum einen hegen Theoretikerinnen wie Nancy Fraser Zweifel an der Brauchbarkeit der allzu ontologisch und umfassend angesetzten Machtkonzeption Foucaults für eine kritische Gesellschaftstheorie. Der Einwand, den wir bereits ausführlich im vierten Abschnitt des zweiten Kapitels zur Macht behandelt haben, richtet sich gegen die Reduktion von Wahrheit und Legitimität auf Macht. Foucaults eigentliches Anliegen ist freilich, wie gezeigt, nicht die Reduktion von ›Wahrheit überhaupt‹ auf ›die Macht schlechthin‹, sondern die Analyse von konkreten Machtformen und deren spezifischem Einfluß auf Wissens- und Selbstverständnisformen. Hierbei kommt der konkreten Erfahrung der Subjekte, die sich in machtbestimmten Kontexten befinden, eine besondere Funktion der Erkenntnis zu, die sich zusammen mit der genealogischen Analyse von institutionellen Machtpraktiken zu einer besseren Erkenntnis der Macht-Wissen-Komplexe entfalten kann. Es geht also nicht um eine Reduktion von Wahrheit auf Macht, sondern um die Erfassung der Wahrheit über Macht, wobei diese freilich selbst Gebrauch von wissenschaftlichen und symbolischen Verständniskategorien macht. Das eigentliche Ziel dieser Analysen ist die Einsicht in freiheitseinschränkende Machtpraktiken, deren Zugriff auf die Subjekte durch genealogische Einsichten geschwächt wird und somit zu einer Selbstermächtigung der Individuen im Angesicht existierender Herrschaftsstrukturen führen soll und kann.

Gerade diese Selbstermächtigung – so lautet allerdings der zweite Strang der prinzipiellen feministischen Kritik an Foucaults Machtmodell – wird aber durch dessen umgreifendes Machtkonzept ebenfalls unmöglich gemacht. Durch den pervasiven, jedwede Identitiäts- und Verständnisform durchdringenden Charakter des Foucaultschen Machtbegriffs muß sich Widerstand gegen dieselbe notwendig in den Räderwerken der Macht selbst verheddern. Aus dem Verstricktsein in Macht scheint es kein Entrinnen zu geben; die effektiven Punkte des Widerstands lassen sich in einem derartigen, Macht und Gesellschaft ineinanderschweißenden Sozialkonzept überhaupt nicht mehr identifizieren. Linda Alcoff bringt diese Skepsis durch folgende Frage zum Ausdruck: »Where does Foucault locate the source of resistance if subjects are essentially produced by the disciplinary technologies of power/ knowledge regimes« (zit. nach Sawicki 1992, 46). Und Jana Sawicki fragt, im Lichte des Fehlens einer ausgeführten ›Theorie‹ des Widerstands: »How do we know which oppositional groups to align with, which subjugated knowledges are truly emancipatory? How do we coordinate local struggles?« (Sawicki 1992, 46). Sawicki freilich stellt diese Fragen in eher rhetorischem Geist, hält sie doch Foucaults radikale Infragestellung der abendländischen Philosophie für Nachweis genug, die Forderung nach kontextübergreifenden Kriterien und allgemeinen Erkenntnismodellen selbst als kritikbedürftige Form (patriarchaler?) Macht zu entlarven. Ein anderer Ausweg bietet sich freilich in Anknüpfung an den späten Foucault an. Hier wird, wie ausführlich im dritten Kapitel dieses Buches nachgezeichnet, der ontologische Primat der Macht zugunsten einer Perspektive aufgegeben, die ein kreatives Selbstverhältnis als freiheitliche Praxis fremdbestimmten Machtpraktiken bewußt gegenüberstellt. Foucault führt damit einen praktischen und ›äußerlichen‹ Freiheitsbegriff ein, der einen Gegenbegriff zur Macht darstellt, ohne auf frühere philosophische Subjektkonzeptionen zurückzugreifen. Freiheit wird weder – wie bei Kant – durch die Selbstgesetzgebung mittels eines universalen Kodes gedacht, noch – wie beim frühen Heidegger und Sartre – in bezug auf ein authentisches Selbstverhältnis zum eigenen Selbst definiert. Freiheit besteht vielmehr in der kreativ-praktischen Arbeit an sich selbst, im Selbst-in-Regie-nehmen der eigenen Lebensweise und Lebensführung. Diese verdankt ihre konkret gelebte Freiheit zu gleichen Teilen einer kritischen Analyse gesellschaftlicher Herrschaftsstrukturen wie einer konkreten Entfaltung von selbstgewollten Verhaltensweisen im existierenden sozialen Kontext.

Insgesamt läßt sich die überaus produktive Rezeption Foucaults durch den sozialphilosophischen Feminismus durch folgende, gegenüber allzu naiven feministischen Ansätzen bewußt kritischen Punkte kennzeichnen:

1. Die feministische Kritik an der Herrschaft über die Frau stützt sich nicht auf eine ›Identität der Frau‹; es existiert keine ›weibliche Natur‹, kein ›weibliches Wesen‹. Die spezifischen Habiti, Erlebnis-, Denk- und Verhaltensformen von Frauen werden in der Foucaultschen Perspektive vielmehr auf ihren sozialen Ursprung zurückverfolgt. Die geschlechtsspezifischen Erfahrungen, die als solche real sind und durch die Erfahrungen der Subjekte bestätigt, verdanken sich gesellschaftlichen Formungsprozessen, in denen sich die spezifisch ›weiblichen‹ Erfahrungskategorien überhaupt erst herausbilden. Die Kritik an Ausgrenzung und Unterdrückung der Frau beruft sich demnach auch nicht auf eine an sich existierende unterdrückte Identität, sondern auf die durch konkrete Praktiken vollzogene Einschränkung möglicher Handlungs-, Denk- und Erlebnisspielräume.

2. Daraus folgt, daß die **Kritik existierender Strukturen** auch nicht von einer einzigen privilegierten Perspektive aus erfolgt. Kritik wird nicht von der hypostasierten Warte eines Kollektivsubjekts ›Frau‹ – bei dessen konkreter Bestimmung ohnehin wieder klassen- oder kulturspezifische Identitätsmuster zum Tragen kämen – aus formuliert, sondern von den vielfältigen Positionen der realen Frauen in allen Klassen, Kulturen und Professionen. Es handelt sich nicht um einen privilegierten Blick von außen in die Werkstatt der Macht, sondern um kontextspezifische Erfahrungen mit jeweils besonders gearteten Machtverhältnissen.

3. Man hält somit in einem derartigen Feminismus Abstand von einer **Theorie des Patriarchats.** Die Frau kann nicht schlicht als ›die Unterdrückte‹ gelten, der Mann als ›der Unterdrücker‹. Vielmehr handelt es sich in den geschlechtsspezifischen Machtbeziehungen um echte Relationen, in denen Frauen durchaus bestimmte Machtmöglichkeiten und Beinflussungschancen haben, auch wenn diese sozialstrukturell sehr ungleiche Voraussetzungen beinhalten. Zugleich muß die besondere soziale Situation, wie etwa die ökonomisch-soziale Gruppe, der kulturell-ethnische Hintergrund, die religiöse Erziehung und Ausrichtung etc. in bezug auf die Analyse der tatsächlichen Beherrschung ›der Frau‹ in Rechnung gestellt werden. Weiterhin kann Macht – selbst wenn sie sich in der Unterdrückung oder Benachteiligung von Frauen auszudrücken scheint – nicht schlechterdings und von vornherein allein aus dem Geschlechterverhältnis abgeleitet werden.

Machtunterschiede beruhend auf rassistischen, ökonomischen, bildungsbedingten Faktoren sind von vornherein mit zu beachten, ohne vereinfachend alles über den Kamm einer globalen Supertheorie des Patriarchats zu scheren.

4. Der **Kampf für ›die Befreiung der Frau‹** wird nicht, jedenfalls nicht gezielt, im Vokabular von universalen Rechten geführt. Es geht zwar um die Gleichstellung der Chancen für Frauen, aber das Entscheidende ist nicht das Einklagen von an sich unveräußerlichen Menschenrechten, sondern der Zuwachs von bislang unzugänglichen Erfahrungsmöglichkeiten im aktuellen sozialen Kontext. Dabei wiederum handelt es sich nicht allein um den Zugang zu bereits etablierten Institutionen und Diskursen, sondern auch um die Anerkennung bislang als nicht seriös oder belanglos geltender weiblicher Erfahrungs- und Umgangsformen. Eine Foucaultsche Perspektive vermeidet dabei die Ambiguität des von Derridas Dekonstruktivismus beeinflußten »strategischen Essentialismus« (Spivak). Hierbei wird zwar die Existenz einer an sich seienden weiblichen Identität (und den daraus folgenden Rechten) theoretisch bestritten, politisch aber, zur strategischen Erreichung gesetzter Ziele, dennoch behauptet. In Foucaults Augen sind die Erfahrungen der Frauen zugleich sozial produziert und als solche real, d.h. sie beinhalten echte Erfahrungen. Diese sind zum einen aufschlußreich in bezug auf das Funktionieren von Macht, insofern Frauen als eine ausgegrenzte und benachteiligte Gruppe hier plausiblerweise (weil gezwungenermaßen) über mehr Erfahrung verfügen als Männer; zum andern erwächst aus den spezifisch weiblichen Erfahrungen wie Kinderfürsorge etc. auch ein bestimmtes Potential an relevanten Einsichten überhaupt, ohne daß hier auf eine vorbestimmte Natur der Frau rekurriert werden müßte.

Ein auf diese Weise an Foucault anschließender Feminismus würde den Fatalismus einer totalitär von patriarchalischen Strukturen durchdrungenen Gesellschaftskonzeption überwinden, ohne doch den produktiven und pervasiven Zug moderner Macht aus den Augen zu verlieren. Man würde in der archäologisch-genealogischen Perspektive bestimmte Verständnis- und Praxisstrukturen auf ihre Machtverflochtenheit und Machtbedingtheit hin analysieren, doch bestünde das Ziel solch kritischer Sozialtheorie gerade in der Befreiung von undurchschauten Zwängen und in der Befähigung zu selbstbestimmter Lebensführung. Dabei geht es dann nicht unbedingt um eine komplette Veränderung aller Verhaltensweisen im Sinne der ›Bildung einer neuen Frau‹, sondern vielmehr um eine kritischere und im Bewußtsein der Funktionsweisen von Macht vollzogene Lebensform unter gegenwärtigen Bedingungen, auf deren Veränderung man dadurch auch hinarbeitet. Der im Feminismus selbst oft thematisierte theoretische Zwang, den westliche Feministinnen der Mittelklasse mit ihren besonderen Wert- und Seinsvorstellungen auf andere, außereuropäische oder klassendifferente Frauen ausübten, wäre ebenfalls Vergangenheit. Denn in der Foucaultschen Einstellung gibt es die Rolle der ›allgemeinen Feministin‹ nicht mehr, die das Recht hat, im Namen aller Frauen zu sprechen. Vielmehr wird durch den konkreten Bezug auf die besonderen sozialen Entstehungsherde der jeweils anderen weiblichen Erfahrung an die Stelle einer Generalvertretung Dialog und Koalition gestellt. Schließlich kann im Anschluß an diesen pluralistischen Aspekt des Foucaultschen Feminismus auch die Überwindung einer allein auf Frauen beschränkten Perspektive des weiblichen Widerstands vonstatten gehen. Mit Foucault würde sich der feministische Widerstand, ohne auf eine ›absolut‹ privilegierte Perspektive von Frauen auf Macht zu pochen, vielmehr einreihen in den multiplen und an vielen Punkten der Gesellschaft aufbrechenden Widerstand verschiedenster marginalisierter Gruppen. Die Machtbestimmtheit der Formung moderner weiblicher Erfahrungsweisen wäre als ein weiteres Moment jener Macht anzusehen, der wir die typisierende Ausgrenzung von Homosexuellen, Schwarzen, Juden, Ausländern etc. verdanken.

Ob freilich die Foucaultsche Betonung des jeweils lokalen Widerstands selbst schon hinreichend ist, für derartige ›Regenbogenkoalitionen‹ eine motivierende und richtungsweisende Vision bereitzustellen, das muß an dieser Stelle offen bleiben. Der zunächst ja nur rhetorisch vollzogene ›Zusammenschluß‹ aller Ausgegrenzten, Unterdrückten und Benachteiligten im Lichte einer selbstbestimmten, mündigen Lebensführung im Kontext antagonistischer Sozialverhältnisse scheint bisweilen der Zersplitterung des Kampfes gegen moderne Herrschaftsstrukturen, von der die Macht doch wohl nur profitieren kann, auch zuzuarbeiten. Die Stelle, die im marxistischen Diskurs das Proletariat innehatte, bleibt in der Foucaultschen Perspektive zwar aus guten Gründen unbesetzt. Dennoch ist zweifelhaft, ob ein widerständiger Kontextualismus aus sich selbst heraus die Kraft zu übergreifenden Solidaritätsbündnissen überhaupt aufbringen kann.

IV. Schluß: Wahrheit, Macht, und Selbstkonstitution – Zur Theorie des Subjekts nach Foucault

Foucault hat das Subjekt nicht abgeschafft oder dekonstruiert, sondern vielmehr die Weichen für eine **produktive Neubegründung der Subjekttheorie** gestellt: So könnte man plakativ die Hauptthese dieser systematischen Einführung in Foucaults Werk zusammenfassen. Die verschiedenen Denkphasen, die das Gesamtwerk des französischen Meisterdenkers kennzeichnen, stellen dann weniger überwundene und zurückgelassene Irrwege als vielmehr konstruktive Teildimensionen einer neuen Konzeption des Subjekts dar. Genauer ist damit gemeint, daß die Ausarbeitung der archäologischen Diskursanalyse, der genealogischen Machtanalytik, und der existentiellen Lebensethik unter der von Foucault selbst suggestiv eingeführten Thematik einer ›Ontologie der Gegenwart‹ fruchtbare Anschlüsse für eine neue ›Subjektphilosophie‹ bereitstellen.

Foucault selbst hat dafür gegen Ende seines Lebens entscheidende Hinweise gegeben, wenn er etwa erklärt: [D]as Ziel meiner Arbeit während der letzten zwanzig Jahre war [...] nicht die Analyse der Machtphänomene [...], vielmehr eine Geschichte der verschiedenen Verfahren [...], durch die in unserer Kultur Menschen zu Subjekten werden.« (Foucault 1987, 243). Wichtig an dieser Formulierung ist freilich weniger, ob Foucault damit seine wahren Intentionen preisgibt. Worauf es ankommt ist hingegen, ob die **Thematik des Subjekts** in der gesamten Wegstrecke von *Wahnsinn und Gesellschaft* zu den letzten Bänden der *Geschichte der Sexualität* in einer produktiven Weise verhandelt wird, d.h. ob Foucault wirklich Bausteine zu einer neuen Subjekttheorie bereitstellt. Wir werden in diesem knappen Schlußkapitel zu zeigen versuchen, daß Foucaults Werk in der Tat eine originelle und anschlußfähige Theorie der sozialen Selbstkonstitution des Subjekts enthält.

Um diese These von Anfang an richtig zu plazieren, muß betont werden, daß es sich hier nicht um eine Rückkehr zu klassischen Positionen der Subjekt- oder Bewußtseinsphilosophie handeln kann. Der Satz vom ›Tod des Subjekts‹ ist mehr als eine rhetorische Floskel, insofern damit die entschiedene **Abkehr von jeder universalistischen Theorie des Subjekts** bezeichnet wird. Weder eine transzendentalistische Begründung der Erkenntnis im Subjekt noch die Idee einer allgemeinen Natur des menschlichen Subjekts scheinen Foucault philosophisch haltbar oder verteidigungswürdig. Begründet wird die unwiderrufliche **Ablehnung eines transzendentalen oder ontologischen Subjekts** im wesentlichen durch folgende drei Argumente:

– Erstens ist jede Erkenntnis von einem diskursiv-praktischen Erfahrungsrahmen abhängig, der überhaupt erst die Artikulation und Bestimmung eines wissenschaftlichen Objekts erlaubt. Das heißt aber, daß das Erkenntnissubjekt notwendig in einem konkreten Erfahrungskontext situiert ist, daß es also jeweils eine bestimme ›Episteme‹ entfaltet und weiterspinnt. Insofern das Subjekt damit prinzipiell abhängig ist von einem historischen Kontext der Welterschließung, kann es unmöglich absolute oder universale Bedingungen jeder möglichen Erkenntnis reflexiv einholen. Wie Foucault in seiner archäologischen Wissenschaftsanalyse zeigt, wechseln diese Hintergrundkontexte in der Geschichte und entziehen sich damit einer absoluten Feststellung.

– Zweitens kann eine genealogische Analyse moderner Institutionen zeigen, daß die vermeintlich universalen Theorien des menschlichen Individuums in Wahrheit im Kontext von Machtpraktiken politisch entstanden und funktional relevant geworden sind. Was als ›Wahrheit‹ der Subjekte in den Humanwissenschaften galt und gilt, erweist sich damit als soziale Konstruktion, als die symbolisch-praktische Projektion von Identitätsmustern in die Köpfe und Körper von vergesellschafteten Subjekten. Statt eine Wesensnatur des Menschen für dessen Verständnis vorauszusetzen, muß diese Annahme selber genealogisch als Moment der Macht entlarvt werden.

– Drittens wäre die Theorie eines universalen Subjekts für Foucault auch ethisch ein Desaster. Nimmt man nämlich die beiden vorangegangenen Kritikstränge in ihrem positiven Ertrag auf, so bedeutet das, daß sich das Subjekt als je schon in konkreten Kontexten situiert begreifen muß. Eine Ethik, die auf einer allgemeinen Theorie des Subjekts beruhen würde, muß nun nach Foucault notwendig die Hypostasierung bestimmter Subjektmerkmale, die sich konkreten Kontexten verdanken, beinhalten. Insofern dabei bestimmte Identitäts- oder Subjektschemata zur universalen Norm erklärt werden, folgt daraus ein ethisch überaus unattraktiver Paternalismus in bezug auf andere Lebens- und Seinsentwürfe: Das sich potentiell frei selbstentwerfende Subjekt würde sich immer schon mit einer bestimmten Norm, einem bestimmten Seins- oder Lebensentwurf als dem einzig gültigen konfrontiert finden.

Mit dieser Kritik des transzendentalen und ontologischen Subjekts halten wir freilich zunächst nur eine negative Theorie des Subjekts in den Händen. Ein erster Schritt in Richtung einer positiven Konzeption wird dadurch ermöglicht, daß wir uns die Grundannahmen von

Foucaults Subjektkritik kurz klarmachen. Auf der allgemeinsten Ebene kann man vielleicht sagen, daß Foucault die Sprachabhängigkeit des Subjekts, oder, anders gesagt, die Unüberwindbarkeit der symbolischen Vermittlung von Erfahrung, gegen das universalistische Subjekt stark macht. Doch entscheidend bei diesem Ansatz (der in solch allgemeiner Fassung Philosophen wie Gadamer, Cassirer, Mead, den späten Heidegger sowie den späten Wittgenstein und sogar Habermas umfassen würde) ist doch Foucaults besondere Wendung des ›Linguistic Turn‹. Gewiß, Foucault zufolge vermittelt Sprache die Erfahrung, doch ist wichtig, daß sie dies notwendig durch bestimmte Diskursformationen tut. Das Subjekt ist also immer in konkreter Weise diskursiv situiert. Weiterhin sind diese Diskurse nicht selbstgenügsame symbolische Ordnungen, sondern vielmehr eingelassen in praktische und soziale Kontexte. Der Begriff der Diskurspraktiken bringt das schön zum Ausdruck. Mit dem ›Practical Turn‹ gelingt Foucault sodann sein bekanntester Streich, nämlich der Nachweis eines intrinsischen Bezugs von wahrheitsorientierten Diskursen zu sozialer Macht: Da jeder Diskurs sozial verankert ist, ist er ebenso – soziale Praktiken sind nicht ohne Macht vorstellbar – mit Macht relationiert. Und schließlich folgt aus dieser Machtverflochtenheit des Diskurses auch, daß Wahrheit und Selbstverständnis der Subjekte Gegenstände sozialer Kämpfe sind.

Wenn wir nun vor dieser Folie nach einer ›Theorie des Subjekts‹ nach Foucault fragen, dann ist klar, daß es sich hier nicht um eine Wiederholung transzendentaler oder ontologischer Denkfiguren handeln kann. Die Frage des Subjekts muß nun ausgehend von dessen essentieller Situiertheit in sozialen und historischen Praktiken gedacht werden. Die Herausforderung, die Foucaults Diskurs hier darstellt, besteht in der Suggestion einer Konzeption von Subjektivität, die zum einen nicht in einer einheitlichen, den Kämpfen und Machtpraktiken entrückten Dimension verankert werden muß, und die zum andern dennoch der Reduktion von Subjektivität auf die sozial und historisch etablierten Herrschaftskontexte widersteht. Foucaults Thema ist das Verhältnis des Subjekts zu einer ihm nur durch die symbolische Vermittlung der Gesellschaft zugänglichen Wahrheit, wobei die soziale Dimension notwendig eine Beziehung zu Macht und Herrschaft enthält. Doch die **Machteinbettung des Subjekts,** so Foucault schon 1974 in einer Vorlesung in Brasilien, soll uns nicht von einer neuen, produktiveren Theorie des Subjekts abhalten:

»Es wäre interessant, wenn man einmal zu klären versuchte, wie sich im Laufe der Geschichte ein Subjekt konstituiert, das nicht ein für alle Mal gegeben ist, das nicht diesen Kern bildet, von dem aus die Wahrheit Einzug in die Geschichte hält, sondern ein Subjekt, das sich innerhalb der Geschichte konstituiert, das ständig und immer neu von der Geschichte begründet wird. In die Richtung solch einer radikalen Kritik des menschlichen Subjekts durch die Geschichte müssen wir uns bewegen.« (Foucault 2003, 12)

Die Forderung nach einer **Rekonstruktion des Subjekts durch die Geschichte** beinhaltet dabei die Vermeidung eines doppelten Reduktionismus. In bezug auf die klassische Subjektphilosophie muß betont werden, daß es sich hier nicht um eine identische Struktur, einen subjektiven Ur-Grund oder eine transzendentale Meta-Struktur des Bewußtseins oder des Geistes handelt. Das Subjekt darf also nicht ›nach oben hin‹ reduziert werden. Doch in bezug auf die sozialen Herrschaftsverhältnisse, welche die Subjekte gemäß machtpraktischer Imperative zu dominieren und zu konstituieren versuchen, muß betont werden, daß subjektive Selbstbeziehungen irreduzibel sind, daß sie sich nie ganz in objektive Sozialverhältnisse auflösen lassen, auch wenn sie ohne diese nicht zu denken sind. Das Subjekt darf also auch nicht ›nach unten hin‹ reduziert werden. Wie sich dieses Projekt einer neuen Subjekttheorie in bezug auf die drei Hauptachsen der Gegenwartsontologie denken läßt, soll nun kurz erprobt werden. Im Zentrum steht demnach die Möglichkeit von situierten Subjektkonzeptionen in bezug auf das diskursive Wahrheit, soziale Macht und subjektive Autonomie.

1. Wissenschaft und Wahrheit: Das Erkenntnissubjekt

Foucaults wesentliche Motivation in bezug auf das erkennende Subjekt in wissenschaftlichen Diskursen ist der Nachweis, daß jede wahrheitsorientierte Beziehung zur Wirklichkeit gemäß interner Diskursregeln vorstrukturiert ist. Die Situiertheit des Subjekts bedeutet hier, daß es keinen direkten, unmittelbaren, oder absoluten Zugang zur ›Wahrheit‹ gibt; vielmehr ist epistemische Erfahrung selbst vermittelt durch symbolisch-praktische Kontexte, die als solche erst die Welterschließung wahrheitsorientierter Aussagen begründen. Mehr noch, diese Wissenschaftserfahrung ist nicht abstrakt oder neutral, sondern in soziale Machtzusammenhänge eingebettet. Und damit einher geht auch die sozial-konstruktivistische These, daß Gesellschaft und Macht Objektbereiche konstituieren, daß also die Produktion von Erkenntnisbereichen durch wissenschaftliche Diskurse mitbedingt wird. Wenn damit wissenschaftliche Wahrheit und Erkenntnis abhängig werden von konkreten Diskursformationen, die wiederum machtbezogen und objektkonstituierend sind, stellen sich allerdings sogleich die folgenden Fragen:

- Wie wird das Verhältnis unterschiedlicher Diskurse zueinander bestimmt bzw. in welcher Weise bilden Diskurse voneinander abgeschlossene Kontexte oder Welten?
- Wie kann Wahrheit von Macht unterschieden werden, um die Analyse ihrer Beziehung in nicht-reduktiver Weise zu ermöglichen?
- Und wie kann schließlich das spezifische Profil der Humanwissenschaften, das in der gleichzeitigen Erkenntnis und Produktion von Objektbereichen besteht, erklärt werden?

Wir werden sehen, daß befriedigende Antworten auf diese Fragen allgemeinere hermeneutische Reflexionen auf Verstehen und Wahrheit einschließen müssen.

Wir haben Foucaults epistemische Position in dieser einführenden Rekonstruktion seiner Philosophie als **Perspektivismus** bezeichnet. Tatsächlich stellen die Diskursformationen bestimmte Erkenntnisperspektiven dar, die jeweils bestimmte Aspekte oder Objektbereiche der Welt erschließen. Sie machen damit besondere Erfahrungen epistemisch relevant und einer wissenschaftlichen Bearbeitung und Konzeptualisierung zugänglich. Da Foucault nun – darin besteht der Hauptpunkt seiner nietzscheanisch inspirierten Analyse – jede absolute Super-Perspektive, jeden Gottesgesichtspunkt auf die Welt ablehnt, muß er erklären, wie sich der Pluralismus der Wahrheitsperspektiven zu seinem eigenen Anspruch, diese verschiedenen Perspektiven rekonstruieren zu können, verhält. Dabei ist wichtig zu sehen, daß Foucault, für den jede Erkenntnis in einer bestimmten Diskurssituation verankert ist, dennoch einen schlichten Präsentismus (Habermas 1985), oder etwa einen offenherzig-bekennenden Ethnozentrismus (Rorty 1988), ablehnt. Foucault trägt implizit dem Problem Rechnung, daß ein vollständig durchgeführter Ethnozentrismus sich selbst logisch aufheben würde: Wenn anderer Sinn nur ›für mich‹ nach meinen Standards erkennbar ist, dann kann ich andere auch nur nach meinen Standards erkennen – also gar nicht ›als andere‹ erfahren. Foucault geht es demgegenüber um eine wechselseitige Profilierung der anderen und der eigenen Voraussetzungen. In dieser genealogischen Rekonstruktion anderer Sinnvoraussetzungen, z.B. in bezug auf Wahnsinn, Leben, Strafe und Gefängnis oder Sexualität und Körper, werden die Wissensordnungen anderer Epochen und Kulturen nicht auf das Eigene reduziert, sondern in ihrer Eigenart und inneren Kohärenz vom eigenen Vorverständnis abgehoben.

Die philosophisch-geisteswissenschaftliche Diskussion um das **Problem des Fremdverstehens** kann Foucault hier als wichtige epistemische Unterstützung dienen. Tatsächlich beinhaltet die These von der eigenen Vorverständnisabhängigkeit des Interpreten mitnichten, daß andere Sinn- oder Rationalitätsstandards nur durch die eigene Brille gelesen werden können. Vielmehr ist der Verstehensprozeß, trotz Gadamer, vor allem im interkulturellen Bereich besser als ein wechselseitiger Perspektivenwechsel zu beschreiben, in dem sich im Prozeß des hin-und-her-gehenden Verstehens die jeweiligen diskursiven Prämissen mehr und mehr profilieren. Man startet sozusagen von den eigenen Annahmen und behält diese gewissermaßen auch im Blick; doch der Verstehensprozeß führt nicht notwendig zu einem Konsens, zu einer neuen Gemeinsamkeit, zu Harmonie und Einheit des Sinns. Vielmehr zeigen sich die Divergenzen, die Risse, das Unüberbrückbare in den Grundvoraussetzungen durch die beharrliche Rekonstruktion der unbewussten Diskursvoraussetzungen des Anderen – und ermöglichen dadurch im Gegenzug die genealogische Deplazierung der eigenen Prämissen (Kögler 1992, 2000, Taylor 2002).

In bezug auf die **Differenz von Wahrheit und Macht** kann man zunächst auf Foucaults Selbstverteidigung verweisen. In einem Interview 1978 erklärt er als seine zentrale Frage: »[W]ie könnte man eine allgemeine Vorstellung von den Beziehungen zwischen der Konstitution des Wissens (sapere) und der Ausübung von Macht formulieren?« (Foucault 1996, 1995, 8). Wie Foucault betont, setzt eine solche Problematik offenbar die Irreduzibilität von Wahrheit auf Macht voraus. Man muß aber auch zugeben, daß damit immer noch völlig unklar bleibt, wie genau Wahrheit im Unterschied zu Macht gedacht werden soll, oder worin das Spezifische der Wissenskonsti- tution gegenüber Machtpraktiken besteht.

Mit Blick auf die nach Foucault einsetzende **Diskussion zur Wahrheitsproblematik** schlage ich folgende Lesart vor (vgl. Putnam 1981, Habermas 1999):

1. In einem ersten Schritt sollten wir uns vergegenwärtigen, warum zwei sehr prominente Wahrheitskonzepte für Foucaults Ansatz un- brauchbar sind. Die Vorstellung, daß einer Aussage oder Proposition etwas in der Welt entspricht oder daß sie den Sachverhalt ›darstellt‹, ist deshalb unhaltbar, weil eine solche Theorie, um ein Wahrheitskri- terium zu besitzen, die Vergleichbarkeit von Aussage und Sachverhalt annehmen muß. Doch wir können nicht aus unserer Sprache oder den Diskursen ausscheren, um uns gleichsam neben oder über sie zu stellen und nun die Welt mit der Theorie zu vergleichen. Die Objekte können selbst nur im Rahmen einer theoretisch-diskursiven Welterschließung erscheinen. Nimmt man wie Foucault den welterschließenden Zug der Diskurse ernst, muß die **Korrespondenztheorie der Wahrheit** ausscheiden. Pragmatisch eingestellte Philosophen wie Hilary Putnam

oder Habermas haben nun versucht, die Unmöglichkeit der vergleichenden Überprüfung durch eine **Idealisierungstheorie der Wahrheit** wettzumachen, derzufolge die Intuition der Wahrheitsentsprechung entweder durch eine ›ideale Erkenntnissituation‹ (Putnam) oder durch eine ›ideale Sprechsituation‹ (Habermas) gerettet wird. Das Problem aus Foucaultscher Sicht ist hier, daß diese idealisierende Abstraktion nur zum Schein zu einer höheren Erkenntnisebene aufsteigt. In Wahrheit bietet die Idealisierung weder ein klares Kriterium, welche unserer jetzigen Aussagen auch unter der ›idealen‹ (Erkenntnis- oder Argumentations-) Bedingungen Bestand haben würden; noch kann die Idealisierung wirklich plausibel machen, daß in einer idealen Wahrheitssituation auch die ›Welt an sich‹ erkannt würde. Nach Foucault muß Erkenntnis in konkreten Diskursen verankert und durch sie vermittelt sein: Eine Idealisierung der Wahrheit bringt uns die Welt nicht näher, sondern entleert die situierte Erkenntnis vielmehr in bezug auf konkrete Erfahrungen und Evidenzen.

2. Wenn aber damit Wahrheit an die konkreten Kontexte gebunden bleibt, und diese Kontexte nach Foucault mit Machtbeziehungen durchsetzt sind, wird dann nicht doch ›Wahrheit‹ durch ›Macht‹ determiniert? Um diese in der Tat reduktionistische These zu vermeiden, muß in einem zweiten Schritt das Verhältnis der **machtdurchsetzten Welterschließung zu wahrheitsorientierten Aussagen** geklärt werden. Vergegenwärtigen wir uns, daß die wahre (oder falsche) Aussage nur in einer Diskursformation Sinn macht. Die Diskursformation ist durch Praktiken mit sozialer Macht verkoppelt. Indem Machtpraktiken die Diskurse mitstrukturieren, bestimmen sie die sinnhafte Welterschließung von Objekten und Sachverhalten. Doch die Wahrheit der Aussagen ist nicht vollständig von der Welterschließung bestimmt. Vielmehr – und hiermit rettet man den kontexttranszendierenden Zug von Wahrheit – weisen die Wahrheitsansprüche über die rein sprachliche Ebene des Sinns hinaus auf etwas, daß sie jenseits der Diskurse bestimmt. Wenn Foucault sagt, daß Macht und Wahrheit in ihrem Verhältnis zueinander bestimmt werden müssen, dann kann man das so verstehen, daß die Machtpraktiken auf die Erfahrungsrahmen und diskursiv-kategorialen Sinnraster Einfluß nehmen, ohne doch die Wahrheit der Aussagen selbst dadurch schon festzulegen.

3. Um die relative **Geltungsautonomie von Wahrheit** wirklich zu begründen, ist nun in einem dritten Schritt wichtig, daß es in der Tat eine immanente Überprüfung bzw. Bestätigung der Wahrheit gibt, die nicht von den sozialen Praktiken allein abhängt. Wodurch kann die Wahrheit von Aussagen in diesem Sinn begründet oder überprüft werden? Wenn der Vergleich mit der Realität an sich und

der Sprung in eine ideale Situation ausscheiden, bietet sich hier die praktische Bewährung von Aussagen in der Welt selbst an. Der Wahrheitsanspruch von Aussagen weist in der Tat über die sinnhafte Welterschließung hinaus: Ein in einer Aussage behaupteter Inhalt kann an den praktischen Folgen, die diese Auffassung für unser Verhalten in der Welt hat, überprüft werden. Der behauptete Sinngehalt wird entweder von der Welt durch deren Kooperation positiv beantwortet, und dann kann eine Theorie bis auf weiteres als wahr gelten, oder aber die Welt leistet Widerstand und die auf unseren Überzeugungen aufbauenden Handlungspläne oder Testverfahren scheitern, womit unsere Theorien gewissermaßen für falsch erklärt werden. Dies ist eine sprachlich vermittelte und gewiß sehr indirekte Überprüfung, denn der Handlungserfolg bleibt ja bezogen auf die diskursiv erschlossene Wirklichkeit. Und doch ist die Wahrheit durch diesen praktischen Weltbezug nicht von der symbolisch-sozialen Welterschließung determiniert. Vielmehr hängt sie nun von der zusätzlichen Variable der durch die Diskurse erschlossenen Welt selber ab.

Mit einer **pragmatischen Wahrheitstheorie** kann man nun nicht allein den Reduktionismusvorwurf entkräften. Es zeigt auf dieser Basis auch erst die eigentliche, durch Foucaults Diskursanalyse erschlossene Problematik der Humanwissenschaften in vollem Licht. Foucaults eigentliche Originalität besteht nämlich in der provokanten These, daß die Humanwissenschaften an der Konstitution ihrer Objektbereiche, und zwar im Zuge von Machtpraktiken, beteiligt sind. In der vor allem von Ian Hacking (1999) vorangetriebenen Analyse des **Sozialen Konstruktivismus** läßt sich diese These begrifflich klar fassen. Die Grundidee ist dabei, daß die menschlichen Subjekte von den diskurs-politischen Klassifikationen selber wesentlich geformt werden. Wenn ein Subjekt z.B. als ›Asylant‹, ›illegaler Immigrant‹, ›Arbeitsloser‹, oder ›Sozialhilfeempfänger‹ eingestuft und beurteilt wird, ist daran gemeinhin eine ganze ›Matrix‹ von diskursiven, behördlichen, legalen und politischen Maßnahmen und Strukturen geknüpft. Das Subjekt findet sich einem komplexen System von Klassifikationen und Technologien gegenüber, zu dem es sich so oder so verhalten muß. Hacking spricht nun in diesem Zusammenhang von einem ›reflexive Loop‹, einer reflexiven Schlaufe, durch die das Subjekt sich selbst als ›Asylant‹, ›Immigrant‹, usw. zu erkennen und zu verstehen lernt. Die Matrix formt also die Subjekte, die sich selbst wiederum durch die Matrix bestimmen und verstehen. Insofern die Sozialwissenschaften hier an der Klassifikation der Subjekte mitwirken, um deren Verhalten zu schematisieren und so behördlicher Kontrolle zuzuführen, tragen sie zur Konstruktion einer durch die Subjekte selber reproduzierten Wirklichkeit bei.

Die Diskussion um den Sozialen Konstruktivismus kann zeigen, daß die Wahrheit der Wissenschaften nicht reduktionistisch behandelt oder in Frage gestellt werden muß. Innerhalb einer Matrix bewähren sich die Theorien einer bestimmten diskursiven Klassifikation durchaus, sie sind also im praktischen Sinne wahr. Dennoch ist das eigentliche von Foucault aufgeworfene Problem, daß die Subjekte durch die Klassifikationen, im Verbund mit einem ganzen Arsenal von institutionellen und politischen Praktiken, zu den entsprechenden Wahrheitsobjekten erst geformt werden. Das **Problem der humanwissenschaftlichen Wahrheitsproduktion**, wenn erst einmal die machtbezogene Welterschließung der Subjekte in ihrer sozial-produktiven Dimension miteinbezogen wird, stellt sich also für Foucault auf einer tieferen Ebene: Wie kann das Subjekt zu einer anderen Wahrheit seiner selbst gelangen – einer Wahrheit, die nicht durch externe Machtstrukturen und deren Identitäts- und Klassifikationsschemata vorbestimmt ist?

2. Macht und Widerstand: Das Handlungssubjekt

Foucaults Wahrheitsbegriff führt von selbst zur Problematik der praktischen Subjektkonstitution. Foucault läßt Wahrheit nur als Moment von konkreten Diskursperspektiven zu. Diese Perspektiven sind aber praktisch in Machtkontexte eingebunden. Die Bedingung der Möglichkeit einer Wahrheit, die den Subjekten völlig gerecht wird, die also nicht einfach den externen Klassifikationen der Humanwissenschaften folgt, muß demnach das Verhältnis der Subjekte selbst zur Macht klären. Um diese Problematik auf der von Foucault erreichten Komplexitätsstufe richtig zu plazieren, müssen folgende Voraussetzungen festgehalten werden.

– Erstens kann das Subjekt der Macht nicht durch einen direkten Zugang zu einer universalen oder transzendentalen Struktur entkommen. Was das Selbst als Subjekt bestimmt, ist notwendig vermittelt durch die diskursiven Wahrheitsschemata, die selbst Machtmomente enthalten.

– Zweitens wirkt die Macht durch diese Wahrheits-Diskurse auf das Selbstverständnis als solches ein. Das Subjekt muß also ein Verhältnis zu den Machtverhältnissen in sich selbst, zum ›Faschismus in uns allen‹ (Foucault) entwickeln.

– Drittens ist diese Machteinwirkung durch die Konstruktion von Subjektformen und Identitätstypen vermittelt. Um zu einer neuen, anderen Wahrheit unserer selbst zu gelangen, ist also ein reflexiv-gebrochenes Verhältnis zu der eigenen Seinsweise als Subjekt notwendig.

– Und viertens ist diese machttranszendierende Orientierung von einer normativ-ontologischen Motivation durchdrungen, das Subjekt als nie völlig durch Macht bestimmbar, als nie völlig fixiert anzusehen.

Foucaults (in der Einleitung rekonstruiertes) freiheitliches Pathos einer anti-universalistischen Aufklärungskritik enthält im Keim schon diese sich durchhaltende Ablehnung einer essentiellen Identität des Subjekts.

Die Frage ist nun, wie sich diese Intuitionen vor dem Hintergrund von Foucaults eigenen Analysen einholen lassen. Foucault scheint ja, vor allem in seiner ›genealogischen‹ Phase, die subjektive Selbstbeziehung völlig als Machteffekt zu beschreiben. Wie läßt sich also das **Verhältnis von Macht, Wahrheit und Subjektivität** so denken, daß ein reflexives Selbstverhältnis und damit einhergehender Widerstand gegen die Macht denkmöglich werden? Um das Verhältnis von Subjektivität, Macht, und Widerstand in den Griff zu bekommen, muß zunächst auf den **Begriff der Praktiken**, der schon für die frühere Machtanalyse zentral ist, zurückgegangen werden. Entscheidend ist in der Tat, daß mit ›Macht‹ weder ein transzendentaler Grundbegriff noch eine ontologische Fundamentalkategorie bezeichnet wird. Vielmehr existiert Macht nur im Plural vielfältiger, kontextuell bestimmter Praktiken. Subjekte finden sich immer schon in sozialen Praktiken vor, die als solche intersubjektiv, also auf das Verhältnis der Aktoren zueinander, ausgerichtet sind. Dieses praktische Eingebettetsein bedeutet, daß weder totale Herrschaft, also die völlige Dominanz von Handlungssubjekten, möglich ist, noch aber, daß ein absolutes, reines, oder sich unmittelbar selbst gegebenes Subjekt existiert. Vielmehr befinden sich Subjekte immer schon in sozialen Praktiken, die durch ihre Sozialität einen genuinen Bezug auf Macht aufweisen. Macht besteht demnach nur in der konkreten Machtausübung, wobei Aktoren Einfluß auf das Handeln bzw. die Handlungsmöglichkeiten anderer Aktoren zu nehmen versuchen.

Daraus kann man nun zwei wesentliche **Differenzierungen im Machtbegriff** ableiten:

– Erstens kann man Macht von Herrschaft unterscheiden: Macht besteht in der agonalen und intersubjektiv-relationalen Dimension der gegenseitigen Einflußnahme, Herrschaft besteht hingegen in einer Kontrolle der Bedingungen des agonalen Verhältnisses bzw. in einer den Aktoren vorgeordneten Struktur, die die agonale Beziehung ungleich vorbestimmt. Herrschaft verdankt sich dabei selbst einer Vielzahl von Praktiken, Technologien, oder Strategien, welche die je aktuelle Machtsituation von vornherein beeinflussen (vgl. Kögler 1992, Lemke 1997, und oben 100–105, u. 148ff.).

– Zweitens kann der Begriff der ›Führung‹ oder ›Regierung‹ in bezug auf das praktische Verhältnis des Subjekts zu sich und zu anderen eingeführt werden. Man kann dann Selbstführung von Fremdführung unterscheiden, ohne auf transzendentale oder ontologische Begründungen der Freiheit oder Selbstbestimmung zurückgreifen zu müssen.

Es fragt sich freilich, ob diese von Foucault selbst vorgenommenen Begriffsverschiebungen schon ausreichen – oder anders, ob sie komplex genug sind, daß von Foucault selbst anvisierte Problem der symbolisch-praktischen Vermittlung der Macht in bezug auf Subjektivität einzuholen. Zweifellos bieten sie einen produktiven Ausgangspunkt. Wie ich aber nun in bezug auf drei verschiedene Schienen der Rezeption Foucaults kurz andeuten möchte, läßt sich die Machtproblematik nicht ohne eine **Theorie impliziter Interpretationsschemata** befriedigend behandeln. Diese Schemata sind als unbewußte Sinnmuster zu verstehen, die dem jeweils bewußten Selbstbezug der konkreten Individuen strukturierte Vorgaben machen. Die bewußte Intentionalität der Subjekte beruht also auf unbewußten Subjektivitätsformen. Die Foucaultsche Sicht auf diese Situation ist nun, diese Vorstrukturierung als ein Herrschaftsphänomen zu beschreiben und doch die nie gänzlich festgestellte, immer potentiell umkehrbare Konstellation einer solchen Vorstrukturierung hervorzuheben. Die Machtbestimmung der Subjektivität ist also ein zutiefst ambivalentes Ereignis: nie ganz abwesend, aber auch nie voll determinierend. Genau diese produktive **Ambiguität der Macht**, die sich der Rolle von Hintergrund-Schemata der subjektiven Erfahrung verdankt, kann nun in bezug auf den habitualisierten Körper, die politische Rationalität, und die kulturelle Identität der Subjekte nachgewiesen werden.

1. Habitualisierte Körperschemata. Die Vorstellung, daß soziale Macht den Körper selbst, und nicht nur dessen Bedeutung in der Gesellschaft, bestimmt, ist vor allem von Judith Butler produktiv aufgegriffen worden (Butler 2001, 2003). Der geschlechtliche Heterosexismus erschöpft sich dabei nicht in der unterschiedlichen Rollenzuweisung der zwei biologischen Geschlechter; vielmehr sind Vorstellung und Realität von zwei klar unterschiedenen Geschlechtskörpern selbst Produkte der Macht. Daß sich weibliche und männliche Körper in unserer Erfahrung tatsächlich unterscheiden, muß mit Foucault als eine geschlechtsspezifische Produktion von machtkonformen Körpern erklärt werden. Man kann hier, um einen Begriff von Merleau-Ponty und Bourdieu aufzugreifen, von einem **sexuellen Habitus** sprechen, demgemäß die Erfahrungen der jeweils anders sozialisierten Subjekte durch ein implizites Körperschema geschlechtsspezifisch vorbestimmt werden. Widerstand gegen die Macht muß dieser Sicht zufolge dann ein Aufbrechen des Geschlechts-Dualismus beinhalten, wie z.B. durch die parodierende Übersetzung weiblicher Attribute auf männliche Körper bei Transvestiten praktiziert. Die Herrschaft über die Subjekte ist also durchaus ambivalent, da trotz der tiefsitzenden körperlichen Verankerung und Produktion der Macht doch Transformation und Unterbrechung der verkörperten Sinnschemata möglich scheinen. Ambivalent bleibt jedoch auch der Widerstand, da die körperliche Revolte relativ zu den vorschematisierten Klassifikationen erfolgt, und so in der Negation doch auf die herrschenden Geschlechtskategorien fixiert bleibt.

2. Politische Rationalitätsschemata. Foucaults Analyse der Bio-Politik, die dieser selbst suggestiv als »Theorie der Gouvernementalität« in Vorlesungen 1976-1978 vorstellte, hat zu einem florierenden Interesse an politischen Rationalitätsformen geführt (Burchell/Gordon/ Miller 1991, Lemke 1997, Bröckling/Krasmann/Lemke 2000). Zunächst von direkten Schülern in Frankreich weiterentwickelt, dann in England und schließlich in Deutschland produktiv aufgenommen, steht hier das Verhältnis des Staates zu dessen Subjekten im Vordergrund. Die Diskursanalyse der Regierungsrationalität bietet sozusagen das ›Missing Link‹ (Lemke) der Foucaultschen Machttheorie, insofern nun die Mikropraktiken der Disziplinierung des Individuums mit der Makroperspektive auf die gesamte Bevölkerung verknüpft werden können. Die Grundthese besagt, daß im Zuge einer Säkularisierung der christlichen Pastoralmacht die Normalisierungs- und Führungspraktiken aus dem religiös-metaphysischen Horizont herausgelöst und staatstechnisch funktionalisiert werden (siehe oben 144ff.). Originell wird diese Theorie durch die Analyse der neuen Rolle von Risikomanagement und der Entstehung der modernen ›Versicherungsgesellschaft‹ (Burchell/Gordon/Miller 1991, Ewald 1991). Entsprechend wird durch die statistische Bezähmung des Risikos im Versicherungswesen ›das Soziale‹ als politischer Faktor erst geschaffen.

Aktuell und gegenwartsdiagnostisch wird diese Theorie durch ihre Analyse des Neo-Liberalismus, in dessen Zuge die soziale Sicherung zunehmend abgeschafft und dem Einzelnen mehr und mehr ›Selbstverantwortung‹ aufgebürdet wird. Wiederum zeigt sich hier die **Ambivalenz der Macht:** Die Zurücknahme von sozialer Regulierung macht den Einzelnen zwar freier, ist jedoch selbst der Effekt eines Herrschaftssystems, das durch Flexibilisierung und ›Empowerment‹ den Nutzwert des Einzelnen für Profit und Kapital steigert. Der

Widerstand gegen Deregulierung und entfesselte Globalisierung, im Sinn einer Erhaltung der sozialstaatlich garantierten Sicherheiten, müßte sich so der neuen Macht entgegensetzten, ohne doch die paternalistischen Tendenzen, die in dieses Sozialstaatsmodell eingebaut sind, zu akzeptieren.

3. Kulturelle Identitätsschemata. Ein letztes, äußerst produktives Forschungsfeld in bezug auf Macht und Subjektivität ist mit den in Großbritannien entwickelten, mittlerweile vor allem in den US, Australien und dem deutschsprachigen Europa praktizierten Cultural Studies entstanden (Grossberg/Nelson/Treichler 1992, Hörning/Winter 1999, Winter 2001). Tatsächlich hat die ›Birmingham School‹ wesentliche Anstöße von Foucaults Machtbegriff erhalten, freilich vor dem Hintergrund einer intensiven Marxismus-Diskussion, und unter ebenso gewichtiger Einbeziehung von Autoren wie Bachtin, Gramsci oder de Certeau. Obwohl die Grenzen zu den zuvor genannten Richtungen fließend sind, da die körperliche Dimension der Macht ebenso wie der Staat hier immer wichtig waren, so besteht doch das besondere Verdienst der Cultural Studies in einer Rekonzeptualisierung unseres Verständnisses von kultureller Identität. Die **Dimension der Kultur** mußte so auch zunächst gegen vulgärmarxistische Ansätze (darin der frühen Frankfurter Schule nicht unähnlich) eingeführt und entfaltet werden. Darüber hinausgehend konnte jedoch gezeigt werden, daß kulturelles Selbstverständnis, auch wenn es sich um klassenbedingte Identitäten handelt, niemals fixiert oder statisch ist. Stuart Hall und andere wiesen den kreativen, transformativen und prinzipiell offenen Charakter jeder Sinnkonstitution, auch und gerade wenn sie durch soziale Strukturen verursacht und ins Bewußtsein der Subjekte tief eingedrungen ist, nach.

Besonderes Interesse erlangten in diesem Zusammenhang Untersuchungen zur Medienrezeption, die wiederum den kontextuell unterschiedlichen und je anders verhandelbaren Charakter von kulturellem Sinn nachwiesen. Der ambivalente Zug von Macht in bezug auf das Subjekt erweist sich hier in der situierten Freiheit, mit der Individuen aufgrund der gegebenen Strukturen und Machtverhältnisse ein relativ autonomes Selbstverständnis entwickeln können: Zum einen weist der interpretative Akt über die vorstrukturierten Machtverhältnisse hinaus, insofern er eine kreative und ›selbstbestimmte‹ Aneignung vorgegebener Möglichkeiten ist; zum andern bleibt er aber, als Deutung von Subjekten mit bestimmten Kompetenzen und Ressourcen, zugleich ein Ausdruck objektiv ungleich verteilter Chancen und Möglichkeiten.

Die drei hier analytisch unterschiedenen, in Wahrheit aber miteinander zusammenhängenden **Dimensionen der körperlichen, politischen, und kulturellen Subjektkonstitution** verweisen alle – und darauf kam in diesem kursorischen Überblick vor allem an – auf den ambivalenten Charakter der sozialen Macht. Zu einer derartigen Analytik der Macht entscheidende Anstöße gegeben zu haben, ist ein bleibendes Verdienst der Foucaultschen Arbeit. Was freilich noch einer gezielteren Diskussion bedarf, ist die Grundlage, auf der das Subjekt sich überhaupt wahrhaft subjektiv, d.h. nicht nur in kritischer Negation der Macht, sondern in autonomer Affirmation seiner selbst, konstituieren kann.

3. Autonome Subjektkonstitution: Das irreduzible Selbst

Um die Ambiguität der Macht wirklich begründen zu können – d. h. um einen echten Gegenpol zur externen und fremdbestimmten Subjektkonstitution durch Sinnschemata zu erhalten – muß Foucault eine genuin subjektive Erfahrungsdimension ausweisen können. Diese darf weder auf die externen Einflüsse anderer Aktoren bzw. auf vorgegebene Herrschaftsstrukturen reduzierbar sein, noch durch den Rekurs auf eine allgemeine oder transzendentale Subjektivität verteidigt werden. Meine These ist, daß diese Subjektdimension in der reflexiv-interpretativen Konstitution des Selbst als eines auf sich selbst bezogenen Subjekts besteht. Der Trick dieser **post-transzendentalen Begründung der Autonomie des Subjekts** ist dabei, daß diese reflexive Selbstbeziehung notwendig in sprachlichen, kulturellen, und historischen Formen und Medien eingebettet ist – und doch wiederum nie ganz von diesen bestimmt oder kontrolliert wird. Das ›Subjekt‹ darf hier nicht als etwas vor der interpretativen Selbstkonstitution schon ›Anwesendes‹ gedacht werden. Es erzeugt sich vielmehr ontologisch allein durch den Akt der reflexiv-narrativen Selbstsetzung. Kein transzendentales Subjekt also, auch kein ontologischer Wesenskern der Selbstidentität vor der Handlung oder dem Denkakt. Statt ein Homunculus-Subjekt hinter oder unterhalb die Ebene der hermeneutischen Selbstkonstruktion zu projizieren, existiert dieses Selbst vielmehr irreduzibel im Akt der Selbstbeziehung als solchem.

Zugleich muß festgehalten werden, daß sich diese Subjektivität nur im Medium der Macht, die durch die Körper, die politischen

Organisationen und die kulturellen Werte- und Identitätsstandards wirkt, artikulieren kann. Aber eben in diesen Wirkungsfeldern der Herrschaft ist auch immer ein irreduzibler Selbstbezug gegenwärtig: Es ist *mein* Körper, *meine* Gesellschaft, *meine* Identität, um die es da geht. Die Foucaultsche Analyse verlangt uns die reflexive Einsicht ab, daß sich diese Dimensionen keiner autonomen Selbstschöpfung verdanken; mein sexueller Körper, meine politische Rationalität, meine kulturellen Wertorientierungen sind allesamt sozial vor-konstruiert. Dennoch ist diese Einsicht selbst wiederum meine. Ich kann nun auch erkennen, daß die körperbezogenen Praktiken, die sozialpolitischen Programme und die kulturellen Wertmaßstäbe selbst davon abhängen, daß – und wie – ich (mit anderen) diese Praktiken und ihre implizite Rationalität reproduziere. Wir erkennen, daß wir, indem wir sie re-produzieren, immer schon kooperativ an ihrer Konstitution beteiligt sind. Aus dieser internen Beteiligung des Subjekts an der Macht leitet Foucault nun die Hoffnung und das Projekt einer **Neubestimmung der menschlichen Subjektivität** ab:

»Der Kern scheint mir übrigens weiterhin in einer Marxschen Formel zu liegen: Der Mensch produziert den Menschen. Das Problem ist, sich darüber zu verständigen. Für mich ist das, was produziert werden muß nicht der mit sich selbst identische Mensch, so wie die Natur ihn entsprechend seinem Wesen entworfen haben soll. Wir müssen im Gegenteil etwas produzieren, was noch gar nicht existiert und von dem wir nicht wissen können, wie und was es sein wird.« (Foucault 1996, 1995, 6)

›Der Mensch produziert den Menschen‹ bedeutet auch, daß in den Machtpraktiken immer schon ein **irreduzibler Selbstbezug** enthalten ist. Der Selbstbezug ist all diesen Praktiken inhärent, das Subjekt ist also nichts extern Produziertes, bloß Hinzuaddiertes zur Macht. An Foucaults Beispiel der panoptischen Selbstbeobachtung kann man sich das gut klarmachen: Der in der Zelle vom unsichtbaren Beobachter objektivierte Insasse muß sich selbst als permanent beobachtet und damit als ›Subjekt‹ sehen lernen. Ebenso muß der psychotherapeutische Patient sich selbst als Gegenstand der Behandlung und ihrer Begriffsordnung akzeptieren. Externe Machteinflüsse können nur durch eine derartige ›kooperative Einstellung‹ der Subjekte auf dieselben Einfluß nehmen. Und aus dieser Selbstreproduktion des Menschen in der Gesellschaft erwächst die Möglichkeit, andere Subjektivitäten, andere Individual- und Existenzformen zu entwickeln.

Die Foucaultsche ›**Dialektik von Subjekt und Macht**‹ verneint zum einen die ontologische Differenz zwischen autonomem Subjekt und sozialer Herrschaft, zum andern lehnt sie die Reduktion des

Subjekts auf externe Machteffekte ebenfalls ab. Thesenartig läßt sich diese Subjektkonzeption so beschreiben.

1. Die Konstitution des Subjekts vollzieht sich innerhalb diskursiver Praktiken, in denen das Individuum sich selbst narrativ-konstruktiv als Subjekt entwirft. Das bedeutet, daß das jeweilige Subjekt nur als ›Selbst-Verhältnis‹ zu entsprechenden Objekten, Begriffsfeldern und sozialen Kontexten rekonstruiert werden kann.

2. Die sich selbst identifizierende und auf sich selbst beziehende Subjektivität wird nicht durch eine formale oder universal-phänomenologische Analyse erfaßt oder in ihrem Wesen transparent. Vielmehr sind Formen der Subjektkonstitution nur in ihren historisch-kulturellen Kontexten faßbar und identifizierbar.

3. Gehalt und Ausrichtung der Subjektivität wird damit zu einem großen, jedoch je im Einzelfall zu bestimmenden Teil, von trans-subjektiven Faktoren abhängig.

4. Die objektive Einbettung der Subjektkonstitution und ihrer Typologien bedeutet aber keine Reduktion des Selbstverhältnisses auf symbolische, politische, oder soziale Faktoren. Vielmehr bildet sich das jeweilige Subjekt (das immer ein Verhältnis des Selbst zu sich selbst als Subjekt ist) nur durch eine zugleich diskursive und praktische Selbstbeziehung, also durch eine irreduzible Reflexivität in bezug auf sich.

Da sich diese Erste-Person Perspektive der Selbstreflexivität wesentlich durch Diskurse und soziale Praktiken artikuliert, lehnt Foucault eine ›allgemeine Theorie des Subjekts‹ als philosophisches Projekt, also eine universalistische Anthropologie der menschlichen Natur, ab. Offen geblieben ist freilich, aufgrund welcher Dimensionen, Ressourcen oder Fähigkeiten das Selbst zu einer derart ›situierten Autonomie‹ in der Lage ist. Klar ist, daß Foucault eine neue, starke, durchaus kohärente und konsistente Subjektivität als möglich und politisch wichtig ansieht. Angesichts der zunehmenden Fragmentarisierung des Selbst wird ein **kritisch-widerständiges Ethos des Subjekts** eingefordert. Foucaults Philosophie hat viel zur Destruktion problematischer Menschen- und Subjektkonzeptionen beigetragen. Sie hat das Reflexionsniveau, auf dem eine Theorie des Subjekts angesiedelt sein kann, wesentlich erhöht. Wenn es nun, nach Foucault, um die Entfaltung einer solchen Theorie des Subjekts geht, dann kann dies nur im Bewußtsein der genealogischen Lektionen einer ›Ontologie der Gegenwart‹ geschehen.

Zeittafel

1926	Michel Foucault wird am 15. Oktober als Sohn eines angesehenen Chirurgen geboren.
1945	Abschluß der Schulzeit am Elite-Lycée Henri IV in Paris; Schüler von Jean Hyppolyte.
1946	Aufnahme beim zweiten Anlauf in die Ecole normale supérieure in Paris; Schüler von Louis Althusser.
1948	Licence (Diplom) in Philosophie an der Sorbonne; Aufnahme des Psychologiestudiums; Praktikant an der psychiatrischen Klinik Hôpital Saint-Anne.
1951	Agrégation in Philosophie.
1951–1955	Dozent für Psychologie an der Universität Lille; Diplom in Psychopathologie (1952); Mitglied der Kommunistischen Partei.
1955	Lektor für französische Literatur und Kultur an der Universität Uppsala, Schweden.
1958	Leiter des Centre français an der Universität in Warschau.
1959	Direktor des Institut français in Hamburg.
1960–1966	Professor für Philosophie an der Universität Clermont Ferrand.
1961	Philosophische Promotion mit *Wahnsinn und Gesellschaft* und einer Übersetzung von Kants Anthropologie mit Einleitung.
1966–1968	Professor an der Universität Tunis.
1968–1970	Professor und Dekan an der neugegründeten Universität Paris VIII in Vincennes.
1970–1984	Professor für »Geschichte der Denksysteme« am Collège de France.
1971	Gründung der »Groupe d'Information sur les Prisons (GIP)« mit Deleuze und Freund Daniel Defert; zahlreiche politische Aktionen bis Ende der siebziger Jahre.
1975	Erster längerer Aufenthalt in Kalifornien; Entdeckung der SM-Szene.
1979	Tanner-Lectures an der Stanford-University, Kalifornien; erster Rückgang auf den griechisch-christlichen Ursprung der westlichen Kultur im Kontext staatstheoretischer Reflexionen.
1981	Zusammenarbeit mit der sozialistischen Gewerkschaft CFDT; Aktion mit Bourdieu gegen die Anerkennung des Jaruzelski-Putsches in Polen durch die sozialistische Regierung Frankreichs. 201
1982–1983	Seminare an den Universitäten von Vermont und Berkeley zu Selbsttechnologien und Regierungstechniken des 20. Jahrhunderts.
1984	Michel Foucault stirbt am 25. Juni; Todesursache Aids.

Bibliographie

Die folgende Bibliographie zu Foucault und zur Sekundärliteratur über ihn erhebt keineswegs Anspruch auf Vollständigkeit; es geht vielmehr um eine Sammlung der wichtigsten Schriften von und über Foucault, um dem Interessierten Übersicht zu verschaffen und so einen gerichteten Einstieg ins Studium zu ermöglichen. Für ausführliche Bibliographien siehe Walter Seitters Anhang in *Michel Foucault: Von der Subversion des Wissens*, Frankfurt 1987 sowie Michael Clark: *Michel Foucault. An Annotated Bibliography. Tool Kit for a New Age*, New York 1983. Die Buchstaben in den Klammern hinter den Werken Foucaults bezeichnen die im Text verwendeten Siglen. Die Klammern mit Jahreszahl stehen für das Datum der französischen Erstveröffentlichung. Die Bibliographie wurde für die Neuausgabe 2004 vollständig überarbeitet und um neue, hier relevante Literatur Foucaults, seiner wichtigsten Interpreten und der systematischen Anschlußliteratur ergänzt.

Schriften Foucaults: Monographien und Aufsätze

Psychologie und Geisteskrankheit (PG), (1954), Frankfurt 1968.

»Dream, Imagination and Existence« (DIE), (1954), in: Michel Foucault & Ludwig Binswanger, *Dream & Existence*, Keith Hoeller (Hrsg.), Seattle 1986, 31–78.

Wahnsinn und Gesellschaft. Eine Geschichte des Wahns im Zeitalter der Vernunft (WG), (1961), Frankfurt 1973.

Schriften zur Literatur (1962–1969), Frankfurt 1988.

Von der Subversion des Wissens (SuW), (1963–1973), Frankfurt 1987.

Die Geburt der Klinik. Eine Archäologie des ärztlichen Blicks (GK), (1963), München 1973.

Raymond Roussel (1963), Frankfurt 1988.

Die Ordnung der Dinge. Eine Archäologie der Humanwissenschaften (OD), (1966), Frankfurt 1969.

Die Archäologie des Wissens (AW), (1969), Frankfurt 1973.

»Was ist ein Autor?« (WAut), (1969), in: *Schriften zur Literatur*, Frankfurt 1988, 7–31.

Die Ordnung des Diskurses (ODis), (Inauguralvorlesung am Collège de France 1970), Frankfurt/Berlin/Wien 1982.

»Nietzsche, die Genealogie, die Historie« (1971), in: *Von der Subversion des Wissens*, Frankfurt 1987, 69–90.

Dies ist keine Pfeife (1973), München 1974.

Der Fall Rivière. Materialien zum Verhältnis von Psychiatrie und Strafjustiz (1973), Frankfurt 1975.

Überwachen und Strafen. Die Geburt des Gefängnisses (ÜS), (1975), Frankfurt 1976.
»Funktionen der Literatur« (FL), (Interview 1975, Erstveröffentlichung 1986), in: Erdmann/Forst/Honneth (Hrsg.), 1990, 229–234.
Mikrophysik der Macht. Über Strafjustiz, Psychiatrie und Medizin (MM), (1972–1976), Berlin 1976.
Dispositive der Macht. Über Sexualität, Wissen und Wahrheit (DM), (1976–1977), Berlin 1978.
Vom Licht des Krieges zur Geburt der Geschichte (1976), Berlin 1986.
Der Wille zum Wissen (Sexualität und Wahrheit 1) (WW), (1976), Frankfurt 1977.
Herculine Barbin, dite Alexina B. (unübersetzt), Paris 1978.
»Für eine Kritik der politischen Vernunft« (Vorlesung 1979 in englisch, zit. nach PPC), in: *Lettre International,* Berlin 1 (Sommer 1988).
Les desordres des familles. Lettres de cachet de la Bastille (unübersetzt), Paris 1982.
Von der Freundschaft (VdF), (1975–1984), Berlin o. J.
Politics, Philosophy, Culture. Interviews and other Writings 1977–1984 (PPC), Lawrence Kritzman (Hrsg.), New York/London 1988.
»Das Subjekt und die Macht« (SM), (1982 in englisch), in: Dreyfus/Rabinow 1987, 243–261.
Technologies of the Self. A Seminar with Michel Foucault (TS), (1982), Martin, Luther/Gutman, Huck/Hutton, Patrick (Hrsg.), Amherst 1988.
Freiheit und Selbstsorge, (Vorlesung 1982 u. Interview 1984), Becker, Helmut u.a. (Hrsg.), Frankfurt 1985.
»Zur Genealogie der Ethik« (GE), (Interview 1983), in: Dreyfus/Rabinow 1987, 265–292.
Der Gebrauch der Lüste (Sexualität und Wahrheit 2) (GL), (1984), Frankfurt 1986.
Die Sorge um sich (Sexualität und Wahrheit 3) (Sus), (1984), Frankfurt 1986.
Discourse and Truth. The Problematization of Parrhesia (1983), Pearson, Joseph (Hrsg.), Manuskript Evanston 1985.
»Polemics, Politics, and Problematizations« (PPP), in: *The Foucault-Reader,* Paul Rabinow (Hrsg.), New York 1984, 381–390.
»Was ist Aufklärung?« (WA), (1984 in englisch), in: Erdmann/Forst/Honneth (Hrsg.) 1990, 35–54.
»Die Rückkehr der Moral« (RM), (1984), In: Erdmann/Forst/Honneth (Hrsg.) 1990, 133–145.
Der Mensch ist ein Erfahrungstier, Frankfurt 1996 (vorveröffentlichte Teile in: TÜTE (Sonderheft des Tübinger Stadtmagazins »Tübinger Termine«), *Zur Aktualität von Michel Foucault: Wissen und Macht. Die Krise des Regierens,* Tübingen 1994, 5-10).
»Die ›Gouvernementalität‹«, in: *Gouvernementalität der Gegenwart,* hrsg. Ulrich Bröckling, Susanne Krasmann, Thomas Lemke, Frankfurt 2000, 41-67.
Schriften. Dits et Ecrits. Band 1. 1954 – 1969, hrsg. Daniel Defert/François Ewald, Frankfurt 2001.
Schriften. Dits et Ecrits. Band 2. 1970 – 1975, hrsg. Daniel Defert/François Ewald, Frankfurt 2001.
Schriften. Dits et Ecrits. Band 3. 1976 – 1979, hrsg. Daniel Defert/François Ewald, Frankfurt 2003.
Die Wahrheit und die juristischen Formen, Frankfurt 2003.
Abnormal. Lectures at the Collège de France 1974-1975. New York 2003.

In Verteidigung der Gesellschaft. Vorlesungen am Collège de France (1975-1976). Frankfurt a.M. 1999

Literatur über Foucault:

Biographien:
Eribon, Didier, *Michel Foucault*, Frankfurt 1993.
Macey, David, *The Lives of Michel Foucault. A Biography*, New York 1993
Miller, James, *The Passion of Michel Foucault*, New York 1993.
Taureck, Bernhard, *Michel Foucault*, Reinbek bei Hamburg 1997.

Einführungen:
Blanchot, Maurice, *Michel Foucault, vorgestellt von Maurice Blanchot*, Tübingen 1987.
Fink-Eitel, Hinrich, *Foucault zur Einführung*, Hamburg 1989.
Marti, Urs, *Michel Foucault*, München 1988.
Sheridan, Alain, *Michel Foucault. The Will to Truth*, London 1980.

Monographien:
Bernauer, James, *Michel Foucault's Force of Flight. Towards an Ethics of Thought*, New Jersey, London 1990.
Cousins, Mark/Hussain, Athar, *Michel Foucault*, London 1984.
Deleuze, Gilles, *Foucault*, Frankfurt 1987.
Detel, Wolfgang, *Macht, Moral, Wissen. Foucault und die klassische Antike*, Frankfurt 1998.
Dreyfus, Hubert L./Rabinow, Paul, *Michel Foucault. Jenseits von Strukturalismus und Hermeneutik*, Frankfurt 1987.
Gutting, Gary, *Michel Foucault's archaeology of scientific reason*, Cambridge/New York 1989.
Kammler, Clemens, *Michel Foucault. Eine kritische Analyse seines Werks*, Bonn 1986.
Kremer-Marietti, Angèle, *Michel Foucault – Der Archäologe des Wissens. Mit Texten von Foucault*, Frankfurt, Berlin, Wien 1976.
Lemke, Thomas, *Eine Kritik der politischen Vernunft. Foucaults Analyse der modernen Gouvernementalität*, Berlin/Hamburg 1997.
Mahon, Michael, *Foucault's Nietzschean Genealogy. Truth, Power, and the Subject*, Albany 1992.
Poster, Mark, *Foucault, Marxism and History. Mode of Production versus Mode of Information*, Cambridge 1984.
Privitera, Walter, *Stilprobleme. Zur Epistemologie Michel Foucaults*, Frankfurt 1990.
Racevskis, Karlis, *Michel Foucault and the Subversion of the Intellect*, Ithaca/London 1983.
Rajman, John, *Michel Foucault. The Freedom of Philosophy*, New York 1985.
Schäfer, Thomas, *Reflektierte Vernunft. Michel Foucaults philosophisches Projekt einer antitotalitären Macht- und Wahrheitstheorie*, Frankfurt 1995.
Schmid, Wilhelm, *Auf der Suche nach einer neuen Lebenskunst. Die Frage nach dem Grund und die Neubegründung der Ethik bei Foucault*, Frankfurt 1991.

Smart, Barry, *Foucault, Marxism and Critique*, London 1983.

Veyne, Paul, *Foucault: Die Revolutionierung der Geschichte*, Frankfurt 1992.

Visker, Rudi, *»Michel Foucault«. Genealogie als Kritik*, München 1991.

Sammelbände:

Arac, Jonathan, *After Foucault. Humanistic Knowledge, Postmodern Challenges*, New Brunswick/London 1988.

Burchell, Graham/Colin, Gordon, Miller, Peter (Hrsg.), *The Fou-cault-Effect. Studies in Governmentality*, Chicago 1991.

Caputo, John/Yount, Mark (Hrsg.), *Foucault and the Critique of Institutions*, University Park 1993.

Dane, Gesa u. a. (Hrsg.), *Anschlüsse. Versuche nach Michel Foucault*, Tübingen 1985.

Erdmann, Eva/Forst, Rainer/Honneth, Axel (Hrsg.), *Ethos der Moderne. Foucaults Kritik der Aufklärung*, Frankfurt 1990.

Ewald, François/Waldenfels, Bernhard, *Die Spiele der Wahrheit*, Frankfurt 1991.

Gutting, Gary, *The Cambridge Companion to Foucault*, Cambridge, UK 1994.

Honneth, Axel/Saar, Martin (Hrsg.), *Michel Foucault: Zwischenbilanz einer Rezeption. Frankfurter Foucault-Konferenz 2001*, Frankfurt 2003.

Hoy, David C., *Foucault. A Criticial Reader*, Oxford/New York 1986.

Kelly, Michael (Hrsg.), *Critique and Power: Recasting the Foucault-Habermas Debate*, Cambridge, Mass. 1994.

Rasmussen, David/Bernauer, James, *the final foucault*, Cambridge, Mass./London 1988.

TÜTE (Sonderheft des Tübinger Stadtmagazins »Tübinger Termine«), *Zur Aktualität von Michel Foucault: Wissen und Macht. Die Krise des Regierens*, Tübingen 1994.

Spezielle Literatur zu thematischen Schwerpunkten:

Zur Einleitung (Aufklärung)

Bernstein, Richard, »Foucault: Critique as a Philosophic Ethos«, in: *Zwischenbetrachtungen im Prozeß der Aufklärung. Jürgen Habermas zum 60. Geburtstag*, Honneth, Axel u. a. (Hrsg.), Frankfurt 1989, 395ff.

Cassirer, Ernst, *Die Philosophie der Aufklärung*, Hamburg 1998.

Dreyfus, Hubert/Rabinow, Paul, »Was ist Mündigkeit? Habermas und Foucault über ›Was ist Aufklärung?‹«, in: *Ethos der Moderne. Foucaults Kritik der Aufklärung*, Erdmann, Eva/Forst, Rainer/Hon-neth, Axel (Hrsg.), Frankfurt 1990, 55–69.

Heidegger, Martin, *Über den Humanismus*, Frankfurt 1981.

Hiley, David, »Foucault and the Question of the Enlightenment«, in: *Philosophy and Social Criticism*, Jg.11, Nr.1 (1985), 63–83.

Hiley, David, »Knowledge and Power«, in: *Philosophy in Question. Essays on a Pyrrhonian Theme*, Chicago, London 1988, 86–114.

Hoy, David, »Foucault: Modern or Postmodern?«, in: *After Foucault. Humanistic Knowledge, Postmodern Challenges*, Jonathan Arac (Hrsg.), New Brunswick/London 1988, 12–41.

Schäfer, Thomas, »Aufklärung und Kritik. Foucaults Geschichte des Denkens als Alternative zur *Dialektik der Aufklärung*« in: *Ethos der Moderne. Foucaults Kritik der Aufklärung*, Erdmann, Eva/Forst, Rainer/Honneth, Axel (Hrsg.), Frankfurt 1990, 70–86.

Zu Kapitel I (Archäologie, Epistemologie, Hermeneutik)
Canguilhem, Georges/Foucault, Michel, *Der Tod des Menschen im Denken des Lebens* (Canguilhem über Foucault, Foucault über Canguilhem), Marques, Marcelo (Hrsg.), Tübingen 1988.
Derrida, Jacques, »Cogito und die Geschichte des Wahnsinns«, in: *Die Schrift und die Differenz*, Frankfurt 1972, 53–101.
Dreyfus, Hubert/Rabinow, Paul, »Die Illusion des autonomen Diskurses«, in: *Michel Foucault, Jenseits von Strukturalismus und Hermeneutik*, Frankfurt 1987, 27–127.
Frank, Manfred, *Was ist Neostrukturalismus?*, Frankfurt 1984 (Vorlesung 7.-11.).
Gutting, Gary, *Michel Foucault's archaeology of scientific reason*, Cambridge, New York 1989.
Habermas, Jürgen, *Der philosophische Diskurs der Moderne. Zwölf Vorlesungen*, Frankfurt 1985 (Vorlesung IX.).
Hacking, Ian, »The Archaeology of Foucault«, in: *Foucault. A Critical Reader*, Hoy, David (Hrsg.), Oxford 1986, 27–40.
Hoy, David, »Taking History Seriously: Foucault, Gadamer, Habermas«, in: *Union Seminary Quaterly Review*, Jg. 34, Nr.2 (1979), 85–95.
Kögler, Hans-Herbert, *Die Macht des Dialogs. Kritische Hermeneutik nach Gadamer, Foucault und Rorty*, Stuttgart 1992 (Kapitel 3., 5. u. 6.).
Menke, Christoph, »Zur Kritik der hermeneutischen Utopie. Habermas und Foucault«, in: *Ethos der Moderne. Foucaults Kritik der Aufklärung*, Erdmann, Eva/Forst, Rainer/Honneth, Axel (Hrsg.), Frankfurt 1990, 101–129.
Privitera, Walter, *Stilprobleme. Zur Epistemologie Michel Foucaults*, Frankfurt 1990.
Sloterdijk, Peter, »Michel Foucaults strukturale Theorie der Geschichte«, in: *Philosophisches Jahrbuch* 87, 1980, 161ff.
Taylor, Charles, »Gadamer on the Human Sciences«, in: Robert Dostal (Hrsg.), *The Cambridge Companion to Gadamer*, Cambridge, UK 2002, 126-142.
Wahl, Francois, »Die Philosophie diesseits und jenseits des Strukturalismus«, in: *Einführung in den Strukturalismus*, Wahl, François (Hrsg.), Frankfurt 1973, 327–408.

Zu Exkurs 1 (Ästhetik)
Carroll, David, *Paraesthetics. Foucault, Lyotard, Derrida*, New York 1987.
Erdmann, Eva, »Die Literatur und das Schreiben. ›L'écriture de soi‹ bei Michel Foucault«, in: *Ethos der Moderne. Foucaults Kritik der Aufklärung*, Erdmann, Eva/Forst, Rainer/Honneth, Axel (Hrsg.), Frankfurt 1990, 260–279.
Menke-Eggers, Christoph, »Unendliche Spiegelung. Ästhetische Quellen von Michel Foucaults Denken«, in: *FAZ*, 29. 7. 1987, Nr. 172.
Meister, Martina, »Die Sprache, die nichts sagt und die nie schweigt. Literatur als Übertretung«, in: *Ethos der Moderne. Foucaults Kritik der Aufklärung*, Erdmann, Eva/Forst, Rainer/Honneth, Axel (Hrsg.), Frankfurt 1990, 235–259.
Rajman, John, »The Ends of Modernism«, in: *Michel Foucault. The Freedom of Philosophy*, New York 1985, 9–41.

Zu Kapitel II (Genealogie der Macht, Machtbegriff)
Dreyfus, Hubert/Rabinow, Paul, »Macht und Wahrheit«, in: *Michel Foucault. Jenseits von Strukturalismus und Hermeneutik*, Frankfurt 1987, 216–240.
Fink-Eitel, Hinrich, »Michel Foucaults Analytik der Macht«, in: Kittler, Friedrich (Hrsg.), *Die Austreibung des Geistes aus den Geisteswissenschaften*, Paderborn 1980, 38ff.
Fraser, Nancy, »Foucault on Modern Power. Empirical Insights and Normative Confusions«, in: *Unruly Practices*, Minneapolis 1989, 17–34.
Habermas, Jürgen, *Der philosophische Diskurs der Moderne. Zwölf Vorlesungen*, Frankfurt 1985 (Vorlesung X.).
Honneth, Axel, *Kritik der Macht. Reflexionsstufen einer kritischen Gesellschaftstheorie*, Frankfurt 1985 (Kapitel 5. u. 6.).
McCarthy, Thomas, »The Critique of Impure Reason: Foucault and the Frankfurt School«, in: *Ideals and Illusions. On Reconstruction and Deconstruction in Contemporary Critical Theory*, Cambridge, Mass. 1991, 43–75 (1993 auf deutsch erschienen).
Taylor, Charles, »Foucault on Freedom and Truth«, in: *Foucault. A Critical Reader*, Hoy, David (Hrsg.), Oxford 1986, 69–102; deutsch in: ders., *Negative Freiheit. Zur Kritik des neuzeitlichen Subjekts*, Frankfurt 1988, 188–234.

Zu Exkurs 2 (Foucault und die Naturwissenschaften)
Dreyfus, Hubert/Rabinow, Paul, »Die objektivierenden Sozialwissenschaften« u. »Paradigmata und Praktiken«, in: *Michel Foucault. Jenseits von Strukturalismus und Hermeneutik*, Frankfurt 1987, 191–198 u. 229–234.
Kögler, Hans-Herbert, »Episteme und Machtpraktiken: Begriffliche Präzisierungen des hermeneutischen Hintergrundes«, in: ders., *Die Macht des Dialogs*, Stuttgart 1992, 78–90.
Rouse, Joseph, »Foucault and the Natural Sciences«, in: Caputo, John/Yount, Mark, *Foucault and the Critique of Institutions*, University Park 1993, 137–162.
Rouse, Joseph, »Science and Power«, in: *Knowledge and Power. Toward a Political Philosophy of Science*, Ithaca, London 1987, 209–247.

Zu Kapitel III (Antike, Christentum, Ethik)
Behr, John, »Shifting Sands: Foucault, Brown and the Framework of Christian Asceticism«, in: *Heythrop Journal XXXIV* (1993), 1–21.
Forst, Rainer, »Endlichkeit Freiheit Individualität. Die Sorge um das Selbst bei Heidegger und Foucault«, in: *Ethos der Moderne. Foucaults Kritik der Aufklärung*, Erdmann, Eva/Forst, Rainer/Honneth, Axel (Hrsg.), Frankfurt 1990, 146–186.
Habermas, Jürgen, »Diskursethik. Notizen zu einem Begründungsprogramm«, in: ders., *Moralbewußtsein und kommunikatives Handeln*, Frankfurt 1984.
Hadot, Pierre, »Ein unvollendetes Gespräch mit Michel Foucault«, in: *Philosophie als Lebenskunst. Geistige Übungen in der Antike*, Berlin 1991, 177–181.
Kögler, Hans-Herbert, »Fröhliche Subjektivität. Historische Ethik und dreifache Ontologie beim späten Foucault«, in: *Ethos der Moderne. Foucaults Kritik der Aufklärung*, Erdmann, Eva, Forst, Rainer, Honneth, Axel (Hrsg.), Frankfurt 1990, 202–226.
Köhler, Oskar, »Wiederentdeckung des Selbst. Michel Foucault und das Christentum«, in: *Stimmen der Zeit 210* (1992), 17–28.

Rasmussen, David/Bernauer, James (Hrsg.), *the final foucault*, Cambridge, Ma./ London 1988.

Rüb, Matthias, »Der kategorische Relativ. Selbstsorge und Lebenskunst beim späten Foucault«, in: *Moral. Erkundungen über einen strapazierten Begriff,* Stäblein, Ruthard (Hrsg.), Bühl-Moos 1993, 186–201.

Schmid, Wilhelm, *Auf der Suche nach einer neuen Lebenskunst. Die Frage nach dem Grund und die Neubegründung der Ethik bei Foucault,* Frankfurt 1991.

–, »Ethik im Sinne einer Ästhetik der Existenz«, in: *Orientierung durch Ethik?* Wils, Jean-Pierre (Hrsg.), Paderborn/München/Wien/Zürich 1993, 123–130.

Schürmann, Reiner, »On constituting oneself as an anarchistic subject«, in: *Praxis International* Jg. 6, Nr.3 (1986), 294–310.

Zu Exkurs 3 (Feminismus und Foucault)

Bartky, Sandra, »Foucault, Femininity, and the Modernization of Patriarchal Power«, in: *Feminism & Foucault,* Diamond/Quinby (Hrsg.) 1988, 61–86.

Butler, Judith, *Das Unbehagen der Geschlechter,* Frankfurt 1991.

Butler, Judith, *Körper von Gewicht. Die diskursiven Grenzen des Geschlechts,* Frankfurt 1997.

Diamond, Irene/Quinby, Lee (Hrsg.), *Feminism & Foucault. Reflections on Resistance,* Boston 1988.

Fraser, Nancy, *Widerständige Praktiken. Macht, Diskurs, Geschlecht,* Frankfurt 1994.

McNay, Lois, *Foucault & Feminism. Power, Gender and the Self,* Boston 1992.

Raab, Heike, *Foucault und der feministische Poststrukturalismus,* Dortmund 1998.

Sawicki, Jana, *Disciplining Foucault. Feminism, Power and the Body,* New York/ London 1991.

Sawicki, Jana, »Feminism and Foucault«, in: *APA Newsletters* 91:2, Fall 1992, Newsletters on Feminism and Philosophy, 44–46.

Nicholson, Linda (Hrsg.), *Feminism/Postmodernism,* New York/London 1990.

Zu Kapitel IV. (Anschlüsse nach Foucault)

Die hier genannten, höchst selektiven Literaturhinweise beziehen sich auf die im Schlußkapitel der zweiten Auflage genannten Problem- und Forschungsdimensionen des Foucaultschen Werks, die derzeit produktiv bearbeitet und fortgesetzt werden. In diesem Kontext werden vielversprechende Anschlüsse an Foucault in bezug auf eine diskursive Wahrheitstheorie, den Sozialen Konstruktivismus, Cultural Studies, Gouvernementalitätsforschung und den Subjektbegriff erörtert.

(a) Wahrheitstheorien:

Habermas, Jürgen, *Wahrheit und Rechtfertigung,* Frankfurt 1999.

Heidegger, Martin, »Dasein, Erschlossenheit, und Wahrheit,« in: *Sein und Zeit,* Tübingen 1979, 212-230.

Goldman, Alvin, »Epistemology and Postmodern Resistance«, »Truth«, in: *Knowledge in a Social World,* Oxford 1999, 3-68.

Putnam, Hilary, *Vernunft, Wahrheit, und Geschichte,* Frankfurt 1981.

Rorty, Richard, »Solidarität und Objektivität«, in: ders., *Solidarität und Objektivität. Drei philosophische Essays,* Stuttgart 1988, 11–37.

Skirbekk, Gunnar (Hrsg.), *Wahrheitstheorien. Eine Auswahl aus den Diskussionen über Wahrheit im 20. Jahrhundert*, Frankfurt 1977.

(b) Sozialer Konstruktivismus:
Hacking, Ian, *The Social Construction of What?*, Cambridge, Mass. 1999; deutsch: *Was heißt sozialer Konstruktivismus?*, Frankfurt 1999.
Kuhn, Thomas, *The Structure of Scientific Revolutions* [1962], 3. Auflage, Chicago 1996; deutsch: *Die Struktur wissenschaftlicher Revolutionen*, Frankfurt 1976.
Latour, Bruno/Woolgar, Steve, *Laboratory Life. The Construction of Scientific Facts*, Princeton 1986.
Longino, Helen, *Science as Social Knowledge*, Princeton 1990.
Pickering, Andrew (Hrsg.), *Science as Practice and Culture*, Chicago 1992.
Said, Edward, *Orientalism*, London/New York 1978; deutsch: *Orientalismus*, München 1981.

(c) Cultural Studies:
Bourdieu, Pierre, *Entwurf einer Theorie der Praxis*, Frankfurt 1979.
de Certeau, Michel, *Kunst des Handelns*, Berlin 1988.
Grossberg, Lawrence/Nelson, Cary/Treichler, Paula (Hrsg.), *Cultural Studies*, London/New York 1992.
Hall, Stuart, *Rassismus und kulturelle Identität, Ausgewählte Schriften 2*, Hamburg 1994.
Hepp, Andreas/ Winter, Rainer (Hrsg.), *Kultur – Medien – Macht*, Opladen 1997.
Karl Hörning/Rainer Winter (Hrsg.), *Widerspenstige Kulturen. Cultural Studies als Herausforderung*, Frankfurt 1999.
Kögler, Hans-Herbert/Stueber, Karsten (Hrsg.), *Empathy and Agency. The Problem of Understanding in the Human Sciences*, Boulder, Colorado 2000.
Winter, Rainer, *Die Kunst des Eigensinns. Cultural Studies als Kritik der Macht*, Weilerswist 2001.
Winter, Rainer/Mikos, Lothar (Hrsg.), *Die Fabrikation des Populären, Der John Fiske-Reader*, Bielefeld 2001.

(d) Gouvernementalitätsforschung, Politische Theorie:
Burchell, Graham/Gordon, Colin/Miller, Peter (Hrsg.), *The Foucault Effect. Studies in Governmentality, with two lectures by and an interview with Michel Foucault*, Chicago 1991.
Bröckling, Ulrich/Krasmann, Susanne/Lemke, Thomas (Hrsg.), *Gouvernementalität der Gegenwart. Studien zur Ökonomisierung des Sozialen*, Frankfurt 2000.
Castel, Robert, *The Regulation of Madness. The Origins of Incarceration in France*, Berkeley/Los Angeles 1988.
Donzelot, Jacques, »Wiederkehr des Sozialen. Von der passiven Sicherheit zur aktiven Solidarität«, in: *Zur Aktualität von Michel Foucault, Wissen und Macht. Die Krise des Regierens*, Stuttgart 1995, 54-59.
Ewald, François, »Insurance and Risk", in: *The Foucault Effect. Studies in Governmentality*, Chicago 1991, 197-210.
Lemke, Thomas, »Teil 2: Die Gouvernementalität«, in: *Eine Kritik der politischen Vernunft. Foucaults Analyse der modernen Gouvernementalität*, Berlin/Hamburg 1997, 126-256.

Pasquino, Pasquale, »Krieg und Frieden. Foucault und ide Geschichte der modernen politischen Theorie«, in: *Zur Aktualität von Michel Foucault: Wissen und Macht. Die Krise des Regierens*, Stuttgart 1995, 74-79.

Rancière, Jacques, *Das Unvernehmen*, Frankfurt 2002.

Rose, Nicolas, »Tod des Sozialen? Eine Neubestimmung der Grenzen des Regierens«, in: *Gouvernementalität der Gegenwart*, Frankfurt 2000, 72-109.

(e) Subjektkonstitution:

Allen, Amy, »The anti-subjective hypothesis: Michel Foucault and the death of the subject«, in: *Philosophical Forum* 31.2.2000, 113-30.

Butler, Judith, *Psyche der Macht*, Frankfurt 2001.

Butler, Judith, *Kritik der ethischen Gewalt*, Frankfurt 2003.

Butler, Judith, »Noch einmal: Körper und Macht«, in: *Michel Foucault, Zwischenbilanz einer Rezeption*, Frankfurt 2003, 52-67.

Deines, Stefan, »Über die Grenzen des Verfügbaren. Zu den Bedingungen und Möglichkeiten kritischer Handlungsfähigkeit«, in: Deines, Stefan/Jaeger, Stephan/Nünning, Ansgar (Hrsg.): *Historisierte Subjekte – Subjektivierte Historie. Zur Verfügbarkeit und Unverfügbarkeit von Geschichte*, Berlin/New York 2003, 63-76.

Kögler, Hans-Herbert, »Hermeneutic Reflexivity and Dialogic Subjectivity: The Critical Self«, in: *The Power of Dialogue: Critical Hermeneutics after Gadamer and Foucault* (engl. Schlußwort zur amerikanischen Ausgabe von *Die Macht des Dialogs*). Cambridge, MA. 1999.

Kögler, Hans-Herbert, »Situierte Autonomie. Zur Wiederkehr des Subjekts nach Foucault«, in: Deines, Stefan/Jaeger, Stephan/Nünning, Ansgar (Hrsg.), *Historisierte Subjekte – Subjektivierte Historie. Zur Verfügbarkeit und Unverfügbarkeit von Geschichte*. Berlin/New York 2003, 77-91.

Saar, Martin, »Genealogie und Subjektivität«, in: *Michel Foucault. Zwischenbilanz einer Rezeption*, Frankfurt 2001, 157-177.

Namenregister

Sammlung Metzler

Printed in the United States
By Bookmasters